Proteção do Consumidor

Proteção do Consumidor

PROPAGANDA ENGANOSA E PRÁTICA DE *STORYTELLING*

2020

Luiz Fernando Afonso

ALMEDINA

PROTEÇÃO DO CONSUMIDOR
PROPAGANDA ENGANOSA E PRÁTICA DE STORYTELLING

AUTOR: Luiz Fernando Afonso
DIAGRAMAÇÃO: Almedina
DESIGN DE CAPA: FBA
ISBN: 9788584935383

Dados Internacionais de Catalogação na Publicação (CIP)
(Câmara Brasileira do Livro, SP, Brasil)

Afonso, Luiz Fernando
Proteção do consumidor : propaganda enganosa e prática de Storytelling / Luiz Fernando Afonso. -- São Paulo : Almedina, 2019.

Bibliografia.
ISBN 978-85-8493-538-3

1. Consumidor - Leis e legislação 2. Consumidor - Proteção 3. Direito do consumidor 4. Direito do consumidor - Brasil 5. Publicidade abusiva
I. Título.

19-30770 CDU-34:381.6(81)

Índices para catálogo sistemático:

1. Brasil : Direito do consumidor 34:381.6(81)

Maria Alice Ferreira - Bibliotecária - CRB-8/7964

Este livro segue as regras do novo Acordo Ortográfico da Língua Portuguesa (1990).

Dezembro, 2019

EDITORA: Almedina Brasil
Rua José Maria Lisboa, 860, Conj.131 e 132, Jardim Paulista | 01423-001 São Paulo | Brasil
editora@almedina.com.br
www.almedina.com.br

Agradecimento especial à minha equipe de pesquisa composta pelos excelentes alunos do Centro Universitário FMU, Cláudio Ferreira Júnior, Matheus Mendes Nascimento e Matheus de Medeiros Cabral.

LISTA DE FIGURAS

LISTA DE SIGLAS

AAAA	*Americam Association of Advertising Agencies*
Abap	Associação Brasileira de Agências de Publicidade
ADCT	Ato das Disposições Constitucionais Transitórias
ASA	Advertising Standars Authority
BEUC	Bureau Européen des Unions des Consommateurs
BVP	Bureau de Vérification de la Publicité
CDC	Código de Defesa do Consumidor
CI	Consumers International
Conar	Conselho Nacional de Autorregulamentação Publicitária
DPDC	Departamento de Proteção e Defesa do Consumidor
EASA	European Advertising Standards Alliance
IAP	Instituto dell'Autodisciplina Pubblicitaria
ICAP	Instituto Civil de Autodisciplina da Publicida
IMSN	International Marketing Supervision Network
IOCU	International Organization of Consumers Union
Mercosul	Mercado Comum do Sul
ONU	Organização das Nações Unidas
PNUD	Programa das Nações Unidas para o Desenvolvimento
Senacon	Secretaria Nacional do Consumidor
STF	Supremo Tribunal Federal
STJ	Superior Tribunal de Justiça

SUMÁRIO

INTRODUÇÃO

> Pois, que adianta ao homem ganhar o mundo inteiro e perder a sua alma?
>
> *(Marcos 8:36-36).*

São grandes os desafios a serem enfrentados na pós-modernidade. Um deles é a perda de integridade nas relações humanas, que se revela, entre outras formas, na violação dos deveres de veracidade entre as pessoas: "não mentir" e agir em boa-fé. Outro grande desafio a ser enfrentado em tempos pós-modernos é a luta contra a desigualdade, que surgiu com o capitalismo, percorreu todo o século XX e se mantém no século XXI.

A preocupação em estudar o direito do consumidor, em especial a publicidade realizada no mercado de consumo, tem origem nessa ausência de integridade das relações humanas e na evidente desigualdade entre as partes contratantes – o fornecedor e o consumidor. Tudo ficou mais claro quando o mundo descobriu, na pós-modernidade, com seus riscos e incertezas, que as escolhas da modernidade foram incertas.

A busca pela integridade e pelo equilíbrio das relações, não só nas relações interpessoais mas também nas relações econômicas, foi o que despertou o interesse para a realização desta obra. O propósito? Empreender um estudo mais aprofundado sobre o direito do consumidor e sobre a publicidade de produtos e de serviços no mercado de consumo e, concomitante, contribuir com o resultado do estudo para uma efetiva e eficaz regulação, pelo Estado e pela sociedade civil, mediante a atuação das associações de defesa do consumidor e duas são as razões: primeiro, tornar mais efetivas a proteção e a defesa do consumidor no "mar" de práticas hoje utilizadas por fornecedores para atrair o consumidor e realizar cada vez mais vendas, tudo em busca do lucro; segundo, fazer valer no âmbito do mercado de consumo a observância de valores como boa-fé, veracidade, solidariedade, respeito ao livre exercício da autonomia da vontade do consumidor e preservação do seu soberano direito de escolha.

Essas primeiras linhas servem para delimitar o presente estudo, que versa sobre a violação de integridade e sobre a desigualdade nas relações entre fornecedores e consumidores, e dentro deste contexto trata dos mecanismos de aproximação utilizados por fornecedores para vender produtos ou contratar serviços no mercado de consumo.

O Código de Defesa do Consumidor estabeleceu um regime de controle da publicidade a fim de evitar ilicitudes nas práticas publicitárias, ilicitudes estas classificadas pelo legislador consumerista com enganosidade e abusividade. A enganosidade tem a análise da ilicitude centrada nos atributos do produto ou do serviço. A interpretação que se faz do regramento do Código de Defesa do Consumidor tem como escopo avaliar se a publicidade, de fato, revela com precisão quais são os atributos do produto ou do serviço, ou seja, se o fornecedor age com boa-fé e se respeita o dever de veracidade ao propagandear os atributos e as qualidades de seus produtos/serviços. A segunda modalidade ilícita, a abusividade, preocupa-se com a mensagem transmitida pela publicidade, se está ou não de acordo com a ética da sociedade para a qual se dirige.

Depois da promulgação da Constituição Cidadã de 1988, o Código de Defesa do Consumidor veio a lume para tutelar as relações de consumo, especialmente com a proteção do consumidor, considerada a parte mais frágil. E veio em boa hora porque o desenvolvimento que o mundo vivenciou desde a Revolução Industrial causou profundas alterações no modo de vida das pessoas. A sociedade mudou. O processo de industrialização iniciado com a Revolução Industrial, o surgimento da sociedade de massas, a produção em série, as duas Guerras Mundiais e a especialização na produção bélica, que posteriormente foi utilizada para a produção de bens de consumo, foram fatos históricos que alteraram significativamente a visão de mundo ao longo do século XX e provocaram, por consequência, mudanças importantes nas relações interpessoais e econômicas.

No âmbito das relações de consumo, a estabilidade deu lugar ao risco, o que fez surgir uma preocupação maior com a informação prestada. Veracidade, boa-fé e confiança passaram a ser fincados como pilares de sustentação das contratações realizadas no mercado de consumo porque são valores essenciais para o exercício pleno da autonomia da vontade e do direito de escolha pelo consumidor.

O consumidor, parte vulnerável na relação de consumo, por não dispor de conhecimento técnico especializado confia nas informações prestadas pelos fornecedores. Hoje, ancorado no direito fundamental à informação, o consumidor tem autoridade para exigir que o Estado exerça a sua função de fiscalizar o cumprimento deste dever e direito básico consagrado no Código de regência, a fim de evitar que ocorram ilicitudes, especialmente nas práticas publicitárias.

O novo cenário, que teve início na segunda metade do século XX e se aperfeiçoa constantemente, exigiu a definição de regras mais claras com respeito à veiculação de publicidade enganosa e de publicidade abusiva, caracterizando-as como verdadeiros atos ilícitos, em reforço ao regime de boa-fé e de veracidade estabelecido pelos artigos 30, 35, 36, 37 e 38 do Código de Defesa do Consumidor.

A observância desses valores para a manutenção da integridade e do equilíbrio das relações de consumo só tende a aumentar em função do surgimento de novas técnicas publicitárias, que se desenvolveram mediante a criação de novos mecanismos de comunicação, como as redes sociais em geral (Facebook, Instagram, Twitter e blogs), e de novos formatos da publicidade, como o *storytelling*.

O *storytelling*, a propósito, é uma nova técnica publicitária e se revelou um artifício pós-moderno para contar histórias sobre o fornecedor e sobre a marca com o objetivo de estimular o consumidor a adquirir produtos ou contratar serviços, atribuindo-lhes história e credibilidade. Resgatando um antigo costume de contar histórias, a publicidade percebeu que falar sobre o fornecedor e sobre a marca poderia dar maior credibilidade ao produto/serviço, o que renderia frutos e lucros no mercado de consumo.

Na pós-modernidade, os consumidores deixaram de comprar produtos e serviços simplesmente pelos atributos que têm e pelos meros benefícios que oferecem. Os consumidores pós-modernos querem mais: querem experiências, especialidade e, ao mesmo tempo, querem acreditar e sentir confiança em seus fornecedores.

O papel da publicidade na sociedade pós-moderna mudou; do simples fornecimento de informação sobre os bens que os fornecedores colocam no mercado, passou a trabalhar também na construção de uma imagem em torno de variedade de atributos do produto/serviço. O propósito do fornecedor com essa tarefa é se destacar no mercado e, assim, dar maior credibilidade ao produto, atingir o consumidor e despertar nele o desejo de compra. A almejada construção de credibilidade de imagem e de marca tem no *storytelling* um aliado fundamental.

No Brasil, a publicidade é ainda pouco discutida, mas este cenário precisa mudar[1]. A mudança começa com o aprofundamento da interpretação dos dispositivos legais que regem a proteção e a defesa do consumidor em face de práticas ilícitas de publicidade, especialmente, a publicidade enganosa.

Em decorrência do texto contido no §1º[2] do artigo 37 do Código de Defesa do Consumidor, a publicidade enganosa tem sua interpretação restrita aos atributos do produto/serviço, como se pode inferir da redação do referido texto normativo. Então, com a atenção voltada para a interpretação restrita desse dispositivo legal, procurou-se pensar, refletir e analisar se nos dias atuais ela é suficiente para abarcar todos os formatos de publicidade hoje disponíveis, seus novos meios de divulgação e especialmente os novos elementos usados pela atividade publicitária para atrair consumidores no mercado de consumo.

Esse livro foi desenvolvido com a intenção primeira de demonstrar que a legislação vigente precisa tornar-se mais eficiente no que tange à proteção dos consumidores contra publicidades ilícitas. Considerando a publicidade como

[1] Em 2015, por exemplo, foram oito decisões judiciais proferidas pelo STJ sobre o tema da publicidade; no primeiro semestre de 2016, foram apenas quatro decisões judiciais (que trataram de revisão de penalidades aplicadas pelo Procon, publicidade para crianças e em serviços de turismo). Ao digitar a expressão "publicidade enganosa", a busca resultou em apenas 61 documentos (acórdãos). Não há acórdãos repetitivos, nem decisões monocráticas sobre o tema na Corte Especial. BRASIL. Superior Tribunal de Justiça. *Jurisprudência* [Busca]. Disponível em: <http://www.stj.jus.br>. Acesso em: 11 nov. 2016.

[2] CDC: "Art. 37. É proibida toda publicidade enganosa ou abusiva.

§ 1° É enganosa qualquer modalidade de informação ou comunicação de caráter publicitário, inteira ou parcialmente falsa, ou, por qualquer outro modo, mesmo por omissão, capaz de induzir em erro o consumidor a respeito da natureza, características, qualidade, quantidade, propriedades, origem, preço e quaisquer outros dados sobre produtos e serviços. [...]."

instrumento por excelência de aproximação de fornecedores em relação a consumidores de seus produtos/serviços, é necessário olhar mais atentamente para essas práticas, em especial, para os novos mecanismos de convencimento que são utilizados para atrair consumidores.

Assim, com lentes de foco mais ampliado, o presente esforço de pesquisa se orienta pela necessidade de reexaminar a interpretação até então conferida ao disposto no artigo 37, § 1º, do Código de Defesa do Consumidor e, ao mesmo tempo, construir as justificativas necessárias para um exame especial deste dispositivo, atribuindo-lhe uma interpretação mais avançada, mais completa e mais adequada ao mercado de consumo pós-moderno.

Capítulo 1 – A Publicidade na Sociedade Pós-Moderna de Consumo e a Nova Prática do *Storytelling*

1.1 A Pós-Modernidade

O ambiente pós-moderno caracteriza-se, fundamentalmente, pelo embate entre liberdade, de um lado, e segurança e ordem, de outro. Esse choque, de fato, embala o movimento de proteção e de defesa do direito dos consumidores.

No campo da publicidade, esse embate, próprio da pós-modernidade, coloca em lados opostos a liberdade de criação publicitária dos fornecedores e dos anunciantes e a necessidade de se propiciar a mais absoluta segurança aos consumidores, que não podem ser enganados com histórias contadas e que não são verazes.

É importante assinalar que ao situar o presente estudo no ambiente pós-moderno a intenção não é mirar na clássica divisão histórica de tempos antigos, medievais, modernos e contemporâneos, mas sim na ideia de um período que colhe os frutos de escolhas mal feitas pela modernidade dos séculos XVII a XIX.

Com o fim da Segunda Guerra Mundial, no início da segunda metade do século XX, contatou-se o resultado sombrio das escolhas racionais da modernidade, que tinha, por princípio, a racionalidade e as liberdades individuais, derivadas das escolhas feitas pelo Iluminismo.

Os primeiros sinais do ideal pós-moderno surgiram no fim do século XIX, quando as fundações e as grandes narrativas da modernidade se desintegraram. O movimento, no entanto, só atingiu de fato a vida das pessoas a partir da segunda metade do século XX.[3]

Em entendimento diametralmente oposto que se vê na doutrina, Bordoni afirma que a pós-modernidade teria durado apenas trinta anos, até o início do século XXI, precisamente com o ataque às torres gêmeas do World Trade Center, em Nova York, em 11 de setembro de 2001. Marcado assim o fim da pós-modernidade, a utilização deste termo, para o autor, passaria a ser um anacronismo, pois o momento atual não está sujeito a qualquer denominação, revelando-se um "futuro ainda não nomeado".[4]

A modernidade e a pós-modernidade teriam deixado "suas incertezas, sua carência de valores e um vazio à espera de ser preenchido por uma nova ética"[5]. Com efeito, essas incertezas e também a carência de valores são relevantes para o presente estudo, já que são aproveitadas pela publicidade quando o objetivo é convencer o consumidor a adquirir produtos e serviços no mercado de consumo.

Baumann, igualmente contestando a denominação pós-modernidade, sustenta que o tempo presente não é característico de um período pós-moderno, mas sim de uma modernidade tardia e degradada, na qual tudo se tornou instável e incerto, havendo inclusive muitas dificuldades para definir de modo mais acertado as mudanças que homens e o mundo vêm enfrentando.[6]

> A promessa moderna centrava-se numa segurança coletivamente proporcionada e guardada, em primeiro lugar, e na liberdade, com lamentável frequência num distante segundo lugar. Tratava-se, afinal, da promessa de substituir o caos pela ordem, a incerteza pela autoconfiança, a complexidade pela simplicidade, a opacidade pela transparência.[7]

[3] LOYTARD, Jean-François. *A condição pós-moderna*. Rio de Janeiro: José Olympio, 2009. O autor cunhou definitivamente, na filosofia, a expressão pós-modernidade.

[4] BORDONI, Carlo. *Estado de crise*. Rio de Janeiro: Zahar, 2014. p. 95-96.

[5] BORDONI, Carlo. *Estado de crise*, p. 95-96.

[6] *Apud* BORDONI, Carlo. *Estado de crise*, p. 97.

[7] BAUMANN *apud* BORDONI, Carlo. *Estado de crise*, p. 80.

A modernidade caracterizou-se então pela ideia de exatidão e de perfeição, reduzindo o movimento das coisas do mundo ao funcionamento de uma máquina. Mais do que isso, toda a funcionalidade do mundo deveria orientar-se por uma lógica mecânica e determinista, obedecendo a uma causalidade absoluta (todo efeito tem uma correspondente e racional causa específica). O mundo, o homem e a ciência obedeciam a essa racional causalidade determinista. A natureza, nesse sentido, seria controlada pelo homem.

A religião não passou incólume e também sofreu as influências do pensamento da modernidade. Retirou-se da religião a felicidade prometida para a vida pós-morte, eterna, e em troca veio a promessa da felicidade instantânea para o mundo terreno.

Constatou-se, assim, uma face devastadora da modernidade, denominada de face oculta. A modernidade enfrenta, então, sua crise, que é também de natureza ética. A pós-modernidade é, portanto, o ponto alto da crise da modernidade e a sua tentativa de superá-la.[8]

Há dúvidas, como mencionado linhas atrás, quanto ao nome certo a ser designado para esse período da civilização[9], razão pela qual se lhe atribuiu o termo pós-modernidade, período no qual são colhidos os frutos das escolhas erradas feitas na modernidade.

Os riscos, o acaso e as incertezas caracterizam o período pós-moderno. O homem viu ruir a ideia – perspectiva iluminista de liberdade e de segurança – de que a natureza não pode estar sob o seu controle. Ou seja, o controle absoluto sobre a natureza não existe mais; a regra da "causa e efeito" dá lugar ao acaso, direcionando as relações humanas e entre o homem e a natureza. Esses danos, que antes ficavam circunscritos a sujeitos determinados, passam a atingir um número difuso e incontrolável de pessoas e em um tempo também incalculável.

[8] BAUMANN *apud* BORDONI, Carlo. *Estado de crise,* p. 99.

[9] Existem, ainda, outras formas de designar a pós-modernidade. As transformações sociais dos últimos quatro decênios são rotuladas também de sociedade do consumo, sociedade globalizada, sociedade do capitalismo mundial avançado, sociedade pós-industrial, modernidade líquida, sociedade da mídia, sociedade da informação e sociedade do conhecimento. Entretanto, tem sido mais assíduo o termo pós-modernidade. DONINI, Rogerio. *Responsabilidade Civil na pós-modernidade* – felicidade, proteção, enriquecimento com causa e tempo perdido. Porto Alegre: Sergio Antonio Fabris, 2015. p. 15.

As diferenças entre os pensamentos desses dois períodos históricos, segundo Donini, são evidentes:

> [...] na modernidade o raciocínio é unívoco, lógico, demonstrativo e normativo, enquanto na pós-modernidade, contrariamente, o discurso é plurívoco, flexível, móvel.
> Os valores [pós-modernos], também diferentes da modernidade, são a tolerância, o pluralismo, a liberdade e o pacifismo. No âmbito da política, o pós-moderno está vinculado à democracia, aos direitos humanos e, em um aspecto mais abrangente, ao cosmopolitismo.[10]

O homem pós-moderno passou a dirigir-se pela urgência, pelo instantâneo, e então o efêmero ganhou destaque. Tudo passou a ser discutível, questionável, instável. O desejo e o prazer passaram a mover as ações dos homens, deixando a racionalidade em segundo plano.

A irracionalidade e o sentimento de incerteza – Bordoni fala em "uma filosofia da incerteza por trás da liquidação do Estado de bem-estar social"[11] – que atingiram o mundo, a natureza e os homens, provocaram um mal-estar generalizado, já que as pessoas passaram a se movimentar para sobreviver à crise e ao mal-estar; quer dizer: o indivíduo precisa salvar o que pode ser salvo, pensar primeiro em si, pisotear os outros e agarrar-se ao salva-vidas mais próximo.

No mercado e no consumo, a pós-modernidade revelou uma profunda transformação na mente e no comportamento das pessoas. Bordini fala em mal-estar da sociedade também pela dificuldade de desligamento da modernidade. Na opinião deste autor:

> Nós viemos da modernidade e achamos muito difícil nos desligar dela, pois ela representa uma fonte de certezas. Nosso longo *adeus* é prolongado pela tendência natural de todo homem a preferir o que é certo ao que é incerto, o conhecido ao desconhecido, a aceitar a condição preexistente em sua onerosa imutabilidade [Grifo do autor].[12]

10 DONINI, Rogerio. *Responsabilidade civil na pós-modernidade* – felicidade, proteção, enriquecimento com causa e tempo perdido, p. 17-18.

11 BORDONI, Carlo. *Estado de crise*, p. 72.

12 BORDONI, Carlo. *Estado de crise*, p. 84.

A transição entre o fim da modernidade e o advento de um novo período representaria um estado perpétuo de crise, pois "assim como vivemos numa sociedade insegura, em que a incerteza prevalece, nós também vivemos num estado perpétuo de crise, dominado por repetidas tentativas de ajuste e adaptação que são continuamente questionadas".[13]

Enfim, como todo período de transição ou de "grande crise de transição", a constatação da chegada à pós-modernidade foi terrível para todos aqueles que, de alguma forma, estavam presentes, pois experimentaram a angústia e o desespero de ver ruir um mundo no qual haviam investido esperanças e desejos de vida.[14]

Esse mal-estar da civilização acabou movimentando os homens na direção do coletivo, dos direitos e dos deveres fundamentais, permitindo a assimilação de conceitos como humanidade e solidariedade. Esse movimento influenciou a formação do direito, que diante da exigência de proteção autorizou um controle mais efetivo em vários setores da vida em sociedade.

A atividade publicitária, que constitui uma atividade comercial destinada ao consumo de produtos/serviços, não fica alheia ao contexto da pós-modernidade, com sua capacidade de causar danos de caráter difuso e a um número impreciso de pessoas, que em muitos casos sequer poderão ser identificadas. Afasta-se, portanto, da ideia de uma suposta patrulha ideológica em desfavor dos fornecedores e dos publicitários, caminhando para um efetivo controle, com vistas à proteção dos consumidores, que, como cediço, são agentes vulneráveis da cadeia de consumo, fruto também da vulnerabilidade que acompanhou o surgimento do pensamento pós-moderno.

Em um mundo indefinido, instável, incerto e desconfiado, a publicidade surgiu como um dos remédios para a crise instalada pela pós-modernidade.

Assim, considerando que é mediante anúncios publicitários que o fornecedor faz chegar seus produtos/serviços a seus potenciais consumidores, nada mais justo e aceitável do que autorizar o controle desta atividade, que além de prestigiar o exercício de livre manifestação de criação do publicitário, revela-se também um instrumento fundamental para o consumo de produtos e serviços.

[13] BORDONI, Carlo. *Estado de crise*, p. 74.

[14] BORDONI, Carlo. *Estado de crise*, p. 85.

1.2 A Sociedade de Consumo no Século XX

Pós-modernidade e sociedade de consumo são conceitos que se confundem, havendo quem diga[15], inclusive, que esse período, afora a denominação pós-modernidade, poderia ser chamado simplesmente de sociedade de consumo.

Sobre o tema disserta Barbosa:

> Sociedade de consumo é um dos inúmeros rótulos utilizados por intelectuais, acadêmicos, jornalistas e profissionais de marketing para se referir à sociedade contemporânea. Ao contrário de termo como sociedade pós-moderna, pós-industrial e pós-iluminista – que sinalizam para o fim ou ultrapassagem de uma época – sociedade de consumo, à semelhança das expressões sociedade da informação, do conhecimento, do espetáculo, de capitalismo desorganizado e de risco, entre outras, remete o leitor para uma determinada dimensão, percebida como específica e, portanto, definidora, para alguns, das sociedades contemporâneas. [16]

Deixando de lado a sociologia do conhecimento do consumo, a autora também comenta que os argumentos utilizados "para enfatizar o peso e a importância do consumo na constituição da sociedade contemporânea não significam, contudo, a existência de uma síntese teórica e generalizante sobre tal fenômeno na historiografia europeia" [17]; ao contrário, a sociedade de consumo é tema de constante discussão por diferentes ramos da ciência.

Na concepção dos autores do anteprojeto do Código de Defesa do Consumidor:

[15] A nomenclatura pós-moderno para designar o período histórico que está em curso não é aceita por todos os filósofos e sociólogos que examinam esse tema. De qualquer maneira, independentemente do nome que se dê a essa ruptura ou transformação em relação ao período anterior (segunda modernidade ou ainda sobre modernidade, sociedade de consumo, sociedade pós-industrial, entre outras designações). Certo é que passamos por evidentes mutações, com reflexos em nossas vidas. DONINI, Rogerio. *Responsabilidade Civil na pós-modernidade* – felicidade, proteção, enriquecimento com causa e tempo perdido, p. 11.

[16] BARBOSA, Livia. *Sociedade de consumo.* Rio de Janeiro: Zahar, 2010. p. 11.

[17] BARBOSA, Livia. *Sociedade de consumo,* p. 11.

> O homem do século XX vive em função de um modelo novo de associativismo: a sociedade de consumo (*mass consumption society* ou *Konsumgesellschaft*), caracterizada por um número crescente de produtos e serviços, pelo domínio do crédito e do *marketing*, assim como pelas dificuldades de acesso à justiça.[18]

Afirmam, ainda, que a sociedade de consumo se caracteriza pelo domínio das práticas de marketing e que seu estudo passa a ser essencial para a exata compreensão do fenômeno da publicidade, suas implicações no mercado de consumo e, principalmente, as consequências da prática ilícita desse mecanismo de marketing.[19]

A sociedade de consumo é, portanto, um fato histórico, resultado de uma sucessão de acontecimentos que marcaram o desenvolvimento da sociedade. A importância de se estudar esse fenômeno reside não só na compreensão da relação entre o homem e os objetos (ou produtos), mas também no fato de o consumo moderno ter sido "a causa e a consequência das inúmeras mudanças sociais, tanto que "sua emergência marcou nada menos que a transformação do mundo ocidental"[20].

Roche também analisa o tema do consumo:

> A história das atitudes em relação ao objeto e à mercadoria em nossa sociedade é aqui capital; ela postula que uma história do consumo é uma maneira de reconciliar o sujeito com o objeto, a interioridade com a exterioridade. O principal argumento da história da civilização material é a relação dos homens com as coisas e os objetos. Ele deve levar em conta o processo de contestação nasceu com a passagem de uma civilização da raridade e da economia estacionária à do desenvolvimento e da abundância [...]. Do confronto do mundo ocidental com as civilizações tradicionais nasce uma imensa responsabilidade:

[18] GRINOVER, Ada Pelegrini *et al. Código Brasileiro de Defesa do Consumidor comentado pelos autores do anteprojeto*. São Paulo: Forense, 2011. v. I. p. 4.
[19] GRINOVER, Ada Pelegrini *et al. Código Brasileiro de Defesa do Consumidor comentado pelos autores do anteprojeto*, p. 4.
[20] McCRACKEN, Grant. *Cultura & Consumo*. Rio de Janeiro: Mauad, 2003. p. 21.

> o objeto e o consumo, o próprio desenvolvimento, foram ao mesmo tempo a sorte e o fardo do homem branco.[21]

Alguns eventos históricos constituíram os primeiros indícios da sociedade de consumo: a outorga de crédito conferida pela Rainha Elizabeth aos seus súditos nos idos do século XV[22]; ou, na época moderna, entre os séculos XVII e XIX, quando se registra uma primeira multiplicação do consumo e início de uma circulação que não agia apenas sobre a separação das pessoas e dos objetos, do simbólico e do econômico.[23]

A pós-modernidade apresenta uma nova forma de consumo, não mais restrita a produtos, mas também de experiências e de realização de desejos. Em outras palavras: se o consumo, antes, tinha o produto como seu principal objeto, hoje, ele também se revela em experiências, vontades e prazeres.

A publicidade evidentemente percebeu essa mudança. O Código de Defesa do Consumidor brasileiro, por sua vez, apoiou-se nessa ideia de consumo de objetos, produtos e serviços, razão pela qual a sua interpretação deve mudar para abranger o novo ambiente de consumo, como será discutido adiante.

Barbosa, analisando as mudanças em torno do consumo, comenta que:

> [...] embora permaneçam disputas em torno do 'quando' aconteceu a sociedade de consumo, variando este do século XVI até o XVIII, existe, por outro lado um relativo consenso em que consistiram as mudanças que ocorreram. Algumas delas incidiram sobre a cultura material da época, afetando tanto a quantidade como a modalidade dos itens disponíveis.[24]

[21] ROCHE, Daniel. *História das coisas banais* – nascimento do consumo sec. XVII-XIX. Rio de Janeiro: Rocco, 2000. p. 17.

[22] "Nos últimos vinte e cinco anos do século XVI, ocorreu um espetacular *boom* de consumo. Os homens nobres da Inglaterra elisabetana começaram a gastar com um novo entusiasmo e em uma nova escala. [...] Este surto de gastos pode ser atribuído a dois importantes desenvolvimentos no período. Primeiro, Elizabeth I utilizou a despesa como um instrumento de governo. [...] O segundo fato responsável pelo *boom* de consumo do século XVI foi a competição social que tomou lugar entre a nobreza elisabetana." McCRACKEN, Grant. *Cultura & Consumo*, p. 30-31.

[23] ROCHE, Daniel. *História das coisas banais* – nascimento do consumo sec. XVII-XIX, p. 12.

[24] BARBOSA, Livia. *Sociedade de consumo*, p. 12. A autora relata ainda que: "A partir do século XVI registra-se o aparecimento de todo um conjunto de novas mercadorias no cotidiano dos

As origens históricas da sociedade de consumo, de fato, sempre foram alvo de muitas controvérsias[25], aliás, não está definido se a Revolução do Consumo e Comercial precedeu ou não a Revolução Industrial e se a primeira teria sido o ingrediente central da modernidade e da modernização ocidental no lugar da segunda. Por essa razão, não se pode afirmar que a sociedade de consumo é fruto, unicamente, da Revolução Industrial, ou que aquela teria precedido esta. É, como dito, um processo histórico, que permanece em desenvolvimento.

McCracken[26] destaca que o advento da sociedade de consumo deve ser entendido como uma revolução verdadeira e genuína, que tomou lugar de destaque no século XVIII. O autor considera que foi dada "demasiada ênfase à Revolução Industrial, em detrimento de outros desenvolvimentos igualmente importantes"[27]. Por outro lado, contrariando a tese de que a Revolução Industrial teria premeditado a revolução que instituiu a sociedade de consumo, defende que a revolução do consumo teria sido a "companheira necessária

diversos segmentos sociais, fruto da expansão ocidental para o oriente. Esse conjunto de novas mercadorias, constatado pelos próprios observadores da época, dificilmente poderia ser considerado de necessidade, pois incluía itens como alfinetes, botões, brinquedos, renda, fitas, veludos, louça para casa, fivelas de cinto, cadarços, jogos, plantas ornamentais, novos itens de alimentação e bebida e produtos de beleza, entre outros. Outras mudanças afetaram a dimensão cultural de forma particular. O aparecimento do romance ficcional moderno, o aumento do grau de literalidade da população, a prática da leitura silenciosa, a preocupação com novas formas de lazer, a construção de uma nova subjetividade, a valorização do amor romântico e a expansão da ideologia individualista são algumas das novidades registradas pelos historiadores. Por fim, o desenvolvimento de novos processos e modalidades de consumo bem como sistemas e práticas de comercialização que buscavam atingir novos mercados de consumidores são algumas outras novidades que irão coroar todos esses movimentos.". (*Sociedade de consumo,* p. 12).

[25] As origens históricas da moderna sociedade de consumo são alvo de muitas controvérsias, que poderiam ser divididas em dois tipos: um se preocupa com o "quando" e outro com "o que" mudou. Ou seja, em que época e onde surgiram na Europa os primeiros indícios de que uma mudança estava ocorrendo na quantidade de itens da cultura material disponíveis na sociedade? Em que consistiam esses novos itens da cultura material e como eles se distribuíam no interior da sociedade? BARBOSA, Livia. *Sociedade de consumo,* p. 9.

[26] McCRACKEN, Grant. *Cultura & consumo,* p. 24.

[27] Grant McCracken qualifica o consumo como fato, ou artefato, histórico e concebe três fases ou momentos históricos: a Inglaterra da Rainha Elisabeth I, dos séculos XVI e XVII; a Inglaterra da Revolução Industrial, do século XVIII, e as lojas de departamentos da França do século XIX. (*Cultura & Consumo,* p. 21).

da Revolução Industrial" e que uma "mudança nos meios e fins produtivos" não poderia ter ocorrido "sem uma mudança comensurável nos gostos e preferências dos consumidores". Todavia, "a demanda do consumidor mudou e foi mudada pelas inovações do século XVIII".[28]

A história registra que a Revolução Industrial do século XVIII é o momento que poderia ser chamado de origem da sociedade de consumo.

Com a Revolução Industrial, a sociedade deixa o modelo agrário e pré-industrial e passa a ser uma sociedade industrial e de consumo. Se com a Revolução Industrial houve uma maior produção, com ela o consumo se amoldou a essa maior produção.

No século XIX, países como Estados Unidos da América, Inglaterra e França vivenciaram um processo de democratização do consumo. O consumo passou a ser objeto de desejo do grande público. Os consumidores, por sua vez, tornam-se diferenciados. Para atender às suas demandas surgem novas modalidades de comercialização e de técnicas de marketing, dentre elas a publicidade. Proliferam-se técnicas de exposição de produtos e marcas, especialmente a alocação em espaços de vitrines de grandes centros comerciais e o desenvolvimento de mecanismos de marketing e de publicidade para disseminação dos produtos e, mais do que isso, para incutir a cultura do consumo.

Não obstante a sua caracterização como fato histórico, a sociedade de consumo pós-moderna é também um sistema social, pois a atitude de consumir provoca uma importante e significativa alteração no comportamento das pessoas, um ato em si de cidadania, tal como definido por Canclini:

> Para muitos homens e mulheres, sobretudo jovens, as perguntas próprias dos cidadãos, sobre como obtermos informação e quem representa nossos interesses, são respondidas antes pelo consumo privado de bens e meios de comunicação do que pelas regras abstratas da democracia ou pela participação em organizações políticas desacreditadas.[29]

Por esse prisma, é necessário realizar uma "reconceitualização" do consumo, "não como simples cenário de gastos inúteis e impulsos racionais, mas

[28] McCRACKEN, Grant. *Cultura & consumo*, p. 23.

[29] CANCLINI, Nestor Garcia. *Consumidores e cidadãos*. Rio de Janeiro: Ed. da UFRJ, 2010. p. 14.

como espaço que serve para pensar e no qual se organiza grande parte da racionalidade econômica, sócio-política e psicológica nas sociedades".[30]

No contexto do sistema social, o consumo identifica quem é a pessoa e qual o seu estilo de vida. O consumo é concebido, além do seu aspecto econômico e de cidadania, como signo cultural. É, enfim, por meio do consumo que muitas vezes se constrói uma identidade ao se reconhecer o indivíduo em objetos, produtos e demais itens da cultura material.

Não por acaso, há um ramo da ciência do marketing que estuda exclusivamente o comportamento dos consumidores, cujo objetivo é direcionar campanhas de marketing e de publicidade para descobrir gostos e desejos, provocando neles, com precisão cirúrgica, a vontade de consumir determinados produtos ou serviços.

A necessidade de entender o consumo como ato inerente a uma racionalidade econômica, social e cultural, não à toa, acaba construindo histórias sobre marcas e produtos que não têm relação direta com os atributos e com a qualidade do produto/serviço, mas que atraem o consumidor. Essas histórias, muitas vezes interessantes, seduzem e interferem substancialmente no exercício da autonomia da vontade do consumidor, que deve ser livre, sadia, autêntica e verdadeira.

Paralelamente à influência das práticas comerciais de marketing na formação da vontade dos consumidores em torno da aquisição de bens e serviços, há outros fatos históricos reveladores do desenvolvimento, ao longo da história, dessa sociedade de consumo: a criação das lojas de departamento da França, no fim do século XIX; o "fordismo" da primeira metade do século XX; a qualificação tecnológica do pós-guerra no início da segunda metade do século XX (que passou a ser utilizada para a produção de bens de consumo[31]); e a tecnologia da informação, a partir da década de 1990 do século XX, resultante do surgimento dos computadores e da comunicação em rede,

[30] CANCLINI, Nestor Garcia. *Consumidores e cidadãos*, p. 14.

[31] A Segunda Guerra Mundial exigiu um enorme investimento na invenção e na construção de armamentos e respectivas logísticas, o que dependia de um extremo desenvolvimento tecnológico. Com o fim do conflito mundial, a logística industrial bélica e a tecnologia aplicada passaram a ser utilizadas para fins civis, como a produção de bens de consumo. SODRE, Marcelo Gomes. *A construção do direito do consumidor*: um estudo sobre as origens das leis principiológicas de defesa do consumidor São Paulo: Atlas, 2010. p. 15.

o que permitiu, entre outras coisas, a aquisição de bens de consumo a distância.[32]

Sodré[33], baseando-se em relatório produzidos pelo Programa das Nações Unidas para o Desenvolvimento (PNUD), em 1998, afirma que o século XX demonstrou, de fato, ser o século do consumo – como evidenciam as profundas mudanças políticas, econômicas e sociais ocorridas nesse período –, já que houve um aumento sem precedentes nas despesas com consumo ao longo desse século.[34]

No decorrer do século XX, dois fatos históricos são considerados relevantes para a formação da sociedade de consumo: o crescimento populacional e o processo de urbanização.

A importância do crescimento populacional para a formação da sociedade de consumo reside justamente no fato de que quanto mais habitantes formam a sociedade, mais consumidores terá o mercado de consumo.[35]

O processo de urbanização surge com a transferência de grande parte da população agrária para as cidades. No início do século XX, a população rural, que era de cerca de oitenta por cento, deslocou-se para as cidades. O grande

[32] A propósito, o filósofo francês Gilles Lipovetsky apresenta três fases (ou ciclos) daquilo que concebeu como sociedade de consumo: a fase ou ciclo I inicia em 1880 e se prolonga até a Segunda Guerra Mundial, quando surgem os mercados nacionais, a universalização do consumo e a produção em massa; a fase ou ciclo II, do período do pós-guerra até o advento da sociedade de informação; e a fase ou ciclo III caracterizada pelo consumo (hedonista) dominado e dirigido pelo prazer. (*A felicidade paradoxal* – ensaio sobre a sociedade de hiperconsumo. São Paulo: Companhia das Letras, 2006. p. 26-37).

[33] SODRE, Marcelo Gomes. *A construção do direito do consumidor*: um estudo sobre as origens das leis principiológicas de defesa do consumidor, p. 10-11.

[34] Em 1900, a despesa mundial com consumo era de 1,5 bilhão de dólares americanos; em 1998, o valor atinge 24 bilhões (o dobro do que era em 1975). Cf. SODRE, Marcelo Gomes. *A construção do direito do consumidor*: um estudo sobre as origens das leis principiológicas de defesa do consumidor, p. 10-11.

[35] O mundo conta hoje com cerca de sete bilhões de pessoas. No início do século XIX, cerca de um bilhão de pessoas habitavam o planeta. No ano de 1927, a população mundial passou a ser de cerca de dois bilhões. Na década de 1960, o número aumentou para aproximadamente três bilhões e cinco bilhões em 1987. Em 2013, alcançou o expressivo número de sete bilhões de seres sobre o planeta. A importância que se dá ao século XX recai sobre a comparação do crescimento da população mundial em um período curto de tempo – um bilhão no século XIX e cinco bilhões no século XX. Para a sociedade de consumo, esse crescimento é extremamente importante, pois quanto maior o número de habitantes, mais numerosos serão os consumidores destinatários da publicidade e ávidos por bens de consumo.

contingente populacional nas cidades aumentou consequentemente o número de possíveis consumidores, valendo lembrar que a sociedade de consumo se desenvolveu primordialmente nas cidades, onde eram disponibilizados bens e serviços para consumo.

Dowbor corrobora esses acontecimentos históricos:

> O universo urbano é, em termos históricos, bastante novo. Há meio século o mundo era ainda constituído por dois terços de população rural dispersa. Hoje, a população urbana representa 87%. O êxodo rural acelerado por violenta expulsão do campo nos anos da ditadura levou à formação de imensas periferias em torno dos núcleos urbanos tradicionais pelo país, particularmente as metrópoles.[36]

Assim, por força do crescimento populacional e do processo de urbanização, no século XX há mais pessoas no planeta e há mais pessoas nas cidades. Esse crescimento facilitou sobremaneira o consumo de produtos e de serviços e permitiu, por consequência, o desenvolvimento da sociedade de consumo: mais pessoas no mundo, mais pessoas nas cidades, mais produtos e serviços significava mais consumo, que McCracken chamou de "Revolução do Consumo"[37].

Viver na cidade passou a ser, portanto, um estilo de vida. As pessoas querem ter mais acesso aos benefícios que a cidades proporcionam, entre eles o acesso a bens de consumo. É nas cidades que estão localizados os grandes empreendimentos onde o acesso ao consumo é facilitado, seja pela concentração de fornecedores dos mais variados produtos e serviços em um mesmo local, seja, ainda, pela segurança que esses empreendimentos oferecem.

No novo cenário de crescimento populacional e de urbanização, a publicidade ganhou o espaço que precisava para seduzir e encantar os consumidores. Se existem mais pessoas para consumir nas cidades, onde se localizam os grandes conglomerados comerciais, a publicidade surge como instrumento

[36] DOWBOR, Ladislaw. Reflexões atuais sobre cidades, família e escola: impactos na vida das crianças e do planeta. *Criança e Consumo* – 10 anos de transformação, São Paulo, Instituto Alana, 2016. p. 78-79.

[37] McCRACKEN, Grant. *Cultura & consumo*, p. 21.

essencial dos fornecedores para seduzir os consumidores a adquirir bens de consumo.

Além dos fatos históricos apresentados, na segunda metade do século XX surgiu a produção social do risco, um fator que alterou as relações entre as pessoas e entre elas e o Estado. Afora o risco, no século XX, percebem-se a liquidez e a fluidez das relações interpessoais, aspectos que se mostraram, assim como os fatos históricos aqui relatados, importantes facilitadores do desenvolvimento inexorável das práticas publicitárias para o incentivo ao consumo de produtos e à contratação de serviços.

No século XX, a publicidade encontrou espaço fértil para desenvolvimento e criação de novos mecanismos de convencimento do consumidor para levá-lo a adquirir produtos/serviços. A disseminação de histórias sobre as marcas dos produtos/serviços é também uma forma de lhes atribuir tradição e confiabilidade. A efetiva regulação desse "mar" de novas possibilidades para atrair o consumidor para o consumo de bens e/ou serviços é uma importante tarefa do direito.

Em se tratando de risco, analisa Beck:

> A produção social de *riqueza* é acompanhada sistematicamente pela produção social de *riscos*. Consequentemente, aos problemas e conflitos distributivos da sociedade da escassez sobrepõem-se os problemas e conflitos surgidos a partir da produção, definição e distribuição de riscos científicos-tecnologicamente produzidos [Grifo do autor].[38]

A ideia de existência de risco a ser suportado por todos os bilhões de habitantes do planeta surge na segunda metade do século XX, também como resultado das escolhas equivocadas realizadas pela modernidade. O risco passa a ser o fiel da balança das escolhas realizadas pelas pessoas e, principalmente, pelos consumidores.

O fato de o risco "ser democrático" é uma característica muito consistente e isso fica bem evidente nas relações de consumo e na aquisição de serviços e bens de consumo, já que o risco atingirá a todos, indistintamente. O risco

[38] BECK. Ulrich. *Sociedade de risco*. Rumo a uma outra modernidade. Tradutor Sebastião Nascimento. São Paulo: Editora 34, 2007. p. 23.

é, portanto, repartido, democratizado, e atinge todas as classes sociais, sem distinção.

Em um mundo de riscos, minimizar a sua ocorrência é o fator que conduzirá as escolhas a serem realizadas. Essa constatação, de ocorrência de riscos, torna os séculos XX e XXI conhecidos pelo "fim das barreiras". Nada mais encontra entrave, tudo pode ser alcançado e tudo se poderá alcançar. O risco, somados a informação e os danos – especialmente aqueles provocados pela publicidade ilícita – não encontrará limites ou barreiras para percorrer o mundo e atingir os bilhões de seres humanos que nele habitam.

A sociedade de risco também se deveu ao fato de o século XX, além de um celeiro de boas novidades para o desenvolvimento da sociedade de consumo, ter-se mostrado um século farto de catástrofes, com todos submetidos a riscos, integrais e democráticos, sem qualquer controle.

As catástrofes ocorridas no decorrer do século XX revelaram um homem absolutamente incapaz de controlar as suas ações e os movimentos da natureza. Ao descobrir o fator "acaso", o homem percebe que não está na sala de controle e que os fenômenos da natureza não obedecem a uma rigorosa regra de causalidade (determinismo).

A racionalidade anterior perde força e na mesma medida ganha ímpeto a ideia de que se vive em uma sociedade que está sob permanente risco. A única certeza da sociedade de risco é que tudo é incerto, incontrolável e incalculável, distante da lógica determinista de causa e efeito.

O risco do século XX se estendeu para o início do século XXI, como revelam especialmente as seguidas crises econômicas vividas por inúmeros países. Essas crises não raro ultrapassam fronteiras e submetem a todos as suas consequências, desmentindo a pretensa capacidade de autorregulação dos mercados.

Como subproduto da sociedade de massas, o direito do consumidor está diretamente ligado a esse risco. A proteção e a defesa de consumidores tornaram-se "pedra de toque" da civilização atual, pois o risco tangencia toda e qualquer relação que se estabelece entre consumidores, fornecedores e produtos. Fala-se em "pedra de toque" no sentido de que a relação de consumo tem por base a confiança depositada pelos consumidores nos seus fornecedores e principalmente nos produtos e serviços colocados no mercado, que não devem causar danos a quem os adquire.

Nas relações de consumo, os riscos em grande parte advêm da menor preocupação com a prestação de informação veraz pelos fornecedores aos seus consumidores, seja na veiculação de publicidade, seja na qualidade dos produtos/serviços colocados no mercado. Assim, quanto menos informação, quanto maior o desrespeito com o dever de veracidade das informações prestadas na publicidade, quanto menor a atenção com a qualidade e com a segurança na concepção, fabricação e comercialização dos produtos, maior será a possibilidade de ocorrência de dano, a ser suportado pelos consumidores.[39]

A publicidade tem relação direta com a confiança que os consumidores depositam nas informações prestadas pelos fornecedores, seja no tocante aos atributos do produto/serviço, seja em relação à marca e a sua história, nominada de *storytelling*, prática que passou a ser utilizada como mecanismo publicitário na atualidade pós-moderna.

Em suma, a violação do dever de veracidade das informações sobre produtos/serviços disponibilizados no mercado de consumo implica necessariamente aumento de risco ao consumo.

Outras importantes características do século XX e que influenciaram a sociedade de consumo pós-moderna são a liquidez, a fluidez e a banalização das relações pessoais. As relações interpessoais passaram a revelar valores como transitoriedade, mutabilidade, volatilidade e relatividade, todos influenciando sobremaneira o mercado de consumo.

Os bens de consumo são adquiridos e descartados em uma velocidade jamais vista, sem que se dê a devida importância ao bem de consumo adquirido, muito menos à forma de descarte desse produto, uma evidente agressão ao consumo que se arroga sustentável.[40]

[39] "Quando se esquia sob gelo fino, a salvação está na velocidade. Quando se é traído pela qualidade, tende-se a buscar a desforra na quantidade." BAUMAN, Zygmunt. *Amor líquido* – sobre a fragilidade dos laços humanos. Rio de Janeiro: Zahar, 2009. p. 13.

[40] "Se lhes perguntassem, os habitantes de Leônia, uma das cidades invisíveis de Ítalo Calvino, diriam que sua paixão é 'desfrutar coisas novas e diferentes'. De fato. A cada manhã eles 'vestem roupas novas em folha, tiram latas fechadas do mais recente modelo de geladeira, ouvindo *jingles* recém-lançados na estação de rádio mais quente do momento'. Mas a cada manhã 'as sobras da Leônia de ontem aguardam pelo caminhão de lixo', e cabe indagar-se se a verdadeira paixão dos leonianos na verdade não seria 'o prazer de expelir, descartar, limpar-se de uma impureza recorrente'. Caso contrário, por que os varredores de rua seriam

Na concepção de Baumann, na sociedade, que também é de consumo, dominada pela liquidez e pela fluidez das relações, "nenhuma das conexões que venham a preencher a lacuna deixada pelos vínculos ausentes ou obsoletos tem, contudo, a garantia de permanência"[41].

Esse é o fundamento da crítica dirigida à ideia de definição desse período como pós-moderno. Para o sociólogo polonês, não há, de fato, um período pós-moderno, mas sim um período de modernidade líquida, no qual, como fruto das escolhas da modernidade, as relações humanas tornaram-se líquidas, flexíveis e volúveis; onde tudo é móvel, incerto e temporário. Essa banalização das relações, esse "pensar líquido" relevado por Baumann explica o porquê da existência, na atualidade, de um mercado que pouco se importa com o consumidor e com as informações que lhe são prestadas. A importância do outro é relativizada, o que demonstra a pouca preocupação do fornecedor com a veracidade das informações prestadas ao consumidor acerca dos produtos/serviços que disponibiliza no mercado de consumo.[42]

A publicidade, nesse sentido, passou a ser vista como instrumento de tentativa de convencimento do consumidor, sem grande preocupação com a veracidade das informações. No afã de vender e gerar lucro para o seu empreendimento, o fornecedor promove publicidades atrativas ao consumidor não só pelos atributos do produto/serviço que oferece, mas também pelas informações prestadas acerca da marca e da sua história – e esta é uma constatação pós-moderna.

No mundo de relações líquidas, a preocupação com a exigência de veracidade de informação ganha corpo, pois o consumidor adquire não somente um produto ou contrata um serviço, mas também um conceito, uma marca, uma história, o que reforça a sua credibilidade.

Por fim, o século XX, considerado berço da sociedade de consumo pós-moderna, trouxe à luz a sociedade da informação.

'recebidos como anjos', mesmo que sua missão fosse 'cercada de um silencio respeitoso' (o que é compreensível: 'ninguém quer voltar a pensar em coisas que já foram rejeitadas')?" BAUMAN, Zygmunt. *Amor líquido* – sobre a fragilidade dos laços humanos, p. 11.

41 BAUMAN, Zygmunt. *Amor líquido* – sobre a fragilidade dos laços humanos, p. 7.

42 BAUMAN, Zygmunt. *Amor líquido* – sobre a fragilidade dos laços humanos, p. 7.

Na concepção de Barbosa:

> O séc. XX vem sendo o palco de uma descoberta fundamental. Descobriu-se que a fonte de todas as fontes se chama informação e que a ciência – assim como qualquer modalidade de conhecimento – nada mais é do que um certo modo de organizar, estocar e distribuir certas informações. Longe, portanto, de continuar tratando a ciência como fundada na 'vida do espírito' ou na 'vida divina'; o cenário pós-moderno começa a vê-la como um conjunto de mensagens possível de ser traduzido em 'quantidade (bits) de informação'.[43]

Sobre a importância da informação na pós-modernidade, Donini leciona:

> Na pós-modernidade, a fonte primacial é a informação, uma vez que a ciência passa a ser considerada uma espécie de conhecimento que se destina a ser organizado, armazenado e apto à distribuição de informações, além de submetida ao capital e ao Estado, como valioso produto.[44]

Com o advento da informática ficou muito fácil obter informação sobre as mais variadas coisas. O conhecimento da existência de produtos/serviços disponíveis no mercado também ficou facilitado, o que beneficiou o aumento do consumo. Não é por outra razão que os Estados passaram a ter uma preocupação maior com a informação disponibilizada nas redes, regulamentando-a com legislação específica, como é o caso do Brasil com a recente edição do Marco Civil da Internet (Lei Federal n. 12.965/2014).

A tecnologia também foi responsável por valorizar e facilitar o acesso à informação, transformando-a em instrumento fundamental para a boa e correta contratação.

A publicidade, nesse contexto, torna-se essencial e deve ser guiada por informação de conteúdo veraz, haja vista a exigência da concretização da boa-fé. Em outras palavras, na sociedade de consumo a informação deve ser

[43] *Apud* LOYTARD, Jean-François. *A condição pós-moderna* [Prefácio], p. IX.

[44] DONINI, Rogério. *Responsabilidade civil na pós-modernidade* – felicidade, proteção, enriquecimento com causa e tempo perdido, p. 18.

íntegra, hígida e verdadeira, para uma saudável manifestação de vontade do consumidor. Eis aqui a razão de se suscitar que mecanismos publicitários de convencimento do consumidor sobre aspectos que não envolvam apenas somente os atributos do produto ou do serviço devam permanecer sob o controle estatal, de modo a evitar qualquer publicidade enganosa e eventuais ilicitudes.

1.3 A Publicidade na Sociedade de Consumo Pós-Moderna

1.3.1 A Publicidade como Elemento da Vida Cotidiana Pós-Moderna: Origem e atualidade

Não há como conceber uma sociedade de consumo sem publicidade, especialmente no ambiente da pós-modernidade, no qual a comunicação e a informação ganharam corpo, força e destaque.

No fim do século XX e no início do século XXI, a publicidade ganhou novos contornos: o primeiro, pode-se dizer, alude ao fato de não se preocupar apenas com a divulgação dos atributos específicos do produto/serviço lançado no mercado, mas também com a sua marca e a sua história, traduzindo qualidade diferenciada e, especialmente, confiabilidade; o segundo contorno se refere à veiculação de informações por intermédio de novas mídias como as redes sociais (*facebook, instagram, twiter, blogs*), o que tornou a publicidade mais difusa.

A publicidade é uma das atividades que mais sofreu com as profundas mudanças ocorridas no decorrer do século XX, muito em razão das intensas e relevantes alterações socioeconômicas.

Nessa toada, se com o avançar do século XX mais produtos foram entregues ao mercado de consumo; se mais pessoas passaram a consumir em razão de a população mundial ter aumentado exponencialmente; se essas pessoas passaram a residir nas áreas urbanas, ficando mais próximas dos centros comerciais e das lojas de departamento, não havia outro caminho para a publicidade senão adaptar-se às novas condições e evoluir. Essa evolução se revela nas práticas publicitárias mais recentes, como o *storytelling*, a publicidade feita por celebridades e aquelas veiculadas em redes sociais.

Com o avanço da sociedade de informação, o caminho a ser trilhado pela publicidade é aquele sinalizado pelas novas formas de comunicação virtual, mas isso não significa mitigar as consequências da utilização desses novos formatos de comunicação na sociedade de consumo.

Conforme afirmam Brigss e Burke, "as mudanças na mídia tiveram importantes consequências culturais e sociais. Controversos são a natureza e o escopo dessas consequências". O receio dos autores é que "a internet mine todas as formas de 'autoridade', afete negativamente o comportamento e ameace a segurança individual e coletiva".[45]

O direito do consumidor, acompanhando esse momento histórico de evolução da comunicação na sociedade de consumo, deve preocupar-se em regular as novas mídias, não raro utilizadas de forma indiscriminada por muitos fornecedores, ávidos por venda.

Com essa advertência não se pretende impedir a realização das novas formas de comunicação, tampouco difundir uma patrulha ideológica sobre a publicidade, que acabe mitigando a sua prática. A ideia é tão somente privilegiar a veracidade e a correção na publicidade.

> A publicidade nesse sentido é vislumbrada como fenômeno uno, ao que o legislador estabeleceu – no legítimo exercício de suas prerrogativas e nos estritos limites do comando constitucional – de que modo e em que circunstâncias a atividade publicitária como acima referida, seria exercida de acordo com a Constituição. Nesse sentido, outra conclusão não pode haver senão a de que o legislador ao fazê-lo restringe, não proíbe.[46]

Se em outros tempos não havia tanto rigor com a criação publicitária, hoje, a publicidade passou a ser alvo de análise e de fiscalização de acordo com o que manda o texto constitucional e o Código de Defesa do Consumidor.

[45] BRIGSS, Asa; BURKE, Peter. *História social da mídia* – de Gutenberg à internet. Rio de Janeiro: Zahar, 2006. p. 14, 21.

[46] MARQUES, Claudia Lima; MIRAGEM, Bruno. *Constitucionalidade das restrições à publicidade de bebidas alcoólicas e tabaco por lei federal* – diálogo e adequação do princípio da livre iniciativa econômica à defesa do consumidor e da saúde pública (art. 170, CF/88). Doutrinas Essenciais Direito do Consumidor. São Paulo: Revista dos Tribunais, 2011. v. III. p. 127-175.

"A publicidade no Brasil não tinha previsão em lei, de sorte que não era regulamentada, até que surgiu o Código de Defesa do Consumidor (CDC) regulando-a e sistematizando-a do ponto de vista jurídico"[47].

Bem pertinente neste ponto do estudo é a lição de Chaves, para quem:

> A publicidade como forma de comunicação é tão antiga quanto o ser humano socializado. É claro que, enquanto atividade organizada em termos empresariais, cujo expoente máximo se traduz na orgânica de uma moderna agência de publicidade ou em termos individuais através da figura do agente de publicidade, é extremamente recente mas, sob o aspecto ideológico é tão antiga quanto o homem e a necessidade sentida de comunicar.[48]

Ao tratar dos conceitos publicidade e comunicação, importantes para a evolução da humanidade, deve-se contar um pouco da história, que remonta ao antigo império egípcio.

A documentação histórica sobre a publicidade tem origem em um papiro egípcio[49], que relata a fuga de um escravo[50]. Na China, foram encontrados traços de anúncios de mensagens comerciais, em Roma e na Grécia antigas já havia mecanismos publicitários nos pregões e em papéis de parede para divulgação de jogos e combates.

O interesse pela comunicação surgiu nessas nações, Grécia e Roma antigas, pela atenção que as pessoas destas cidades-estados davam à retórica.

Na Idade Média, acompanhada do processo de ruralização, houve um retrocesso daquilo que se conhecia até então como prática publicitária. Mas foi no início do século XV, com o advento da imprensa, pelas mãos de Gutemberg,

[47] NERY JUNIOR, Nelson. *O regime da publicidade enganosa no Código de Defesa do Consumidor.* Doutrinas Essenciais Direito do Consumidor. São Paulo: Revista dos Tribunais, 2011. v. III. p. 233-240.

[48] CHAVES, Rui Moreira. *Regime jurídico da publicidade.* Coimbra: Almedina, 2005. p. 31.

[49] Referido papiro se encontra no Museu de Londres. Cf. CHAVES, Rui Moreira. *Regime jurídico da publicidade*, p. 31.

[50] Considerado como mercadoria, o anúncio escrito sobre a venda de um escravo pode ter sido a primeira manifestação de publicidade comercial que se tem conhecimento na história da humanidade. CHAVES, Rui Moreira. *Regime jurídico da publicidade*, p. 31.

que a publicidade comercial ganhou corpo. De fato, só se pode falar em publicidade comercial no mundo após a invenção da imprensa, que facilitou o desenvolvimento da comunicação de massa.

França e Inglaterra ganham destaque no desenvolvimento dos mecanismos publicitários. Atribui-se à França a publicação das *gazetas* ou *gazettes*, consideradas as precursoras da publicidade moderna. A Inglaterra, no entanto, é considerada o berço da publicidade comercial, em razão da publicação do primeiro anúncio no jornal *Impartial Intelligencer*, em 12.4.1649. Esse crédito à Inglaterra é reforçado pela Revolução Industrial, que proporcionou o desenvolvimento da indústria e do comércio, e incrementou a relação produtor/fornecedor.[51]

Brigss e Burke, citando o *Oxford English Dictionary*, relatam que foi somente no século XX que se começou a chamar a comunicação de "mídia", fato denominado pela geração dos anos 1950 como "revolução da comunicação"[52]. Nesse mesmo século, a publicidade passou a ser aceita pelos vários ordenamentos jurídicos, predominantemente em países de economia capitalista, já que se desenvolveu sob o apanágio do capitalismo e da sociedade de consumo.

Esses fatos bem demonstram a importância do século XX para o desenvolvimento da atividade publicitária. Do ponto de vista jurídico, o período provocou também um crescente interesse no estudo da publicidade e um aumento da discussão judicial acerca das consequências das práticas publicitárias.

Com o desenvolvimento das técnicas de publicidade de produtos/serviços e o aprimoramento das técnicas de persuasão e de convencimento, o Estado, na figura do legislador e do juiz, foi obrigado a intervir e criar normas de proteção e de defesa dos consumidores, os destinatários da publicidade, para que tenham resguardado o direito à sadia formação da vontade de consumir.

[51] "Numa organização tradicional de economia artesanal, a publicidade era inútil dado não existirem problemas de comunicação entre o produtor e o consumidor. Aquele trabalhava através de encomendas directas deste, e existia um contacto pessoal entre ambos. Os bens eram individualizados e a produção estava limitada às encomendas. Com a passagem para uma economia industrial e de abundância, coloca-se ao produtor a seguinte questão: como dirigir-se a uma clientela cada vez mais anónima, ao mesmo tempo que a concorrência aumenta e os produtos começam a tomar características de homogeneidade e comparabilidade crescentes. Daí a necessidade de uma ação valorativa e diferenciadora dos produtos idênticos, simultaneamente concorrentes, que estimulasse o comprador a adquiri-los." CHAVES, Rui Moreira. *Regime jurídico da publicidade*, p. 36.

[52] BRIGSS, Asa; BURKE, Peter. *História social da mídia*, p. 11.

Marques reforça a necessidade de aprimoramento constante da publicidade:

> A publicidade, prática comercial de marketing, é tão comum no mercado que seu uso pelo fornecedor (direto e indireto), uso que se constitui em verdadeira atividade consciente e finalística, isto é, com finalidade de incitamento ao consumo, ao comércio e à oferta no mercado de determinado produto ou serviço de determinada empresa, por muito tempo não despertou maior atenção dos estudiosos do direito. Face a nova visão introduzida pelo Código de Defesa do Consumidor, Lei 8.078/90, que em vários artigos refere-se à publicidade e aos já atuais casos jurisprudenciais envolvendo o uso da publicidade no mercado brasileiro, seu estudo mais aprofundado é uma necessidade.[53]

Se em algum tempo da história a prática publicitária teve um poder quase ilimitado, desde o fim do século XX a publicidade vem revelando-se um perigoso instrumento de intervenção na autonomia da vontade dos seus destinatários, razão pela qual é necessário evitar seus possíveis efeitos maléficos aos consumidores.

Conforme afirma Ulhôa Coelho, a justificar essa mudança de visão acerca da publicidade, "muitos exemplos demonstram que, antes de transmitir ideias racionalmente inteligíveis, a publicidade visa geralmente mobilizar desejos e emoções, conscientes ou não, dos consumidores"[54].

No Brasil, a publicidade desenvolveu-se muito; seu nível de excelência é reconhecido dentro e fora do país, sendo até mesmo laureada com inúmeras premiações no estrangeiro.

Historicamente, foi também a invenção da imprensa que fez o Brasil dar um grande passo na publicidade comercial. O ano de 1808 é considerado o primeiro momento da publicidade comercial no Brasil: anúncios relativos ao setor imobiliário e ao recrutamento de pessoal foram publicados no jornal *A gazeta do Rio de Janeiro*, o primeiro jornal brasileiro. Mas foi no século XX

[53] MARQUES, Cláudia Lima. Vinculação própria através da publicidade? A nova visão do Código de Defesa do Consumidor. *Revista de Direito do Consumidor*. São Paulo, Revista dos Tribunais, 10/7, 1994. p. 111. (Doutrinas Essenciais de Direito do Consumidor).

[54] ULHÔA COELHO, Fabio. *Doutrinas essenciais de direito do consumidor*. São Paulo: Revista dos Tribunais, 2011. v. III. p. 178.

que houve um desenvolvimento exponencial da publicidade no Brasil, resultado das profundas mudanças sociais em nível mundial, especialmente o movimento de urbanização, o desenvolvimento e a diversificação dos meios de comunicação. Essa evolução da publicidade é revelada pelos números crescentes do mercado publicitário, denotando o caráter econômico da atividade.

Em 2015, segundo o Kantar Ibope Media[55], que acompanhou cerca de seiscentos veículos de comunicação, e com o apoio da Associação Brasileira de Agências de Publicidade (Abap), a publicidade no Brasil movimentou e faturou cerca de 35 bilhões de reais, com a comercialização de espaços publicitários.

Dos mecanismos publicitários, merece destaque a TV aberta, com um volume de 62,9% do mercado publicitário. A TV paga ficou com 9,2%, o jornal com 8,2%, o display com 5,5%, a revista com 4,6%, o *search* com 4,5% (categoria que teve um investimento de 1,6 bilhões de reais em 2015), o rádio com 3,6%, o mobiliário urbano e outdoor com 1,3% e o cinema, por fim, com 0,6%.[56]

Na atualidade, a compreensão da publicidade como atividade econômica transformou a economia: antes voltada para a produção evoluiu para uma economia de marketing, de desejos e vontades. É o marketing que passa a orientar a produção: o desejo do consumidor é captado pelo fornecedor e dirige todo o mercado.

A propósito, em estudo sobre o direito do consumidor e o direito concorrencial, Pfeiffer afirma, de forma categórica, que a publicidade é instrumento da economia: "A publicidade assume papel central na vida econômica, pois por meio dela são criados e acentuados hábitos de consumo essenciais para o escoamento dos bens e serviços produzidos e ofertados em massa."[57].

No sentido atribuído por Federighi, a publicidade tem nítido caráter econômico e instrumentaliza a atividade capitalista. Por essa razão, toda a atividade econômica poderá ser objeto de regulação e de controle.[58]

55 KANTAR IBOPE MEDIA. Em 5 anos, publicidade cresceu 33% em São Paulo. 21.01.2016. Disponível em: <https://www.kantaribopemedia.com/search/publicidade>. Acesso em: 13 nov. 2016.

56 ASSOCIAÇÃO BRASILEIRA DE AGÊNCIAS DE PUBLICIDADE. *O impacto da publicidade na economia do Brasil.* 01.11.2016. Disponível em:<http://www.abap.com.br>. Acesso em: 13 nov. 2016.

57 PFEIFFER, Roberto Augusto Castellanos. *Defesa da concorrência e bem-estar do consumidor,* p. 87.

58 FEDERIGHI, Suzana Maria Catta Preta. *Publicidade abusiva – incitação à violência,* p. 7-12.

Enfim, a publicidade demonstrou ser um dos fenômenos mais intrigantes da atualidade, uma vez que atua de forma efetiva na construção da vontade do consumidor. De fato, há razão nessa assertiva, já que todo o processo de escolha do consumidor será pautado pelas informações apresentadas na publicidade, o que torna esta atividade objeto de controle e análise.[59]

1.3.2 Conceito e Finalidade da Publicidade

Conceitualmente, publicidade[60] significa tornar público; é o ato ou o efeito de fazer alguém ou alguma coisa conhecidos e aceitos pelo público. Pode também ser entendida como o conjunto de meios de comunicação utilizados para tornar conhecida uma pessoa, uma empresa ou um produto. É, enfim, o material de divulgação.

O Código de Autorregulamentação Publicitária, ao contrário do Código de Defesa do Consumidor, que não traz nenhuma definição a respeito, publicidade consiste na prática de estimular, nas pessoas, o consumo de bens e serviços.

Benjamim, apontando a dificuldade de definição do que seria publicidade, menciona o conceito formulado pelo Comitê de Definições da *Americam Association of Advertising Agencies* (AAAA), segundo o qual "publicidade é qualquer forma paga de apresentação impessoal e promoção tanto de ideias, como de bens ou serviços, por um patrocinador identificado"[61].

Há vários estudiosos que se lançaram na definição de publicidade. Henriques, por exemplo, leciona que publicidade é prática comercial que se vale de meios de comunicação para difundir as vantagens de determinado produto ou serviço para incentivar o consumo.[62]

[59] ALMEIDA, Aliette Marisa S. D. N. Teixeira de. A publicidade enganosa e o controle estabelecido no Código de Defesa do Consumidor. *Revista de Direito do Consumidor*, São Paulo, RT, 53/11, p. 25-55, jan./mar. 2005. Doutrinas Essenciais Direito do Consumidor.

[60] Verbete: Publicidade. DICIONÁRIO ESCOLAR DA LÍNGUA PORTUGUESA DA ACADEMIA BRASILEIRA DE LETRAS. São Paulo: Companhia Editora Nacional, 2010. p. 1.044.

[61] BENJAMIM, Antonio Herman Vasconcelos e. *Código Brasileiro de Defesa do Consumidor comentado pelos autores do anteprojeto*. São Paulo: Forense, 2011. p. 322.

[62] HENRIQUES, Isabella Vieira Machado. *Publicidade abusiva dirigida à criança*. Curitiba: Juruá, 2008. p. 36.

Miragem conceitua publicidade como informação dirigida ao público com o objetivo de promover, direta ou indiretamente, a aquisição de determinado produto ou serviço.[63]

Almeida considera que a publicidade é um mecanismo que funciona como impulso para a aquisição de bens de consumo e "marca o horizonte da esperança dos compradores"[64].

O publicitário Eugênio Malanga assevera que "publicidade é a arte de despertar no público o desejo da compra, levando-o à ação"[65].

O papel da publicidade, segundo Almeida, é permitir a comunicação entre empresas, ávidas por vender seus produtos, e consumidores, que manifestam sua vontade de adquiri-los. Dessa forma, instala-se, um "sistema de persuasão da comunicação publicitária que molda necessidades, gera desejos, seduz consumidores e que é tão ou mais importante que o próprio sistema de produção de bens, já que, sem ele, as vendas não teriam o sucesso que têm"[66]. Aduz que a publicidade permite a comunicação entre empresas e consumidores; sua utilização visa ao convencimento do consumidor. Essa função confere à publicidade um grande poder social, tanto que é considerada um verdadeiro instrumento de controle social.

Alpa anota que a publicidade tem, em si, uma característica de persuasão.

> Descrever o fenômeno publicitários significa ilustrar a todos aspectos da vida normal. O modo e a forma nas quais são apresentadas as mensagens publicitárias, e seu volume, e a sua eficácia persuasiva, os valores são objeto de números estudos em todos os setores das ciências humanas e sociais [Tradução nossa].[67]

[63] MIRAGEM, Bruno. *Curso de direito do consumidor.* 5. ed. São Paulo: Revista dos Tribunais, 2014. p. 167.

[64] ALMEIDA, Carlos Ferreira de. *Direito do consumo.* Coimbra: Almedina, 2005. p. 141.

[65] *Apud* DIAS, Lucia Ancona Lopez de Magalhães. *Publicidade e direito.* São Paulo: Revista dos Tribunais, 2010. p. 21-22.

[66] ALMEIDA, Aliette Marisa S. D. N. Teixeira de. A publicidade enganosa e o controle estabelecido no Código de Defesa do Consumidor. *Revista de Direito do Consumidor,* São Paulo, RT, 53/11, p. 25-55. jan./mar. 2005. Doutrinas Essenciais de Direito do Consumidor.

[67] *Apud* FURLAN, Valeria C. P. *Princípio da veracidade nas mensagens publicitárias. Revista de Direito do Consumidor,* São Paulo, RT, p. 241-282. Doutrinas Essenciais de Direito do Consumidor. No original: "Descrivere il fenômeno publicitário significa illustrare aspetti dela vita odierna a tutti ampiamente noti, próprio per la costante esperienza che ciascuno e costretto a

Publicidade, enfim, incorpora muitas das funções apresentadas pelas doutrinas colacionadas: tornar público, induzir, convencer, persuadir. Pode-se dizer que constitui um conjunto de informações transmitidas ao consumidor para nele despertar o desejo de consumir. É, em suma, o esforço de comunicação do fornecedor para informar a existência de seu produto/serviço e criar as condições para a respectiva "venda".

Como atividade econômica que é, a publicidade pode ser entendida como conjunto de mecanismos de aproximação de consumidores e fornecedores com o inquestionável objetivo de venda de produtos/serviços e obtenção de lucro. Sua função precípua, portanto, está em aproximar fornecedores que desejam vender e consumidores que desejam comprar produtos e/ou contratar serviços.

A publicidade tem ainda a função de ressaltar as qualidades dos produtos/serviços oferecidos no mercado, persuadir as pessoas a adquiri-los. Outra função auxiliar a esse é lembrar os consumidores que já detêm o produto alvo da publicidade, que podem recomendá-lo ou mesmo adquiri-lo novamente. Em resumo, duas são as principais funções da publicidade: comunicar a existência de um determinado produto ou serviço e convencer o consumidor a adquiri-lo.

A função da publicidade de convencer o consumidor a adquirir produto e/ou contratar serviço acaba transformando-a em um instrumento de geração de vínculos obrigacionais. Para o fornecedor gera a obrigação de cumprir com as informações prestadas; para o consumidor a obrigação de agir com boa-fé.

O artigo 30 do Código de Defesa do Consumidor é claro nesse sentido, especialmente ao afirmar que toda informação ou publicidade, suficientemente precisa, veiculada por qualquer meio de comunicação, obriga o fornecedor, que a veicula e integra o contrato porventura celebrado.

Fica claro, portanto, que o legislador consumerista, ao estabelecer o direito do fornecedor de veicular oferta no mercado de consumo, impõe uma correspondente obrigação, qual seja, cumprir rigorosamente com o prometido na oferta. Desta feita, da publicidade com informações suficientemente precisas nasce para o fornecedor a obrigação de cumpri-las.

compiere di giorno in giorno. I modi e le forme nelle qualli se presentano i messagi publicitari, il loro volume complessivo, la loro eficácia persuasiva, i valori cui si riferiscono, sono da tempo oggetto di numeossimi studi, in tutti i setori dela scienze umane e social."

Evidentemente, fazer oferta publicitária no mercado de consumo é uma conduta lícita e encontra respaldo na lei, mas o que for dito na publicidade vincula o fornecedor e deverá por ele ser cumprido no contrato firmado. Com a publicidade, estabelece-se, portanto, um verdadeiro estado de sujeição do fornecedor à possível aceitação, pelo consumidor, daquilo que fez constar da publicidade.

Marques corrobora a assertiva ao mencionar que:

> Na visão introduzida pelo Código de Defesa do Consumidor no Brasil, há efetivamente vinculação própria do fornecedor por sua atuação publicitária no mercado. Vinculação pré-contratual, contratual e delitual, conforme as circunstâncias.[68]

Essa vinculação do fornecedor às informações prestadas na publicidade tem como premissa outra obrigação, imputada ao fornecedor, de apresentar na oferta informações condizentes com a veracidade dos fatos. Há uma verdadeira obrigação imposta ao fornecedor de falar a verdade, de não mentir, pois tudo o que afirmar na publicidade despertará a confiança no consumidor.[69]

> Certo é que o Código de Defesa do Consumidor introduziu no ordenamento jurídico brasileiro uma série de novos deveres para o fornecedor que se utiliza (patrocina) da publicidade no mercado, como método comercial e de incitação ao consumo. O principal destes deveres é o de 'veracidade especial'; a publicidade comunica, logo é forma de informação, mas também é livre para não trazer nenhuma informação precisa ou mesmo nenhum sentido, pura ilusão publicitária, mas se trouxer alguma informação, seja sobre preço, sobre qualidade ou quantidade, sobre os riscos e segurança ou sobre características e utilidade

[68] MARQUES, Cláudia Lima. Vinculação própria através da publicidade? A nova visão do Código de Defesa do Consumidor. *Revista de Direito do Consumidor.* São Paulo, Revista dos Tribunais, 10/7, 1994. (Doutrinas Essenciais de Direito do Consumidor). p. 125.

[69] MARQUES, Cláudia Lima. Vinculação própria através da publicidade? A nova visão do Código de Defesa do Consumidor. *Revista de Direito do Consumidor.* São Paulo, Revista dos Tribunais, 10/7, 1994. (Doutrinas Essenciais de Direito do Consumidor). p. 112.

do produto e do serviço, esta informação deve ser verdadeira (arts. 36, § único, 37, § 1º e 38 do CDC).

Köndgen entende que todo esse jogo de obrigações e de deveres especiais impostos ao fornecedor deriva fundamentalmente da confiança despertada no consumidor e depositada no fornecedor.[70] A convicção é a de que:

> [...] há vinculação própria por uso (ato ilícito) da publicidade na sociedade de massas. Uma das bases para tal vinculação encontra ele na responsabilidade pela confiança ('Vertrauenshaftung') despertada pela atividade dirigida e profissional do fornecedor; confiança que representa o efeito provável daquele tipo de declaração na sociedade (trata-se também de um *standart* objetivo).[71]

A vinculação com relação à confiança despertada no consumidor deriva diretamente do princípio de boa-fé, consignado no artigo 4º, inciso III, do Código de Defesa do Consumidor, que impõe aos fornecedores o dever de cumprir com as expectativas geradas nos consumidores, considerados, por presunção legal, agentes vulneráveis do mercado de consumo.

A confusão entre as expressões publicidade e propaganda, não raro, acontece, pois são expressões tratadas muitas vezes como aparente sinônimos. Esse equívoco é encontrado até mesmo no texto constitucional, que ao tratar da comunicação social usa a expressão propaganda quando deveria usar publicidade. A doutrina e a jurisprudência também cometem esse pecado, que o legislador consumerista não sucumbiu.

Publicidade e propaganda são conceitos diferentes e, em razão disso, são submetidos a regimes jurídicos distintos. Publicidade é comercial, tem a intenção de fazer o consumidor adquirir um produto ou contratar um serviço; persegue um fim comercial; pretende provocar a difusão de um produto.

[70] *Apud* MARQUES, Cláudia Lima. Vinculação própria através da publicidade? A nova visão do Código de Defesa do Consumidor. *Revista de Direito do Consumidor.* São Paulo, Revista dos Tribunais, 10/7, 1994. (Doutrinas Essenciais de Direito do Consumidor). p. 125.

[71] Köndgen *Apud* MARQUES, Cláudia Lima. Vinculação própria através da publicidade? A nova visão do Código de Defesa do Consumidor. *Revista de Direito do Consumidor.* São Paulo, Revista dos Tribunais, 10/7, 1994. (Doutrinas Essenciais de Direito do Consumidor). p. 125.

Propaganda é, ao contrário, institucional; visa divulgar uma ideia; tem conotação e finalidade de cunho filosófico, político, religioso, ideológico, econômico ou social.

O que distingue, fundamentalmente, publicidade e propaganda é o objetivo de lucro, o que torna a publicidade uma atividade de caráter eminentemente econômico. Enquanto a publicidade provoca a divulgação de um produto ou um serviço para venda com o objetivo de lucro, a propaganda manifesta a vontade de divulgação de uma ideia, de um conceito, sem qualquer objetivo de auferir benefício econômico (pelo menos é assim, em tese.).

Publicidade e marketing também não se confundem. Marketing pode ser definido como um processo de análise e de obtenção de informações sobre os desejos do consumidor, portanto, não se confunde com a publicidade.

Lopes assevera que marketing é um conjunto de atividades que ocorrem desde a concepção do produto, quando o fornecedor descobre as necessidades dos consumidores, até a destruição do produto ou o exaurimento do serviço pelo consumidor final.[72]

Dias também conceitua marketing:

> [...] engloba, pois, as atividades de pesquisa do mercado, planejamento do produto, definição de preços inicial, publicidade para tornar o produto conhecido e provocar sua procura, promoção de vendas, para levar o produto ao consumidor por meio de atividades auxiliares de incentivo às vendas e, por fim, distribuição do produto com a sua colocação ao alcance do consumidor final e de fácil acesso.[73]

[72] "[...] o marketing empresarial acompanha o produto desde o seu nascedouro, antes mesmo do seu nascimento, até a realização da venda e também durante o pós-venda. O marketing, antes da concepção, analisa e investiga as necessidades e anseios do mercado. Concebido o produto, o objetivo do *marketing* volta-se para sua colocação (compra e venda mercantil ou aquisição do serviço). Realizada a venda, as ações de *marketing* continuam, no sentido de proporcionar ao consumidor a plena fruição do bem ou serviço adquirido, estabelecendo as estratégias de garantia e assistência técnica." LOPES, Maria Elizabeth Vilaça. O consumidor e a publicidade. *Revista de Direito do Consumidor.* São Paulo, Revista dos Tribunais, RDC 1/149, jan./mar. 1992. p. 149-183.

[73] DIAS, Lúcia Ancona Lopes de Magalhães. *Publicidade e direito*, p. 24.

A publicidade como instrumento do marketing estaria, portanto, dentro das atividades de promoção, em um processo que engloba os conhecidos quatro "Ps": *product* (produto), *place* (lugar, distribuição), *price* (preço) e *promotion* (promoção).

Enfim, a publicidade é um dos mecanismos mais importantes utilizados pelos fornecedores dentro das práticas de marketing, mas com ele não se confunde. A publicidade utiliza instrumentos do marketing com vistas a fazer chegar o produto ou o serviço do fornecedor ao consumidor e despertar neste último o desejo da compra.

1.3.3 A Publicidade: Instrumento de Promoção do Consumo e da Felicidade

A definição de felicidade foi um objetivo buscado por muitos estudiosos da mente e do comportamento humanos, mas é certo que ninguém até hoje conseguiu definir de forma precisa o que seria felicidade, ou qual seria, de fato, o seu objetivo.

Em várias partes do mundo, muitos estudos são dedicados a mensurar o grau de felicidade das pessoas, movimentando as mais diversas áreas do conhecimento, como economia ("Pessoas felizes compram mais e movimentam mais a economia."); ciência políticas ("O Estado administra melhor a vida de pessoas felizes."); psicologia ("O ser humano deseja ser feliz."); sociologia ("Pessoas felizes convivem melhor."); e direito ("As pessoas têm direito à busca da felicidade.").

Primeiramente, baseado em Donini[74], pode-se afirmar que toda pessoa, diante de sua simples existência, tem direito ao respeito à sua dignidade e ao direito de ser feliz.

O termo felicidade é usado para revelar a "satisfação de alguém com sua situação no mundo", diferentemente do conceito de bem-aventurança, que é o ideal de satisfação independente da relação do homem com o mundo, por isso limitada à esfera contemplativa ou religiosa.[75]

[74] DONINI, Rogerio. *Responsabilidade civil na pós-modernidade* – felicidade, proteção, enriquecimento com causa e tempo perdido, p. 53-78.

[75] ABBAGNANO, Nicola. *Dicionário de Filosofia*. 5. ed. São Paulo: Martins Fontes, 2007. p. 505.

Felicidade seria o resultado de uma vida virtuosa. São felizes, nesse sentido, os justos, aqueles que agem com temperança e de acordo com o seu próprio dever, afastando-se, portanto, de uma possível relação entre felicidade e prazer. É o que afirmava Platão ao defender que a felicidade poderia ser definida na sua relação direta com a virtude, que outra coisa não pode ser senão a "capacidade da alma de cumprir seu próprio dever, ou seja, de dirigir o homem da melhor maneira"[76].

Adiante de Platão, os humanistas passaram a entender a noção de felicidade ligada a prazer. Locke afirmava que felicidade é o maior prazer do que somos capazes e a infelicidade o maior sofrimento. Leibniz compunha o conceito de felicidade como algo durável, que consistia em um progresso sempre contínuo em busca de novos prazeres.[77]

Com Kant, felicidade ganha um viés de racionalidade, de resultado dos desejos e vontades do homem. Para este filósofo, felicidade é a condição do homem de ser racional no mundo para quem, ao longo da vida, tudo acontece de acordo com seu desejo e sua vontade. A felicidade seria, então, parte integrante do bem supremo, que, para o homem, corresponde à síntese da virtude.[78]

Os ingleses Bentham, James Mill e Stuart Mill acentuam um caráter social do conceito de felicidade. Bentham fundamenta sua moral na ideia de maior felicidade para o maior número de pessoas. Em conjunto, eles defendem a ideia, não tão rígida e absoluta como Kant, de que a felicidade depende de condições e de circunstâncias objetivas além daquelas derivadas das atitudes do homem e, por isso, não pode pertencer ao homem em sua individualidade, mas sim considerando o homem como membro de um mundo social.[79]

Depois de passar por um momento de "ostracismo", no qual os filósofos mostravam desinteresse em aprofundar o estudo da felicidade, voltou a ganhar corpo na filosofia.[80]

[76] *Apud* ABBAGNANO, Nicola. *Dicionário de Filosofia*, p. 505.

[77] *Apud* ABBAGNANO, Nicola. *Dicionário de Filosofia*, p. 505.

[78] *Apud* ABBAGNANO, Nicola. *Dicionário de Filosofia*, p. 506.

[79] *Apud* ABBAGNANO, Nicola. *Dicionário de Filosofia*, p. 505.

[80] Essa reabilitação do estudo do conceito de felicidade produziu a divisão entre o "sentido fraco" da felicidade, para aqueles que a concebem como situação parcial de exigências humanas, que são consideradas fundamentais e imprescindíveis, e o "sentido forte", que não se esgota na noção de sentido fraco, "mas coincide, na sua plenitude, com uma (hipotética)

Das variadas tentativas de conceituar felicidade, e em razão do escopo deste estudo, optou-se por adotar a reflexão sobre o que vem a ser felicidade na pós-modernidade. Felicidade, nesse sentido, constitui o objetivo ético de não causar lesão ou dano a outrem. Essa ideia se aproxima muito do conceito de felicidade desenvolvido por Platão, que a associava diretamente à virtude e à vida virtuosa. A virtude aqui será entendida no sentido de andar em linha reta, igualmente, sem causar lesão ou dano a outrem.

Além disso, se foi na pós-modernidade o momento em que se percebeu a existência de risco e a ocorrência de dano difuso, a elaboração do conceito de felicidade deve acompanhar esse novo ambiente, quer dizer: proporcionar felicidade é não causar dano ou lesão a ninguém.

No Brasil, a discussão sobre felicidade ou sobre o direito à felicidade ainda é embrionária. De fato, não há no texto constitucional brasileiro nenhum dispositivo que expressamente confira ao indivíduo o direito de exigir que o Estado lhe assegure a felicidade, ao contrário dos Estados Unidos da América, que têm na Emenda n. 14 do texto constitucional de 1776 a previsão expressa do direito à felicidade e outros valores como liberdade e autonomia individual.

No ordenamento jurídico brasileiro, felicidade não tem uma dimensão normativa direta, não se compara a direitos fundamentais como a vida, mas deve ser entendida como vetor de interpretação e de aplicação da Constituição Federal e dos demais textos normativos, de tal sorte que o magistrado escolha a alternativa que produza ao destinatário da norma o maior grau de felicidade.

O direito à felicidade contém em si uma dimensão ética, que desautoriza a utilização de qualquer mecanismo de enganosidade no mercado de consumo, especialmente na elaboração de peças publicitárias.

Apresentadas essas primeiras ideias, na tentativa de definir felicidade, passa-se agora a relacioná-la ao consumo.

Com todos os movimentos que ocorreram ao longo do século XX, difundiu-se a ideia de que consumo é sinônimo de felicidade ou de que consumo traz, de alguma forma, um mínimo de felicidade.

Campbell, em visão que une consumo e romantismo, considera que o ato de consumir seria uma forma de o indivíduo preencher as lacunas causadas

situação de satisfação *total* (significado *forte* de F.)". ABBAGNANO, Nicola. *Dicionário de Filosofia*, p. 507.

pela dor e pela angústia da vida cotidiana, o que denota uma estreita referência a Max Weber na relação da ética protestante com o espírito do capitalismo moderno. Para o autor inglês, o consumo seria guiado pela ética romântica e consistiria na conduta necessária para que o indivíduo deixasse de lado a angústia e a dor – sentimentos opostos à felicidade – que o afligem em toda a sua existência. O consumo seria, assim, o mais perfeito antídoto para as angústias da vida humana cotidiana.[81]

Lipovetski, por outro lado, liga consumo a prazer e, portanto, à felicidade. Ao conceber a sua sociedade de hiperconsumo, defende a ideia de que o indivíduo obtém prazer ao consumir e, desta forma, poderá atingir, ao menos em parte, o desejo de realização da felicidade.[82] Os ingredientes da felicidade, segundo o filósofo francês, são encontrados no consumo:

> É em nome da felicidade que se desenvolve a sociedade de hiperconsumo. A produção dos bens, os serviços, as mídias, os lazeres, a educação, a ordenação urbana, tudo é pensado, tudo é organizado, em princípio, com vista à nossa maior felicidade. Nesse contexto, guia e métodos para viver melhor fervilham, a televisão e os jornais destilam conselhos de saúde e de forma, os psicólogos ajudam os casais e os pais em dificuldade, os gurus que promete a plenitude multiplicam-se.[83]

Acrescenta que os questionamentos que afloram em decorrência do produtivismo e do consumismo desenfreados não são "imperativos para garantir a sobrevivência do planeta: são por vezes considerados as únicas soluções socialmente justas, assim como as mais desejáveis em função do ideal de felicidade e do viver melhor"[84].

81 CAMPBELL, Colin. *A ética romântica e o espírito do consumismo moderno*. Rio de Janeiro: Rocco, 2001.

82 LIPOVETSKY, Gilles. *A felicidade paradoxal* – ensaio sobre a sociedade de hiperconsumo, p. 336.

83 LIPOVETSKY, Gilles. *A felicidade paradoxal* – ensaio sobre a sociedade de hiperconsumo, p. 336.

84 LIPOVETSKY, Gilles. *A felicidade paradoxal* – ensaio sobre a sociedade de hiperconsumo, p. 345.

A crítica de Lipovetski é feroz ao ideal de felicidade ligado ao consumo na medida em que é facilmente constatável que o aumento do consumo não reflete diretamente o aumento do nível de felicidade das pessoas. E arremata afirmando que, não obstante consumir-se três vezes mais energia na atualidade do que nos anos 1960, a felicidade não aumentou proporcionalmente nesse nível.[85]

Mas, voltando à felicidade como concepção de que nenhuma lesão ou dano poderá ser causado a outrem, pode-se inferir que o indivíduo é feliz quando não lhe sucedem lesões ou danos. Ser feliz, por essa ótica, é não ser vítima de danos.

No ambiente da pós-modernidade, cheio de riscos a serem assumidos por seus partícipes, a sociedade de consumo deve privilegiar a minimização de lesões e danos para que o objetivo de felicidade buscado por todos, ainda que não qualificados como consumidores, seja atingido de fato.

Para esse propósito, é imperioso o controle das práticas comerciais realizadas na sociedade de consumo. Aliás, evitar as práticas comerciais abusivas é medida de precaução e de contenção de ocorrência de danos, nos termos que apregoa a Política Brasileira de Proteção e Defesa do Consumidor.

Se, como mencionado anteriormente, na pós-modernidade as relações são líquidas e fluidas, se há um mal-estar generalizado da civilização muito em decorrência das profundas mudanças ocorridas ao longo do século XX, deverá haver, por certo, uma severa preocupação com a criação de formas de minimizar as lesões e os danos para alcance, minimamente, daquilo que a sociedade de consumo concebe como "vida feliz".

Ademais, se os fornecedores de bens para a sociedade pós-moderna de consumo necessitam de publicidade comercial e se os publicitários são por eles contratados para, usando a sua inteligência criativa, demonstrar que determinado produto/serviço será a causa da tão desejada felicidade, a publicidade deverá agir com boa-fé e não causar danos – que são eminentemente difusos – aos seus destinatários.

[85] "A ideia é justa: o Produto Interno Bruto não é a Felicidade Nacional Bruta, a vida boa não pode ser confundida com o avanço consumista." LIPOVETSKY, Gilles. *A felicidade paradoxal* – ensaio sobre a sociedade de hiperconsumo, p. 346.

Enfim, se na pós-modernidade a ideia de felicidade é não causar dano a outrem, mas, mesmo assim, constata-se a ocorrência de danos difusos e se a publicidade é a causa, por excelência, de danos difusos no mercado de consumo, então existe relação entre os conceitos consumo, publicidade comercial e felicidade.

A avaliação do historiador francês Minois é apropriada quanto à relação entre felicidade, consumo e publicidade no ambiente da pós-modernidade, precisamente após a década de 1980:

> Umas das grandes características do mundo atual é a onipresença – poderíamos dizer obsessão – da felicidade. Está certo que a felicidade não é mais 'uma ideia nova na Europa', nem em outros lugares, mas nunca ela fascinou tanto. Claro, o poder fenomenal dos meios de comunicação amplia desmedidamente todos os fenômenos culturais, e de certo modo também os cria. Mas somente as ideias que ecoam profundamente nas mentalidades conseguem manter-se em evidência por mais de dez anos. A onda de procura da felicidade agita-se a partir do início dos anos 1980. Em 1983, em *Bonheur privé, action publique* (felicidade privada, ação pública), Albert Hirschman mostrava que no curso da história alternam-se períodos que privilegiam a procura da felicidade particular e outros que insistem na ação coletiva. Após um século XX durante o qual o Estado pensou poder garantir a vida feliz dos cidadãos, assistimos de fato a uma interiorização do indivíduo quanto a sua felicidade pessoal. Mas a novidade é que daqui em diante todas as aspirações individuais são recuperadas pela mídia a serviço do mercado de hiperconsumo, e se tornam assim, ao mesmo tempo, apostas de massa. Os dois aspectos, público e privado, são doravante inseparáveis, e o mercado da felicidade passou a ser um setor econômico criador de milhões de empregos.[86]

E prossegue, dissertando especificamente sobre a publicidade como instrumento realizador de felicidade no mercado de consumo na pós-modernidade:

[86] MINOIS, Georges. *A idade do ouro* – história da busca da felicidade. São Paulo; Ed. da Unesp, 2011. p. 403.

> A publicidade tem um papel essencial na criação de um ambiente feliz. Ela cria um mundo paralelo de prazer e harmonia onde tudo é possível, um mundo sorridente, livre dos confrontos e das contradições, um mundo ideal, utópico, que reconcilia a tecnologia mais avançada com a natureza mais intacta. O paraíso, a idade de ouro, nós os vemos todos os dias nos cartazes publicitários e nas telas. [...]
> Todos esses estudos, e muitos outros, são na verdade ditados por uma lógica puramente econômica que visa reconciliar as aspirações à felicidade individual e as exigências da vida em sociedade, reduzindo a felicidade à noção de 'bem-estar', mais fácil de delimitar e de medir, e cujo sucesso pode ser garantido pelo consumo. [...]
> Enquanto o homem não sabe definir a felicidade, é difícil satisfazê-lo. A ideia é então a seguinte: mostrarmos o que é ser feliz e disponibilizarmos os meios de comprar essa felicidade com toda a liberdade. [...]
> A própria noção de felicidade está prestes a escapar ao indivíduo. A velha ideia segundo a qual cada um encontra sua felicidade onde bem entende está em vias de terminar. A felicidade, na sociedade de consumo de massa, é definida pelas forças econômicas, graças às pesquisas de opinião, aos estudos e à publicidade. A Economia define as normas da felicidade em acordo com os Estados, eles mesmos dependentes da Economia para orientar o consumo.[87]

Com esses aportes teóricos, infere-se que consumo e felicidade possuem estreita ligação e ela decorre da sociedade pós-moderna, na qual a felicidade se tornou ideal supremo. A publicidade passou a estimular o consumo de bens e serviços como caminho para o indivíduo que quer ser feliz, ainda que essa felicidade seja despótica e dela todos sejam vítimas e reféns.[88]

[87] MINOIS, Georges. *A idade de ouro*, p. 406-409.

[88] "O direito à felicidade transformou-se em imperativo de euforia, criando vergonha ou mal-estar naqueles que se sentem excluídos. À hora em que reina a 'felicidade despótica', os indivíduos não são mais apenas infelizes, sentem a culpabilidade de não se sentir bem." LIPOVETSKY, Gilles. *A felicidade paradoxal* – ensaio sobre a sociedade de hiperconsumo, p. 336-337.

1.3.4 A Publicidade e a Construção da Imagem do Fornecedor

A publicidade, além de divulgação de determinado produto/serviço no mercado de consumo, também atua como instrumento de divulgação da imagem do fornecedor e de sua marca, a fim de despertar confiança e credibilidade no consumidor.

É certo que os consumidores adquirem produtos de marcas em que confiam. Os fornecedores, por intermédio da publicidade, procuram despertar a confiança nos consumidores com a criação de uma imagem sólida.

Não custa lembrar que no afã de solidificar a marca no mercado consumidor, muitos fornecedores acabam induzindo o consumidor comprar/contratar movido pela confiança depositada na imagem e na marca divulgadas e, contrariando recomendações dos profissionais do marketing, mantêm ao longo de anos o mesmo logo, o mesmo design, exatamente para consolidar uma boa imagem no mercado.

Nesse sentido, pode-se dizer que, hoje, na sociedade pós-moderna de consumo, vendem-se não apenas produtos/serviços, mas também, e principalmente, a boa imagem, a boa marca, a credibilidade e o signo de confiança do fornecedor no mercado de consumo.

Em um mundo pós-moderno, de intensa comunicação por meio da internet e de redes sociais, o consumidor ainda aposta na tradição como mecanismo de confiança nos produtos e nos serviços colocados no mercado de consumo. O fornecedor constrói a sua imagem para esse fim, contando muitas vezes histórias que jamais existiram, induzindo o consumidor em erro.[89]

[89] O caso da marca "Maizena" serve bem para ilustrar essa tendência do mercado de consumo pós-moderno de associar a marca à tradição, a fim de construir uma boa imagem no mercado de consumo e de gerar credibilidade no consumidor. O professor e designer gráfico Tadeu Costa avalia o porquê de a marca Maizena continuar com o mesmo layout ao longo de tantos anos, mantendo o sucesso no mercado de consumo moderno: "A MAISENA sobrevive em meio aos apelos da modernidade, reafirmando o valor da tradição, presente na própria embalagem do produto, que é a sua principal mídia, e mostra a produção artesanal do amido de milho por uma tribo indígena. Deste modo, os fabricantes conseguem deslocar o sentido do seu produto, que é industrializado, mas é apresentado aos consumidores e consumido por eles como se fosse um produto feito artesanalmente. Sem dúvida, o contesto de uso do produto, no universo culinário, contribui para a crença no seu caráter universal.". COSTA, Tadeu. *Do maíz à maisena* – um layout de 140 anos. São Paulo: Rosari, 2005.

As histórias contadas pelos fornecedores na publicidade têm a intenção de dar credibilidade ao produto em decorrência da tradição que lhe é atribuída, valorizando assim a imagem. Os consumidores acreditam que consumem um produto cuja tradição conferida pelo tempo os avaliza. Essa prática pode ser lícita, desde que haja veracidade nas informações prestadas pelo fornecedor em relação a sua marca.

1.3.5 Os Desafios da Publicidade em Tempos Pós-Modernos

O desafio da publicidade em tempos pós-modernos sugere exatamente a necessidade de os fornecedores de produtos/serviços se adequarem a um comportamento novo, mais rígido, que impõe um cuidado maior com a forma e com o conteúdo da mensagem publicitária transmitida aos consumidores.

A publicidade sempre foi avessa a regras, pois é inimaginável impor aos publicitários limites à sua criação. Contudo, se a criação é um desafio constante vivido pela publicidade, adequar-se à boa-fé e ao dever de veracidade se tornou mais um desafio que deverá ser enfrentado por fornecedores e profissionais da publicidade no presente.

Ramsay, dissertando sobre os desafios especialmente éticos que permeiam a atividade publicitária na atualidade, apresenta argumentos para construção de um sistema de proteção e de defesa dos consumidores: o primeiro alude à constatação de que o mercado é falho; o segundo procura "deixar claro que devem existir valores éticos e sociais a serem defendidos na sociedade", pois a partir deles a vida cotidiana se tornará mais harmoniosa.[90]

A sociedade civil não admite mais a ocorrência de ilicitudes na prática profissional publicitária. A sociedade quer confiar, quer a garantia de procedência, quer boa-fé na ação do fornecedor, quer que os desejos e os anseios dos consumidores sejam efetivamente correspondidos; quer, por fim, que as histórias contadas sobre a marca, sobre o produto ou sobre os serviços sejam, de fato, verazes. Para tanto, a publicidade deve adequar-se a formas de controle, constituídas por regras e limites impostos pelo Estado, – por

[90] *Apud* SODRÉ, Marcelo Gomes. *A construção do direito do consumidor*: um estudo sobre as origens das leis principiológicas de defesa do consumidor, p. 30.

iniciativa do legislador; pelo administrador, por meio dos órgãos de proteção e de defesa do consumidor; ou, ainda, pelo Estado-Juiz, a quem cabe inibir, de forma razoável e proporcional, tentativas ilícitas de convencimento do consumidor.

Com esse novo comportamento, que deve comandar a elaboração e a veiculação de peças publicitárias, pretende-se evitar a contaminação do mercado com ilicitudes que influenciem a real percepção dos consumidores sobre produtos e serviços colocados no mercado.

> De fato, as disfunções dos mecanismos de mercado afetam direta e intensamente a consciência e a percepção dos consumidores reais quanto àquelas que seriam as suas necessidades e carências verdadeiras, objetiva e/ou subjetivas, de sorte a anestesiar a capacidade de seleção da qual talvez pudessem dispor, se não fossem aturdidos pela avalanche de produtos e serviços ofertados sem interrupção, ao mesmo tempo ou sucessivamente, num grau vertiginoso de complexidade e de sofisticação crescentes no contexto da oferta e dos bens ofertados.[91]

O sistema de proteção do consumidor, tal como concebido pelo Código de regência, não permite a contaminação da manifestação de vontade do consumidor, que deve ser formada saudavelmente.

A mensagem dirigida ao consumidor deve ser clara, precisa e acima de tudo veraz. Por essa razão, qualquer tentativa do fornecedor de enganar o consumidor com mensagens não verazes, na tentativa de convencê-lo da credibilidade da sua marca, do seu produto ou do seu serviço deverá ser afastada do sistema.

O controle requerido da publicidade não pode ser um entrave à sua prática porque, como mecanismo de comunicação fornecedor-consumidor, ela é essencial ao exercício da atividade econômica. O que se advoga é que a publicidade não deve ser abusiva nem enganosa, mas sim orientada pela boa-fé e pela ética, pois só assim cumprirá a sua função social.

[91] TOMASETTI JUNIOR, Alcides. O objetivo de transparência e o regime jurídico dos deveres e riscos de informação nas declarações negociais para consumo. *Revista de Direito do Consumidor*, São Paulo, RT, 4/52, 1992. p. 57.

Pasqualoto faz importante reflexão nesse sentido:

> Se o desafio da publicidade é acompanhar a mutação da comunicação, o desafio do direito é compatibilizar os comandos normativos com a realidade fática, o que implica, de um lado, manter e exercer o poder de coerção, e, de outro lado, não sufocar a fluência natural da vida em sociedade. Essa é uma fronteira delicada, de limites impostos, imprecisos, e a tolerância deixa a impressão de que regras sequer existem.[92]

O contexto é mesmo de posições antagônicas: de um lado, a publicidade, arredia a controles; de outro, o direito, pretendendo regulá-la para evitar o cometimento de abusos, legitimado pela sua competência de definir limites a toda ação que não contribua para o bem comum e para a pacificação social.

Não é demais lembrar que ao desafio natural da publicidade na pós-modernidade somam-se o conhecimento e a aplicação das novas plataformas e das diversificadas técnicas de comunicação, como Facebook, Instagram, WhatsApp, Twitter, Snapchat e Periscope, que nasceram no século XX, mas só agora, no século XXI, vem sendo utilizadas de forma vertiginosa.

As inúmeras possibilidades das novas tecnologias incitam os envolvidos (profissionais, fornecedores), a interpretar as regras sobre a publicidade comercial não de maneira restrita, tapando os olhos para a evidência da multifuncionalidade da comunicação.[93] Do contrário, impedir que o Estado defina mecanismos de fiscalização e de contenção de abusos significa permitir que o mercado de consumo se contamine e até mesmo se autodestrua.

Com a implantação de mecanismos severos de proteção e de defesa do consumidor o Brasil avançou na tentativa de construção de um mercado de consumo sadio, onde as relações entre fornecedores e consumidores se constroem de maneira harmoniosa, na forma determinada pelo artigo 4º, inciso III, do Código de Defesa do Consumidor.

[92] PASQUALOTO, Adalberto. Direito e publicidade em ritmo de descompasso. *Revista de Direito do Consumidor*, São Paulo, RT, v. 24, n. 100, p. 501-527, jul./ago. 2015. p. 502.

[93] PASQUALOTO, Adalberto. Direito e publicidade em ritmo de descompasso. *Revista de Direito do Consumidor*, São Paulo, RT, v. 24, n. 100, p. 501-527, jul./ago. 2015. p. 506.

Contudo, para Pasqualoto, exige-se o enfrentamento de questões reais:

> Em resumo, uma atuação mais efetiva dos órgãos públicos do Sistema Nacional de Defesa do Consumidor, que se voltasse para o enfrentamento de questões reais, como a prática do merchandising, abrindo diálogo direto com os setores envolvidos, poderia encontrar soluções para problemas que na medida em que são ignorados, acabam plasmando uma permissividade que leva à tolerância de situações fáticas que a lei não recepciona.[94]

Ademais, propõe-se, ao mesmo tempo, a formulação de peças publicitárias, como parte de uma atividade econômica lícita, que é a oferta de produtos/serviços no mercado de consumo. A ação dos órgãos de controle e fiscalização da publicidade é, portanto, deter as tentativas ilícitas, praticadas por fornecedores, de encantamento e de convencimento enganosos do consumidor.

1.4 *Storytelling*: Um Mecanismo Publicitário da Sociedade de Consumo Pós-Moderna

Um dos mecanismos utilizados na contemporaneidade para convencimento do consumidor a adquirir produtos e a contratar serviços é a publicidade contadora de histórias, ou, na expressão na língua inglesa, o *storytelling*.

Esse novo mecanismo de marketing, como todos os demais, deve ser bem utilizado, já que tem o condão de motivar comportamentos sociais, criar novas necessidades de consumo e estabelecer padrões de comportamento no mercado de consumo.

Contar histórias não é propriamente uma novidade no longo desenvolvimento da civilização. A sua utilização para o convencimento do consumidor a adquirir produtos e/ contratar serviços com base na credibilidade que essa história atribui à imagem do fornecedor, à sua marca e ao produto ou serviço é uma novidade constatada no ambiente pós-moderno.

94 PASQUALOTO, Adalberto. Direito e publicidade em ritmo de descompasso. *Revista de Direito do Consumidor*, São Paulo, RT, v. 24, n. 100, p. 501-527, jul./ago. 2015. p. 522.

A propósito, a palavra *storytelling* está relacionada a uma narrativa e significa a capacidade de alguém contar histórias. Em sua aplicação utiliza palavras e recursos audiovisuais para narrar a história.

Na prática publicitária, o *storytelling*, em breve resumo, compreende: (i) apreensão das histórias dos clientes para utilização, na medida do possível, como ilustração da campanha de comunicação; (ii) determinação do público-alvo para construção de uma narrativa orientada; (iii) enquadramento da mensagem publicitária como história; e, por fim, (iv) coerência no ato de "contar" idêntica história para todos os consumidores.

A origem da palavra *storytelling* não é muito precisa, mas há muito tempo é conhecida a característica e a capacidade do ser humano de contar histórias, materializadas em livros, seriados, novelas, filmes etc. *Storytelling* é uma das mais antigas formas de transmissão de conhecimento, pois, de fato, a todo tempo o homem está contando histórias, verdadeiras ou não.

A arte de contar histórias remonta a um dos mais antigos ancestrais da humanidade: credita-se ao homem de Cro-Magnon a prática da arte rupestre de expressar em desenhos bastante rudimentares os fatos vivenciados pelos habitantes da Terra em tempos pré-históricos.[95]

> Ultrapassando a pré-história, o *storytelling* ganhou as civilizações antigas (tais como os astecas, egípcios, gregos e romanos) e até mesmo instituições religiosas, como forma de se promover o entretenimento e a educação, bem como de se preservar a história e a cultura dos povos e nações. E, como não poderia deixar de ser, a prática do *storytelling* alcançou a civilização moderna com a mesma força que tinha no passado. [...] Assim como o *storytelling*, este tipo de história alcançou a civilização moderna, ponderando-se, entretanto, que está cada vez mais difícil incutir fantasias no imaginário humano, devido à facilidade de se 'desmascarar' tais histórias nos tempos atuais, através da busca pela informação na internet. Mas, ainda assim existem pessoas e sobretudo

[95] VEIGA, Felipe Barreto. *Consumidor deve ser avisado se a história contada em propaganda for fictícia*. Disponível em: <http://consultor-juridico.jusbrasil.com.br/noticias/154574159/consumidor-deve-ser-avisado-se-historia-contada-em-propaganda-for-ficticia>. Acesso em: 1º dez. 2014.

empresas cada vez mais empenhadas neste tipo de prática, porém com um intuito bem diferente de nossos ancestrais: marketing.

De fato, uma história bem contada, autêntica e criativa, convence, faz uma conexão emocional e pessoal, inspira uma atitude e fica gravada na memória do destinatário da mensagem.[96] A novidade em tempos pós-modernos, porém, é a utilização dessas histórias com vistas à publicidade para venda de produtos e/ou contratação de serviços no mercado de consumo.

Já é conhecida a capacidade que as histórias contadas têm de captar a atenção dos consumidores e, por isso, transformaram-se em mecanismos de convencimento para aquisição de produtos ou contratação de serviços no mercado de consumo.

A ideia fundamental é contar uma história certa para o público consumidor que o fornecedor pretende atingir e poder aumentar as vendas, convencer novos consumidores, promover a fidelização daqueles já existentes, perfazendo assim o que toda empresa deseja: vender e obter lucro.

Em tempos de excesso de informação, de comunicação frenética, de diversidade de meios de comunicação social, especialmente na internet, e de relações fluidas, líquidas e superficiais, destacar-se no meio da multidão poderá significar a concretização de negócios promissores.

Nesse novo cenário de incertezas, de excesso de informação, de liquidez nas relações humanas e de elevado risco nos produtos e serviços colocados no mercado de consumo, o *storytelling* é um mecanismo útil na medida em que contar uma história interessante pode ser uma forma eficaz de prender a atenção de alguém, especialmente a de um consumidor.

[96] "Quando, em *Filebo*, Platão fala sobre os prazeres da alma, ele insiste no papel da memória e evoca principalmente a felicidade dispensada pela lembrança dos prazeres corporais e, de maneira indireta, a antecipação dos que estão por vir. "É porque guardei a memória do imenso prazer que senti ao beber um bom vinho que estou feliz não apenas em rememorar, mas também em considerar experimentá-lo novamente'. Epicuro também insiste no papel essencial da memória como adjuvante da felicidade, em especial quando o corpo sofre em consequência de uma doença ou de um abuso: ela permite que se recupere a 'ataraxia', a paz profunda do ser, a lembrança de momentos felizes. Mas não se trata da viagem do espírito ao passado: como em Proust, a memória permite *reviver uma sensação* agradável: é sempre *no presente* que a felicidade é experimentada graças a essa reminiscência [Grifo do autor]." LENOIR, Frédéric. *Sobre a felicidade* – uma viagem filosófica. Rio de Janeiro: Objetiva, 2016. p. 72.

O *storytelling*, analisado pelo prisma da publicidade e do consumo, nada mais é do que apropriação, pelo mercado publicitário, de consagradas técnicas de narração. Na prática, revela a tentativa de apresentar ao público consumidor uma história única do fornecedor, relativamente ao produto ou serviço, criando uma relação de proximidade entre ambos, além de destacá-lo entre os congêneres.

O uso do *storytelling* na publicidade se resume a uma questão de relevância: dar destaque, sair do comum, 'combater a dispersão'.[97]

> A definição que se costuma dar é que a *storytelling* é a prática de se **contar uma boa história**. E este 'boa', na imensa maioria das vezes, quer dizer **relevante**. Ou seja, uma história que consiga reter a atenção do interlocutor – esteja ele onde estiver – e que, de preferência, marque-o, fique em sua memória. Uma narrativa bem articulada, com começo, desenvolvimento e final específicos, e que de alguma forma capture o público – seja por meio do drama, da tragédia, da comédia ou da ação, não importa. Afinal de contas, tudo se resume a esta questão: relevância. No caso do mercado da comunicação, com a dispersão dos públicos das mídias de massa, foi ficando mais e mais difícil que os anunciantes se mantivessem significativos. O latifúndio que tinham em mente os consumidores foi se transformando em uma fazenda, depois um sítio, depois em chácara, casebre, e por aí vai. Até que se descobriu que uma possível solução para isso estava muito mais perto que qualquer pessoa imaginasse: nas cabeceiras, nas estantes, nas prateleiras, os livros, claro. Os clássicos universais, que se mantêm relevantes há muito tempo. É compreensível, então, que o mercado de comunicação se aproprie de consagrados recursos da narrativa para combater a dispersão. E não apenas o mercado de comunicação: **no fundo, a prática de *storytelling* pode trazer proveitos nas mais diversas áreas da sua vida**. Afinal, quase toda comunicação envolve contar uma história – do cafezinho no trabalho ao discurso de formatura [Grifo nosso].[98]

[97] ENDEAVOR.BRASIL *Storytelling*: separando as marcas que vêm a passeio daquelas que vêm pra ficar. Disponível em: <https://endeavor.org.br/storytelling>. Acesso em: 20 jul. 2016.
[98] ENDEAVOR.BRASIL *Storytelling*: separando as marcas que vêm a passeio daquelas que vêm pra ficar. Disponível em: < https://endeavor.org.br/storytelling>. Acesso em: 20 jul. 2016.

O *storytelling* é uma considerado uma técnica muito eficaz para dar vida e credibilidade à marca de produtos/serviços, pois para se tornar significativa a marca precisa ampliar a sua presença na memória do consumidor. O resultado é uma poderosa estratégia de marketing: a utilização de um mecanismo que visa dar credibilidade ao produto/serviço, baseado na garantia de procedência da marca veiculada na publicidade. Conta-se uma história, portanto, para que a marca do produto/serviço ganhe a confiança do consumidor.

Chaves faz relevante indagação a respeito da importância da marca para o consumidor:

> A marca, do ponto de vista econômico, desempenha funções diversas, tais como: *1) função indicadora da origem ou proveniência do produto* – o consumidor estabelecerá uma ligação imediata entre o produto e a empresa que o produz; *2) função de garantia da qualidade do produto* – o consumidor, conhecendo a marca, interliga-a com a empresa produtora e certamente inferirá sobre a constância dos padrões de qualidade e a manutenção das características dos produtos que ostentam aquela marca; *3) função sugestiva* – influencia a preferência do consumidor por aquele produto. Todavia, os produtos, apresentando características muito idênticas e perfeitamente normalizadas, enquanto reflexo da utilização da 'máquina' no sistema produtivo, fazem com que a marca perca a função determinadora da escolha do produto: os produtos são iguais no preço, qualidade e características. A insuficiência das marcas, advinda da produção em série e do desenvolvimento produtivo e social, será suprida pelo recurso à publicidade; esta centrando-se na marca e no produto correspondente, fornece-lhe poder de venda ou na terminologia anglo saxônica, *selling power*. O poder sugestivo da publicidade e a influência psicológica que esta exerce sobre o consumidor, permite anexar à marca um conjunto de factores ideais, não utilitários, mas que emprestam ao produto a sedução que o torna apetecível e com uma personalidade própria [Grifo do autor].[99]

[99] CHAVES, Rui Moreira. *Regime jurídico da publicidade*, p. 204.

A confiança na marca é muitas vezes gerada pelo sentimento de segurança que a tradição revelada pela história contada incorpora ao produto/serviço colocado no mercado.

Os exemplos de como a história contada invoca a tradição, que por consequência entrega credibilidade ao produto/serviço são inúmeros. Igualmente, há um sem-número de empresas que aportam na sua marca o vocábulo "desde" para comunicar ao consumidor o tempo que a marca está no mercado, certas de que aos olhos dos consumidores representa confiança e credibilidade.[100]

A tradicional loja de pastéis de nata localizada na cidade de Lisboa é ponto de visita de cem entre cem turistas. A empresa faz questão de anunciar que os pastéis são produzidos "desde" o fim do século XIX, provocando enormes filas de consumidores ávidos por provar a tradicional iguaria portuguesa. Outro exemplo é o da Maizena, que há cerca de 150 anos mantém a mesma marca e o mesmo layout A razão disso? Tradição, que gera confiabilidade.[101]

[100] "Há nomes, produtos e imagens comerciais que se tornam tão presentes em nossa vida que nunca nos lembramos deles apenas como uma referência comercial. São pequenos personagens de repetidos capítulos de nossa vida, isto é, fazem parte dela como os almoços de domingo na casa da vó ou como os fins de semana na praia ou no sítio. MAIZENA um desses fenômenos que, como o Biotônico Fontoura, a Gillete, a marca Ford, manteve-se fiel aos ideais e ideias do passado, pelo menos no que tange à visualidade. E, como relata o autor, transformando-se e evoluindo contínua e dissimuladamente por décadas a fio. Para os designers, isso pode parecer um fato inexplicável neste mundo de modismos e novidades. E que está cheio de exemplos de redesenhos inúteis que, sem criar nada de significativo, destroem a memória de marcas, de empresas ou produtos. (N.T.) COSTA, Tadeu. *Do maíz à maisena* – um layout de 140 anos.

[101] Sobre o *layout* da marca Maisena, o design Tadeu Costa faz afirmações importantes sobre o conceito de marca e a importância da história do produto junto ao público consumidor: "O cuidado em não alterar a embalagem, para não perder um consumidor que sempre foi fiel ao produto, fez com que a empresa focalizasse a atenção na estratégia de aplicação junto à consumidora, na pesquisa por novas receitas [...]. Na manutenção da identidade de uma marca, a embalagem torna-se o principal veículo de promoção junto à consumidora, facilitando a divulgação das novas receitas, promoções com brindes específicos para o produto e até informando uma divulgação institucional na TV. O passado, o presente e o futuro da consumidora foram trabalhados pela MAISENA com características próprias, visando a conhecer a avó, a filha e a neta que vão utilizar suas experiências no uso do produto e transmiti-las às gerações seguintes. O produto acompanhou diversas conquistas sociais da mulher, sem perder o carisma do artesanal; tentou até ser moderno, transformando-se em instantâneo, mas não conseguiu. [...] Manter o layout básico e ter um conteúdo tão eclético são dois fatores que fazem da MAISENA um dos produtos que mais respeitam a tradição, a origem. [...] A MAISENA contraria especulações radicais do mercado, mostrando que tem de mudar para não 'ficar velha', mas com presença inovadora nas suas receitas e não com mudanças radicais na

Um estudo global de *brandshare*[102], realizado em 2015 pela Edelman[103], com foco em consumo, demonstrou que as marcas ainda não conseguiram criar relações íntimas e mutuamente benéficas com seus consumidores. Dois terços dos participantes da pesquisa acreditam que os relacionamentos com as marcas são unilaterais, de valor limitado, e visam tão somente o aumento de lucro. Essa conclusão permite inferir que os consumidores ainda desejam relacionar-se com as marcas, de forma mais afetiva, fato que credencia o *storytelling* como eficaz mecanismo de marketing.

De acordo com a líder[104] da pesquisa, cada vez mais os consumidores desejam trocas afetivas com as marcas, o que demonstra um comprometimento maior com a qualidade do produto/serviço, gerando confiança.

O exemplo objeto da pesquisa foi a campanha publicitária realizada pela empresa Lego, no ano de 2012, que na tentativa de encantar os seus clientes e celebrar os oitenta anos de existência, criou uma animação para contar a origem do brinquedo e apresentar os acertos e os erros dos Christianses, família criadora e administradora do grupo empresarial detentor da referida marca.[105]

embalagem. Inovações constantes foram marcadas na memória da consumidora, que gravou a seguinte mensagem: os resultados são originados de uma caixa amarela com caracteres pretos. O produto MAISENA, amido de milho, embora seja um produto consumidor no mundo com a mesma grafia e identidade, não é associado à dominação econômica, cultural e imperialista americana; o produto é visto como se fosse originário da região onde está sendo consumido. A consumidora MAIZENA tem a impressão de que a marca e a embalagem pertencem a ela e nada pode alterá-las. Mudanças discretas e lentas, como foram feitas estrategicamente pela empresa, passaram a impressão de que o redesign foi autorizado pela consumidora. A MAIZENA, nesses longos anos, sempre submeteu à aprovação da dona de casa todas as ações de interferência gráfica e culinárias publicadas na embalagem, o que mostra respeito, parceria no sucesso e que a marca pertence a ela: bisavó, avó, mãe, filha, neta e bisneta." (*Do maíz à maisena* – um layout de 140 anos, p. 120-124).

[102] EDELMAN SIGNIFICA. *How brands and people create a value exchange.* 23 out. 2014. Disponível em:<https://edelman.com.br/propriedades/brandshare>. Acesso em: 13 nov. 2016. *Brandshare*, em tradução livre, significa "participação da marca".

[103] EDELMAN SIGNIFICA. *Brandshare*: transcender consumo e cuidar de questões de interesse social é papel das marcas, dizem consumidores. 2015. Disponível em: <https://www.edelman.com.br/conhecimentos/estudos-e-pesquisas>. Acesso em: 20 jul. 2016.

[104] Marcília Ursini é diretora sênior de engajamento para Marketing – Consumer Brands na Edelman Significa.

[105] EDELMAN SIGNIFICA. *How brands and people create a value exchange.* 23 out. 2014. Disponível em:<https://edelman.com.br/propriedades/brandshare>. Acesso em: 13 nov. 2016. *Brandshare*, em tradução livre, significa "participação da marca".

Enfim, são inúmeros os exemplos de práticas de *storytelling* em marcas nacionais e mundiais. Esse mecanismo de marketing está sendo utilizado pelas empresas de forma crescente, seja para simplesmente atrair o público consumidor, seja para auxiliar no reposicionamento da marca.

O papel do direito nesse mundo pós-moderno de possibilidades de ocorrência de riscos e de danos difusos é justamente observar esse movimento e regulá-lo de acordo com os ditames da boa-fé.

Capítulo 2 – Aspectos Constitucionais e Legais do Direito do Consumidor Brasileiro e da Publicidade e as Justificativas para o seu Controle

O consumo, reflexo do panorama pós-moderno retratado no capítulo anterior, foi e ainda é influenciado pelo resultado das escolhas mal feitas na modernidade; quer dizer, o resultado falho da modernidade pode ser identificado no mercado de consumo, especialmente no âmbito das práticas comerciais nele realizadas.

O direito, nesse ambiente de frustrações que desembocaram na pós-modernidade, reconheceu, por sua vez, a necessidade de regulação do mercado de consumo como forma de proteção do consumidor, parte vulnerável em relação ao fornecedor, justamente porque desconhece a técnica de elaboração de produtos e de realização dos serviços que são colocados no mercado. Essa é a razão de legislar em prol da necessidade de proteção do mais fraco, criando mecanismos de máxima contenção de riscos e incertezas.

A formulação, a interpretação e a aplicação das normas de proteção e de defesa do consumidor, nesse sentido, é um bom exemplo de como o direito absorveu os riscos constatados pela sociedade pós-moderna e criou mecanismos de proteção efetiva para os efeitos das escolhas equivocadas da modernidade.

Ao estabelecer um regime de proteção especial aos consumidores no mercado de consumo, o Estado identificou os resultados colhidos pela sociedade pós-moderna, produtora de riscos incalculáveis e imprevisíveis, e tenta conter, ou pelo menos minimizar, a ocorrência de danos, às vezes até irreparáveis.

O direito do consumidor, portanto, revela-se um importante celeiro de estudos sobre os resultados sombrios da modernidade. Se a evolução foi a transmutação de uma sociedade agrária, de simples subsistência, para uma sociedade urbana, de produção em massa, a preocupação com qualidade – em termos de adequação e de segurança – aumentou substancialmente. Assim, com a exigência de respeito ao princípio da precaução, pode-se evitar a ocorrência de danos.

O entendimento de que o consumidor deve ser protegido de maneira mais especial, impõe a necessidade de reconhecimento da sua vulnerabilidade e da incapacidade de o mercado, sozinho, criar mecanismos para superá-la. Aqui se encaixa perfeitamente a necessidade de intervenção do Estado de distintas maneiras: formulação de textos normativos protetivos; fiscalização severa de práticas abusivas, com imputação de sanções administrativas, quando for o caso; e interpretação mais favorável ao consumidor vulnerável na solução de conflitos oriundos do mercado de consumo.

Todo o arcabouço jurídico nacional deve, portanto, mover-se no caminho e no sentido de reequilibrar a relação de consumo, de um lado, alimentando a posição do consumidor, de outro, fiscalizando e controlando a atividade dos fornecedores de produtos/serviços, com a limitação de certas práticas no mercado.[106]

Na publicidade de produtos e serviços, a preocupação com a proteção da parte mais frágil da relação de consumo e com a não ocorrência de danos – corolário do direito à busca da felicidade e do respeito à dignidade da pessoa humana – é maior dado o caráter eminentemente difuso desta prática comercial.

A bem da verdade, o encantamento promovido pela publicidade sem respeito à veracidade deve ser banido do mercado de consumo no Brasil.

[106] GRINOVER, Ada Pelegrini *et al. Código Brasileiro de Defesa do Consumidor comentado pelos autores do anteprojeto*, v. I.

2.1 Aspectos Constitucionais do Direito do Consumidor

2.1.1 O Direito do Consumidor no Contexto dos Direitos Fundamentais

Ao tratar dos aspectos constitucionais do direito do consumidor e da publicidade não se pode deixar de abordar o tema dos direitos fundamentais.

A Constituição Federal elevou a defesa do consumidor à categoria de direito fundamental ao incluí-la em seu artigo 5º, inciso XXXII: "o Estado promoverá, na forma da lei, o direito do consumidor".

Como direito fundamental, a defesa do consumidor constitui uma verdadeira limitação do poder de ação, seja do Estado, seja do particular, pois a história dos direitos fundamentais se confunde com a história da limitação e da racionalização do poder.

Por outro lado, atribuir a qualidade de direito fundamental[107] à defesa do consumidor também revela a exigência de uma severa e enérgica atuação do Estado para coibir práticas abusivas realizadas por particulares no mercado de consumo como, por exemplo, contar histórias (*storytelling*) inverídicas, como se reais fossem, apenas para provocar encantamento no consumidor.

2.1.1.1 Conceito e Função dos Direitos Fundamentais

A história dos direitos fundamentais tangencia, como dito, a história da limitação de poder e consiste, segundo Sarlet, em uma "história que desemboca no surgimento do moderno Estado constitucional, cuja essência e razão de ser residem justamente no reconhecimento e na proteção da dignidade da

[107] Mauricio Fioravante estabelece três modelos de fundamentação teórica das liberdades e dos direitos fundamentais, quais sejam os modelos historicista, individualista e estatalista. No primeiro modelo, o reconhecimento dos direitos se dá mediante processo histórico e as liberdades civis ganham posição extremamente privilegiada, ainda que estejam diante das liberdades políticas. No segundo modelo, aquele que denominou individualista, preconiza a primazia do indivíduo perante o poder do Estado. O terceiro modelo comporta a ideia de que todas as liberdades se fundam única e exclusivamente sobre normas impostas pelo Estado, concluindo pela existência de um único direito fundamental, qual seja, aquele tratado conforme as leis. *Apud* ABBOUD, Georges. *Curso de Filosofia*. São Paulo: Revista dos Tribunais, 2015. p. 289-293.

pessoa humana e dos direitos fundamentais do homem"[108]. O importante é "a constatação de que os direitos fundamentais são, acima de tudo, fruto de reivindicações concretas, geradas por situações de injustiça e/ou agressão a bens fundamentais e elementares do ser humano" [109].

Abboud, fazendo uma estreita ligação do conceito de direitos fundamentais com o Estado Constitucional, destaca:

> Os direitos fundamentais constituem na atualidade o conceito que engloba os direitos humanos universais e os direitos nacionais dos cidadãos. As duas classes de direito são, ainda que com intensidades diferentes, partes integrantes necessárias da cultura jurídica de todo o Estado Constitucional.[110]

Ao comparar as obras "1984" e "Admirável Mundo Novo" a propósito de um estudo sobre direito, constitucionalismo e direitos fundamentais, o autor assim escreve:

> O direito adquire uma dimensão importante como processo civilizador e racionalizador do poder. A própria consagração e positivação dos direitos fundamentais somente adquire sentido em face da dimensão histórica que Nobert Elias chamou de 'processo civilizador'. [...] direitos fundamentais e mecanismos de controle do poder nascem de uma espécie de *tecido básico* que sustenta o universo da cultura e que aponta para a sua configuração enquanto verdadeiras conquistas civilizatórias [Grifo do autor].[111]

Os direitos fundamentais, fruto do desenvolvimento histórico de cultura das sociedades[112], são considerados uma reserva de direitos que não pode ser

[108] SARLET, Ingo Wolfgang. *A eficácia dos direitos fundamentais* – uma teoria geral dos direitos fundamentais na perspectiva constitucional. Porto Alegre: Livraria do Advogado, 2009. p. 36.

[109] SARLET, Ingo Wolfgang. *A eficácia dos direitos fundamentais* – uma teoria geral dos direitos fundamentais na perspectiva constitucional, p. 52-53.

[110] ABBOUD, Georges. *Jurisdição constitucional e direitos fundamentais*. São Paulo: RT, 2011. p. 328.

[111] ABBOUD, Georges. *Jurisdição constitucional e direitos fundamentais*, p. 328.

[112] Há como concluir, desde já, que, em se reconhecendo a existência de um sistema dos direitos fundamentais, este necessariamente será não propriamente um sistema lógico-dedutivo

atingida pelo Estado, nem pelo particular, nem pelas maiorias. Consistem, de fato, em um verdadeiro "trunfo contra a vontade da maioria e contra as vontades arbitrárias do Estado"[113].

O esclarecimento sobre as consequências da ideia de "trunfo contra a maioria" pode ser extraído de Dworkin, quando expõe que:

> [...] ter um direito fundamental, em Estado de Direito, é ser titular de uma garantia jurídica *forte* equivalente a ter um trunfo num jogo de cartas. A carta de trunfo prevalece sobre as outras, mesmo sobre as de valor facial mais elevado; a qualidade de trunfo, que lhe é reconhecida segundo as regras do jogo, bate da força do número, da quantidade, das cartas dos outros naipes.[114]

Para Abboud: "[...] o que efetivamente caracteriza o Estado Constitucional é a consolidação de direitos fundamentais e a disponibilização de mecanismos que assegurem a proteção desses direitos, principalmente contra o Poder Público e eventuais maiorias"[115].

A Ministra Carmem Lúcia do Supremo Tribunal Federal, por ocasião do julgamento que tratou das biografias e da liberdade de expressão, consignou em seu voto uma definição de direitos fundamentais: "Direitos Fundamentais são de titularidade de toda pessoa, como são de responsabilidade de todos com todos, de cumprimento obrigatório em relação ao outro, independentemente

(autônomo-suficiente), mas sim um sistema aberto e flexível, receptivo a novos conteúdos e desenvolvimentos, integrado ao restante da ordem constitucional, além de sujeito aos influxos do mundo circundante. Este entendimento se harmoniza, de outra parte, com a concepção, que hoje pode ser ida como dominante na doutrina, de que a própria Constituição constitui, na condição de estatuto jurídico fundamental (no sentido material e formal) da comunidade, e à medida que superada a doutrina liberal-burguesa da rígida separação entre Estado e sociedade, um sistema aberto de regras e princípios [...]". SARLET, Ingo Wolfgang. *A eficácia dos direitos fundamentais* – uma teoria geral dos direitos fundamentais na perspectiva constitucional, p. 72.

113 NOVAIS, Jorge Reis. *Direitos fundamentais e justiça constitucional em um Estado Democrático de Direito*. Coimbra: Coimbra Editora, 2012.

114 NOVAIS, Jorge Reis. *Direitos fundamentais e justiça constitucional em um Estado Democrático de Direito*.

115 ABBOUD, Georges. O dilema do direito: entre Huxley e Orwell. *Revista dos Tribunais*, São Paulo, RT, v. 935, 2013. p. 167.

de sua condição e natureza."[116] Para compreender o sentido de direitos fundamentais é preciso ter presente a dupla função desses direitos: uma limitação do Poder Público e uma proteção contra a formação de eventuais maiorias[117]. Ademais, poder decidir contra a maioria e a favor dos direitos fundamentais é dever do Estado estampado nas suas mais variadas formas de poder.

Os direitos fundamentais impõem, portanto, uma limitação ao Poder Público e uma proteção contra a maioria, justo para impedir a ocorrência de arbitrariedades.

Nesse sentido, o respeito aos direitos fundamentais será o mecanismo que impedirá o Estado e seus agentes de, no ato de imposição de uma sanção administrativa ou prolação de uma decisão judicial, agirem conforme a sua consciência, discricionariamente. Se há limitação em razão da existência de direitos fundamentais, o Estado não poderá agir de forma arbitrária e aproveitar o grau de liberdade que lhe foi conferido.

Portanto, o instrumento mais eficaz para a contenção de um Estado arbitrário, que desrespeita os direitos fundamentais, é a fundamentação das decisões, sejam elas de natureza administrativa ou judiciais. Essa é uma efetiva contribuição democrática para proteger o jurisdicionado da arbitrariedade e do desrespeito a direitos fundamentais.

2.1.1.2 Aplicação e Eficácia dos Direitos Fundamentais

Os Estados democráticos elevam os direitos fundamentais ao patamar constitucional, o que lhes dá absoluta normatividade, podendo ser aplicados imediatamente.

[116] BRASIL. Supremo Tribunal Federal. ADI 4815. / DF. Voto da Ministra Carmen Lúcia. Brasília, DF. p. 34. Disponível em: <http://www.stf.jus.br/arquivo/cms/noticianoticiastf/anexo/adi4815relatora.pdf>. Acesso em: 13 nov. 2016.

[117] "Em virtude do desenvolvimento do próprio constitucionalismo como instrumento de limitação e de racionalização do poder, os tribunais constitucionais se estruturaram com o intuito de adquirir uma função contramajoritária, de modo a assegurar a incolumidade do texto constitucional e dos direitos fundamentais, mesmo que, para tanto, precise contrariar a vontade de eventuais maiorias. A função contramajoritária do direito fundamental assegura, em última instância, a força normativa da Constituição e a preservação do princípio da dignidade da pessoa humana. (STF – vontade da maioria – RT921 – julho de 2012)". Cf. ABBOUD, Georges. O dilema do direito: entre Huxley e Orwell. *Revista dos Tribunais*, São Paulo, RT, v. 935, 2013.

No Brasil, os direitos fundamentais, a teor do disposto no artigo 5º, § 1º, da Constituição Federal, têm aplicabilidade imediata[118] e não dependem de qualquer regulamentação *a posteriori*, pois asseguram a todos o direito, perante o Estado e nos seus mais variados formatos, de fazer valer os seus direitos de imediato, sem a necessidade de uma lei ordinária que regulamente determinada garantia fundamental.

Além da aplicabilidade imediata, a inserção dos direitos fundamentais no texto constitucional garante a plena normatividade e não somente por estarem expressos em texto normativo, mas fundamentalmente porque sua formação decorre de um contexto político-institucional dos períodos de guerra do século XX, que lhes assegura essa legitimidade.

As leis, por sua vez, devem observar estritamente o que determinam os direitos fundamentais, porque, como afirmam Abboud, Garbellini Carnio e Oliveira, "não são mais os direitos fundamentais que se movem no âmbito da lei, mas a lei que deve mover-se no âmbito dos direitos fundamentais"[119].

Quanto à eficácia dos direitos fundamentais, aqui será adotada como premissa a ideia de que os direitos fundamentais produzem eficácia vertical, na sua relação com o Poder Público, e eficácia horizontal, no confronto com particulares.

O debate sobre a eficácia horizontal se intensifica, em especial quando se discute se seria possível, ou não, falar em eficácia dos direitos fundamentais perante terceiros particulares[120].

Quando se fala em eficácia dos direitos fundamentais perante particulares logo sobressaem três modelos, propostos para uma possível harmonização

[118] Segundo Ingo Wolfgang Sarlet: "[...] talvez a inovação mais significativa tenha sido a do artigo 5º, § 1º, da CF, de acordo com o qual as normas definidoras dos direitos e garantias fundamentais possuem aplicabilidade imediata, excluindo, em princípio, o cunho programático destes preceitos, conquanto não exista consenso a respeito do alcance deste dispositivo. De qualquer modo, ficou consagrado o *status* jurídico" (*A eficácia dos direitos fundamentais* – uma teoria geral dos direitos fundamentais na perspectiva constitucional, p. 66).

[119] ABBOUD, Georges; CARNIO, Henrique Garbellini; OLIVEIRA, Rafael Tomaz de. *Introdução à teoria e à filosofia do direito*. São Paulo, Revista dos Tribunais, 2015. p. 286.

[120] Como afirma a Ministra Carmem Lúcia: "O particular não pode se substituir ao Estado na condição de deter o poder sobre o outro a ponto de lhe cercear ou anular direitos fundamentais." BRASIL. Supremo Tribunal Federal. ADI 4815. / DF. Voto da Ministra Carmen Lúcia. Brasília, DF. Disponível em: <http://www.stf.jus.br/arquivo/cms/noticianoticiastf/anexo/adi4815relatora.pdf>. acesso em: 13 nov. 2016.

com o direito privado. São eles: modelo de efeitos indiretos; modelo de efeitos diretos; e modelo de negação da produção de efeitos.

De acordo com o modelo de efeitos indiretos, não é possível a produção de efeitos absolutos dos direitos fundamentais sobre os particulares, haja vista a necessidade de manutenção, incólume, da autonomia privada. Esse modelo se baseia no amplo espectro do direito de liberdade conferida aos particulares pela grande maioria dos textos constitucionais do Ocidente.

O modelo de negação da produção de efeitos de direitos fundamentais sobre particulares parte da premissa de que as disposições relativas a direitos fundamentais não produzem qualquer efeito nas relações jurídicas em que o Estado se faz presente como parte. A eficácia dos direitos fundamentais dependeria necessariamente da presença do Estado.

Contrariando posição de Canaris[121], mas compartilhando do entendimento de Ubillos, os direitos fundamentais têm aptidão para produzir efeitos perante terceiros particulares. Essa compreensão reverte em inquestionável influência sobre o direito privado, razão porque, no tocante à eficácia dos direitos fundamentais em relação a terceiros, adota-se o modelo de efeito direto.[122]

Pelo mesmo motivo, pode-se dizer que sobre os fornecedores de produtos/serviços no mercado de consumo recai a eficácia direta do direito do

[121] "A pergunta pelos destinatários dos direitos fundamentais encontra por detrás da famosa controvérsia travada entre as teorias da eficácia imediata e da eficácia mediata dos direitos fundamentais em relação a terceiros. Correctamente entendida a primeira, os direitos fundamentais dirigem-se, segundo tal concepção, não apenas contra o Estado, mas também contra os (em cada caso, outros) sujeitos de direito privado. Em termos lógico-jurídicos, é evidentemente possível, entender os direitos fundamentais desse modo. E também do ponto de vista da prática jurídica tal não está, de forma alguma, inteiramente excluído. Se, porém, generalizarmos este entendimento, ele conduz a consequências dogmáticas insustentáveis, pois então amplas partes do direito privado, e, em especial, do direito dos contratos e da responsabilidade civil, seriam guindadas a patamar do direito constitucional e provadas da sua autonomia. Foi, pois, com razão que a teoria prática da eficácia imediata acabou por se não impor – o que, hoje em dia, dispensa maiores considerações. Como *primeiro resultado parcial*, pode reter-se: destinatários das normas dos direitos fundamentais são, em princípio, apenas o Estado e os seus órgãos, mas não os sujeitos de direito privado." CANARIS, Claus-Wilhelm. *Direitos fundamentais e direito privado*. Coimbra: Almedina, 2009. p. 53-55.

[122] BAGGIO, Roberta Camineiro; MARQUES, Stanley Souza. Vinculação dos particulares a direitos fundamentais: breves considerações da filosofia constitucional. *Revista Direito e Praxis*, Rio de Janeiro, UERJ, v. 4, n. 7, p. 242-266, 2013. p. 242-266.

consumidor como direito fundamental que é, autorizando medidas de controle das atividades de criação, concepção e produção de peças publicitárias.

O modelo de eficácia direta dos direitos fundamentais parte (i) da premissa da prevalência do texto constitucional sobre qualquer outro texto e (ii) da autossuficiência normativa dos direitos fundamentais.

A eficácia perante terceiros particulares deriva da constitucionalização dos direitos fundamentais e de se constituírem verdadeiros direitos subjetivos constitucionais, como bem observaram Baggio e Marques:

> Os direitos fundamentais operariam como direitos subjetivos constitucionais, extraídos da própria Constituição; lógica teórica válida para as relações verticais e horizontais. A diferença residiria no seguinte aspecto: precisamente pelo fato de as relações interprivadas envolverem titulares de direitos fundamentais faz-se necessário harmonizar direitos fundamentais e autonomia privada no caso concreto. Os bens, valores e direitos constitucionais em jogo terão seu alcance determinado a partir da apreciação das circunstâncias de cada caso específico.[123]

Não se nega que haverá direitos fundamentais que, por sua própria natureza, envolveriam tão somente o particular e o Estado. Para outros direitos fundamentais, no entanto, não há razão constitucional para lhes retirar eficácia perante terceiros particulares.

Consoante premissas apresentadas por Ubillos[124], quatro seriam os argumentos a permitir a eficácia dos direitos fundamentais perante terceiros: (i) os movimentos de autoridade e de poder não podem ser considerados exclusivos das relações entre indivíduo e Estado; (ii) os direitos fundamentais estão previstos no texto constitucional, norma sobre a qual se assenta a unidade do ordenamento jurídico, não sendo autorizada porque é impertinente qualquer separação entre Constituição da República e direito privado; (iii) a difusa,

[123] BAGGIO, Roberta Camineiro; MARQUES, Stanley Souza. Vinculação dos particulares a direitos fundamentais: breves considerações da filosofia constitucional. *Revista Direito e Praxis*, Rio de Janeiro, UERJ, v. 4, n. 7, p. 242-266, 2013. p. 242-266.

[124] BAGGIO, Roberta Camineiro; MARQUES, Stanley Souza. Vinculação dos particulares a direitos fundamentais: breves considerações da filosofia constitucional. *Revista Direito e Praxis*, Rio de Janeiro, UERJ, v. 4, n. 7, p. 242-266, 2013. p. 242-266.

e confusa, fronteira entre o público e o privado; por fim, (iv) a força expansiva dos direitos fundamentais inerente à sua própria estrutura.

O Supremo Tribunal Federal (STF) já se manifestou pela eficácia horizontal dos direitos fundamentais, autorizando a sua aplicação perante terceiros particulares e não somente em face do Estado.[125] Na decisão da Suprema Corte:

> [...] tem-se, assim, assentada a horizontalidade da principiologia constitucional, aplicável a entes estatais ou a particulares. Quer-se dizer: os princípios constitucionais relativos a direitos fundamentais não obrigam apenas os entes e órgãos estatais. São de acatamento impositivo e insuperável de todos os cidadãos em relação aos demais.
> É, atualmente, reconhecido doutrinário e jurisprudencial pouco contestado que a eficácia dos direitos fundamentais espraia-se nas relações entre particulares.
> [...]
> Os conflitos entre particulares podem atingir direitos fundamentais pela desproporcionalidade do poder exercido por um em relação a outro ou em contrariedade ao interesse público. Nem por ser particular se haverá de desconsiderar ilegítimo tal agir. Mais comum quando exercido pelo Estado, também o particular pode atuar com abuso de poder ou com exorbitância de poder em relação a outrem, o que torna o prejudicado legitimado a defender os seus direitos quanto à atuação contrária ao direito.[126]

Pfeiffer segue essa mesma linha de pensamento ao afirmar que:

> [...] há uma circunstância que é ao mesmo tempo de recente percepção e de polêmica aceitação: a eficácia 'externa', 'horizontal' ou 'entre particulares' dos direitos fundamentais. [...] O tema é bastante polêmico,

[125] BRASIL. Supremo Tribunal Federal. ADI 4815. / DF. Voto da Ministra Carmen Lúcia. Brasília, DF. Disponível em: <http://www.stf.jus.br/arquivo/cms/noticianoticiastf/anexo/adi4815relatora.pdf>. Acesso em: 13 nov. 2016.

[126] BRASIL. Supremo Tribunal Federal. ADI 4815. / DF. Voto da Ministra Carmen Lúcia. Brasília, DF. p. 58-59. Disponível em: <http://www.stf.jus.br/arquivo/cms/noticianoticiastf/anexo/adi4815relatora.pdf>. Acesso em: 13 nov. 2016.

> encontrando resistências, uma vez que, como já dito, o destinatário por excelência dos direitos fundamentais é o Estado. No entanto, sua extensão para o domínio privado paulatinamente vem sendo aceita, até mesmo porque seria inconcebível que os particulares pudessem atuar à margem dos preceitos constitucionais.
> [...] no que tange à defesa do consumidor, há clara incidência da sua eficácia perante particulares, já que o fato de possuir a natureza de direito fundamental a dota de uma eficácia irradiante (*ausstrahlungswirkung*), a iluminar a interpretação de todos os preceditos que disciplinam a relação de consumo.[127]

Portanto, aos direitos fundamentais deverá ser atribuída a eficácia perante terceiros particulares e não somente em relação ao Estado. No estudo do direito do consumidor isso fica mais evidente diante da vulnerabilidade do consumidor e da prática de abuso de direito pelos fornecedores de produtos/serviços.

Enfim, Sarlet acena que o direito pátrio descobriu os direitos fundamentais:

> Os direitos fundamentais estão vivenciando o seu melhor momento na história do constitucionalismo pátrio, ao menos no que diz com seu reconhecimento pela ordem jurídica positiva interna e pelo instrumentário que se colocou à disposição dos operadores do Direito, inclusive no que concerne às possibilidades de efetivação sem precedentes no ordenamento jurídico nacional.[128]

O destaque, aqui revelado, aos direitos fundamentais visa justamente evidenciar o imperioso respeito ao texto constitucional e aos direitos fundamentais, mormente os direitos de consumidores, cuja vulnerabilidade que lhe dá relevância na relação entabulada com seus fornecedores é evidente e reconhecida pelo Código de Defesa do Consumidor como princípio que dirige a Política Nacional das Relações de Consumo.

[127] PFEIFFER, Roberto. *Defesa da concorrência e bem-estar do consumidor*, p. 43-44.

[128] SARLET, Ingo Wolfgang. *A eficácia dos direitos fundamentais* – uma teoria geral dos direitos fundamentais na perspectiva constitucional, p. 69.

Uma das facetas dos direitos fundamentais que também merece destaque alude à imputação ao Estado de um dever constitucional não só de respeitá-los, mas também de protegê-los e promovê-los de fato, mediante atuações positivas e políticas públicas justificadas e fundadas nos próprios direitos fundamentais, como verdadeiros direitos de proteção.[129]

Dessa análise, extrai-se a razão de se exigir do Estado a realização de políticas públicas de realização dos princípios da Política Nacional das Relações de Consumo e dos direitos básicos dos consumidores, já que o texto constitucional determina como direito e garantia fundamental, em seu artigo 5º, a defesa do consumidor.

2.1.1.3 Direitos Fundamentais e Direito do Consumidor

Sobre o tema direitos fundamentais, peculiar é a seguinte lição de Sarlet:

> [...] é preciso enfatizar que, no sentido jurídico-constitucional, um determinado direito é fundamental não apenas pela relevância do bem jurídico tutelado em si mesma (por mais importante que o seja), mas pela relevância daquele bem jurídico na perspectiva das opções do Constituinte, acompanhada da atribuição da hierarquia normativa correspondente e do regime jurídico-constitucional assegurado pelo Constituinte às normas de direitos fundamentais.[130]

A relevância do bem jurídico, na perspectiva das opções do constituinte, como mencionado por Sarlet, está na previsão constitucional de proteção e na defesa do consumidor, considerando o voraz mercado de consumo pós-moderno.

O direito do consumidor nas diversas dimensões dos direitos fundamentais consiste em direito de solidariedade e direito de fraternidade de terceira geração, que se caracterizam por um distanciamento da figura do homem indivíduo como titular de direitos e uma consequente aproximação de grupos

[129] NOVAIS, Jorge dos Reis. *Direitos fundamentais e justiça constitucional em Estado de Direito Democrático*, p. 40.

[130] SARLET, Ingo Wolfgang. *A eficácia dos direitos fundamentais* – uma teoria geral dos direitos fundamentais na perspectiva constitucional, p. 76.

humanos, tornando a titularidade desses direitos coletiva e difusa, bem próximo daquilo que se entende como direitos de natureza transindividual[131], dos quais o direito do consumidor faz parte.

Os direitos de terceira geração também teriam como destinatário, além de grupos humanos que lhe dariam essa natureza difusa ou coletiva, o próprio homem, mas em contexto diverso, "como valor supremo em termos de existencialidade concreta"[132], o que é muito próximo da proteção que se pretende conferir ao consumidor, assim considerado o ente vulnerável na relação de consumo. E se a defesa e a proteção do consumidor constituem, nesse sentido, direito fundamental, caberá ao Estado promover a sua implementação na prática, com a edição de leis que viabilizem o que está contido no texto constitucional e a efetiva fiscalização da atuação dos fornecedores no mercado de consumo.

Saliente-se que o dever de respeito ao consumidor e das leis que o socorrem enquanto ente vulnerável atinge também os particulares, mormente os fornecedores de produtos/serviços, que não poderão de forma alguma optar por práticas abusivas ou formular conteúdos abusivos em seus contratos, pois a qualidade de direito fundamental também é oponível aos particulares, como afirmado linhas atrás.

Há, bem sabemos, uma relação de força e de poder entre fornecedores, detentores do conhecimento da técnica, e consumidores, entes vulneráveis,

[131] "A nota distintiva destes direitos da terceira dimensão reside basicamente na sua titularidade coletiva, muitas vezes indefinida e indeterminável, o que se revela, a título de exemplo, especialmente no direito ao meio ambiente e qualidade de vida, o qual, em que pese ficar preservada sua dimensão individual, reclama novas técnicas de garantia e proteção. A atribuição da titularidade de direitos fundamentais ao próprio Estado e à Nação (direitos à autodeterminação, paz e desenvolvimento) tem suscitado sérias dúvidas no que concerne à própria qualificação de grande parte destas reivindicações como autênticos direitos fundamentais. Compreende-se, portanto, os direitos da terceira dimensão são denominados usualmente como direitos de solidariedade ou fraternidade, de modo especial em face de sua implicação universal ou, no mínimo, transindividual, e por exigirem esforços e responsabilidade em escala até mesmo mundial para a sua efetivação." SARLET, Ingo Wolfgang. *A eficácia dos direitos fundamentais* – uma teoria geral dos direitos fundamentais na perspectiva constitucional, p. 49. É exatamente o que ocorre com os direitos difusos e coletivos, especialmente, mas não exclusivamente, com o direito do consumidor.

[132] SARLET, Ingo Wolfgang. *A eficácia dos direitos fundamentais* – uma teoria geral dos direitos fundamentais na perspectiva constitucional, p. 48.

que depositam sua estreita confiança na informação que lhes é transmitida, no serviço que lhes é prestado ou no produto que adquirem.

A relação de força, autoridade e poder entre fornecedores e consumidores se revela especialmente no ato de convencimento do consumidor para adquirir produtos ou contratar serviços. Se essa relação estiver desequilibrada será necessário impor a eficácia dos direitos fundamentais dos consumidores em face dos fornecedores e daqueles que agem em seu nome, a fim de igualar e harmonizar a relação entre os atores do mercado de consumo.

A defesa do consumidor, com sua estatura de direito fundamental, impõe distintas obrigações: (i) ao Poder Público, dever de criar regras e políticas públicas de proteção e defesa do consumidor; (ii) aos particulares, observância de princípios e regras próprios da Política Nacional das Relações de Consumo.

Entre as obrigações de relevo, destacam-se a boa-fé e o respeito à veracidade na concepção e na veiculação de peças publicitárias, como forma de evitar a abusividade e o maléfico encantamento enganoso. Isso, de fato, dá sentido ao controle da publicidade comercial pelo Estado, como proposto neste estudo, seja por intermédio do juiz, seja pela ação dos órgãos administrativos de proteção e de defesa dos consumidores.

Em respeito à qualidade de direito fundamental do direito do consumidor, o fornecedor de produtos/serviços não poderá criar histórias fictícias, irreais e vendê-las como se fossem verdadeiras, a fim de seduzir consumidores e aproximá-los de seus produtos.

A qualidade de direito fundamental atribuída à proteção e à defesa do consumidor não permite que se dê guarida à falta de veracidade e à enganosidade, sob a alegação de que a venda de produtos e a prestação de serviços são práticas permitidas no mercado de consumo.

Defendendo a liberdade de criação, muitos profissionais da publicidade insistem em dizer que no Brasil vive-se uma política autoritária e eles são acompanhados por grande parcela da população, que comunga com a crítica de que se instalou no país uma ditadura do politicamente correto e uma equivocada patrulha ideológica.

Contudo, permitir o controle da publicidade quando necessário não quer dizer que existe censura gratuita à atividade de fornecedores e de publicitários. Controlar a publicidade é, de fato, agir contra a maioria – que repele qualquer tentativa de regramento ou controle da atividade dos fornecedores e dos publicitários, justificando-se em uma suposta liberdade de manifestação de pensamento que, a teor do texto constitucional, não possuem – em prol da concretização de direitos fundamentais.

2.1.2 A Dignidade da Pessoa Humana e o Direito do Consumidor

A dignidade da pessoa humana foi outro conceito desenvolvido no século XX, sua importância também se espraia para a seara das relações de consumo.

A ideia de respeito à dignidade da pessoa humana, considerada importante para o desenvolvimento das sociedades, ganhou corpo com a realidade que acompanha o homem desde o século passado. A banalidade do mal, o holocausto, os diversos crimes contra o meio ambiente, levaram o homem a pensar mais em respeito próprio e ao próximo.

O homem passou a exigir respeito porque se compreende não como meio, mas como fim em si mesmo. Essa exigência também é feita perante o Estado e os demais membros da sociedade.

Canotilho disserta sobre o reconhecimento da dignidade da pessoa humana:

> Perante as experiências históricas de aniquilação do ser humano (inquisição, escravatura, nazismo, stalinismo, polpotismo, genocídios étnicos) a dignidade da pessoa humana como base da República significa, sem transcendências ou metafísicas, o reconhecimento do *homo noumenon,* ou seja, do indivíduo como limite e fundamento do domínio político da República.[133]

Afonso da Silva compartilha a mesma ideia:

> A grave vulneração da dignidade da pessoa humana mediante a prática de crimes hediondos por ditaduras cruéis fundamentou sua positivação no constitucionalismo posterior à II Guerra Mundial. Assim, também, a tortura e toda sorte de desrespeitos à pessoa humana praticados sob

[133] CANOTILHO, José Joaquim Gomes. *Direito constitucional e teoria da Constituição.* 7. ed. COIMBRA: Almedina, 2010. p. 225.

> o regime militar levaram o constituinte brasileiro a incluir a *dignidade da pessoa humana* como um dos fundamentos do Estado Democrático de Direito (CF de 1988, art. 1º, III) [Grifo do autor].[134]

Na seara das relações de consumo, o respeito ao ser humano como detentor de dignidade é revelado, como adiante se verá, pela exigência de boa-fé e de veracidade na publicidade veiculada pelos fornecedores. A contrapartida é a não admissão de mentiras, enganosidades e abusividades nos mecanismos de sedução, de aproximação e de convencimento dos consumidores para que adquiram produtos/serviços no mercado de consumo.

Dignidade, a propósito, refere-se àquelas pessoas que merece respeito por suas qualidades. Humano é relativo ao próprio homem. Dignidade da pessoa humana se diz, portanto, do homem respeitado por suas próprias qualidades; é direito fundamental do homem ser respeitado pela simples condição de ser homem, de ser humano.

O conceito de dignidade da pessoa humana está diretamente relacionado com o imperativo categórico de Kant, que ao fazer distinção entre dignidade e preço afirma que o homem jamais poderia ser visto como um meio para atingir finalidades, mas sim deveria ser tratado como um fim em si mesmo, detentor de direitos oriundos de sua personalidade, direitos estes respeitados pelo Estado e pelos seus semelhantes.[135]

Para responder à pergunta sobre o que seria, de fato, dignidade da pessoa humana, Canotilho leciona que se deve levar em consideração "o princípio material subjacente à ideia de dignidade da pessoa humana"[136]. Para o autor, "trata-se do *princípio antrópico* que acolhe a ideia pré-moderna e moderna da *dignitas-hominis* (Pico dela Mirandola), ou seja, do indivíduo conformador de si próprio e da sua vida segundo o seu próprio projecto espiritual [Grifo do autor]"[137]. A sua concepção de dignidade da pessoa humana se resume na ideia

[134] AFONSO DA SILVA, José. *Teoria do conhecimento constitucional.* São Paulo: Malheiros, 2014. p. 676.

[135] AFONSO, Luiz Fernando. Publicidade abusiva e proteção do consumidor idoso. 2012. 268f. Dissertação. (Mestrado em Direito)-Pontifícia Universidade Católica de São Paulo. São Paulo, SP, 2012. p. 64.

[136] CANOTILHO, José Joaquim Gomes. *Direito constitucional e teoria da Constituição,* p. 225.

[137] CANOTILHO, José Joaquim Gomes. *Direito constitucional e teoria da Constituição,* p. 225.

de comunidade constitucional inclusiva, "pautada pelo multiculturalismo mundividencial, religioso e filosófico"[138]. Aduz que "o expresso reconhecimento da dignidade da pessoa humana, como *núcleo essencial* da República significará, assim, o *contrário* de verdades ou fixismos políticos, religiosos ou filosóficos [Grifo do autor]"[139].

Para trilhar o caminho da proteção absoluta do consumidor, ente vulnerável nas relações de consumo, o Código de Defesa do Consumidor se inspira na exigência de respeito à dignidade da pessoa humana, impedindo a realização de práticas comerciais abusivas (artigo 39 do CDC), a inclusão de cláusulas abusivas (artigo 51 do CDC) e, especificamente, a criação e a veiculação de publicidades enganosas, ainda que por omissão, e abusivas (artigo 37, §§ 1º e 2º, do CDC).

Com o desenvolvimento do século XX e suas mudanças estruturais na vida em sociedade e com a transformação ética que o holocausto e a Segunda Guerra Mundial provocaram no mundo e nas pessoas, a proteção do homem como detentor de dignidade ganhou destaque e ele se revela fundamentalmente no fato de a dignidade humana ter sido implantada nos textos constitucionais.[140]

A inserção da dignidade humana como preceito constitucional, como concepção de uma cláusula geral de tutela da pessoa humana[141], deriva da

[138] CANOTILHO, José Joaquim Gomes. *Direito constitucional e teoria da Constituição*, p. 225-226.

[139] CANOTILHO, José Joaquim Gomes. *Direito constitucional e teoria da Constituição*, p. 225-226.

[140] Ressalte-se, a respeito, a tábua axiológica trazida pelas constituições do século XX, elaboradas e promulgadas após o término da Guerra. Nesse novo ambiente, o valor fundamental deixou de ser a vontade individual, o suporte fático das situações patrimoniais que importava regular, dando lugar à pessoa humana e à dignidade que lhe é intrínseca. MORAES. Maria Celina Bodin de. O princípio da dignidade humana. In: _____ (Coord.). *Princípios do direito civil contemporâneo.* São Paulo: Renovar, 2006. p. 45.

[141] É preciso avaliar a mudança do ponto de vista sistemático, ou seja, se a normativa constitucional está no ápice de um ordenamento jurídico, os princípios nela presentes se tornam, em consequência, normas diretivas ou normas-guia para a reconstrução do sistema de direito privado. Tal perspectiva metodológica não se sustenta, contudo, tão somente em virtude da construção hierarquicamente rígida dos ordenamentos assim constituídos, pois é necessário ir além e reconhecer ou pressupor que são os valores expressos pelo legislador constituinte que devem "informar" o sistema como um todo. Tais valores, extraídos da cultura, isto é, da consciência social, do ideal ético e da noção de justiça presentes na sociedade são, portanto, os valores que se organiza aquela comunidade, no passado e no presente. MORAES. Maria Celina Bodin de. O princípio da dignidade humana. In: _____ (Coord.). *Princípios do direito civil contemporâneo*, p. 3.

necessidade de outorga de maior importância e maior segurança para os destinatários da Carta Constitucional.

Moraes compartilha o mesmo entendimento quando afirma que o status constitucional da dignidade da pessoa humana também é fruto do desenvolvimento da sociedade e do direito no século XX[142]:

> No decorrer do séc. XX, com o advento das Constituições dos Estados democráticos, os princípios fundamentais dos diversos ramos do direito, e também os princípios fundamentais do direito privado, passaram, nos países de tradição romano-germânica, a fazer parte dos textos constitucionais. Também no Brasil, os princípios do direito civil haviam sido transplantados para o texto constitucional; por isso, os civilistas que não estavam presos à *summa diviso* logo advertiram o papel central que a dignidade da pessoa humana, a partir da normativa constitucional, havia adquirido.[143]

Do ponto de vista jurídico, exige-se que a lei identifique no conceito de dignidade da pessoa humana o valor básico e incondicional do ordenamento jurídico, até porque a dignidade da pessoa humana é princípio fundamental que atrai o conteúdo de todos os direitos fundamentais do homem.[144]

No Brasil, a dignidade da pessoa humana ganhou corpo com a sua previsão constitucional como fundamento da República Federativa do Brasil, o que permite afirmar que a condução das ações do Estado federativo deverá ser realizada sob a orientação e com respeito ao princípio da dignidade da pessoa humana.

E não foi somente no Brasil que a dignidade da pessoa humana, no viés jurídico, ganhou estatura.[145] Desde o advento da Declaração Universal dos

[142] MORAES. Maria Celina Bodin de. O princípio da dignidade humana. In: _____ (Coord.). *Princípios do direito civil contemporâneo*, p. 3.

[143] MORAES. Maria Celina Bodin de. O princípio da dignidade humana. In: _____ (Coord.). *Princípios do direito civil contemporâneo*, p. 3.

[144] AFONSO DA SILVA, José. *Teoria do conhecimento constitucional*, p. 678.

[145] No direito alienígena, a dignidade da pessoa humana também ganhou estatura constitucional. Na Itália, a Constituição de 1947, ao falar de igualdade, estampa em seus artigos que todos os cidadãos têm a mesma dignidade. Na Alemanha, a Lei Fundamental de Bonn consigna que a dignidade do homem é intangível e que respeitá-la é, de fato, uma obrigação

Direitos Humanos, proclamada em 1948 pela Organização das Nações Unidas, o mundo já se defrontou com o ideal de importância do homem e não como instrumento de qualquer ação.

Com o advento da ideia de que o homem, como ser humano, tem direito de ser respeitado em sua dignidade, surge a dúvida quanto ao equilíbrio com os demais direitos, com outros valores fundamentais e com o exercício dos espaços de liberdade. Em outras palavras: a descoberta do ser humano como detentor do direito à sua dignidade fez surgir conflitos como o relativo à publicidade comercial, ringue onde são travadas incessantes disputas entre o direito dos consumidores de não serem lesados e o direito de criação e livre expressão de anunciantes e publicitários.

Segundo análise de Dworkin, não há outra conclusão senão aquela que privilegia os direitos fundamentais e, entre eles, o direito fundamental ao respeito à dignidade da pessoa humana, tal como exposto no texto constitucional.[146] A resposta, portanto, já está dada, e ela milita em favor da dignidade da pessoa humana.

Em eventual conflito, a própria Constituição dará a resposta correta, que corresponde àquela que estiver em harmonia com o texto constitucional e privilegiar o direito fundamental. Nesse sentido, deve sempre prevalecer o direito fundamental da dignidade humana do consumidor.

Enfim, estudar a dignidade da pessoa humana é viabilizar o imperativo do respeito e do cuidado com o outro, atitudes que devem ser exigidas do fornecedor em razão da vulnerabilidade do consumidor no mercado de consumo.

A linha de raciocínio desenvolvida por Moraes sobre o dever de respeito ao elemento (ser) humano aponta no seguinte sentido:

> Compõe o imperativo categórico a exigência de que o ser humano jamais seja visto, ou usado, como um meio para atingir outras finalidades, mas sempre seja considerado como um fim em si mesmo. Isto significa que todas as normas decorrentes da vontade legisladora dos homens precisam ter como finalidade o homem, a espécie humana

do Estado (em referência explicita à eficácia vertical dos direitos fundamentais). A Carta Constitucional Portuguesa de 1976, após anos de luta contra a ditadura de Salazar, atesta Portugal é uma nação soberana baseada na dignidade da pessoa humana.

146 DWORKIN, Ronald. *O império do direito*. São Paulo: Martins Fontes, 2014.

> enquanto tal. O imperativo categórico orienta-se, então, pelo valor básico, absoluto, universal e incondicional da dignidade humana. É esta dignidade que inspira a regra ética maior: o respeito pelo outro.[147]

O imperativo de boa-fé e de veracidade trazido no bojo do conceito de dignidade da pessoa deve ser largamente respeitado na veiculação da publicidade, por ser ela o primeiro ato do processo de consumo e o momento fundamental na aproximação de fornecedores, produtos e consumidores. É nesse viés, de vulnerabilidade, de proteção e de cuidado, que o estudo da publicidade e o direito do consumidor deve ser realizado. Exigir boa-fé, correção e veracidade na publicidade é decorrência da ideia de que o consumo exige o respeito à dignidade do consumidor como pessoa humana que é, somado o fato de ser ele reconhecidamente vulnerável no mercado de consumo.

O ambiente de renovado humanismo se coaduna perfeitamente com a tutela do consumidor no sentido de regular a publicidade comercial, cujo conteúdo não encontra a mesma proteção constitucional da livre manifestação de pensamento do cidadão comum dentro de um regime democrático.

A pessoa humana é o centro de imputação jurídica porque o direito existe em função dela e para viabilizar o seu pleno, justo e ético desenvolvimento. Nesse sentido, a manifestação do agente publicitário deverá ser regulada para viabilizar a proteção do consumidor vulnerável, que não pode, em prol da sua dignidade humana, ser enganado, violado em valores precisos para si e para a sociedade, muito menos ser considerado objeto da relação de consumo.

2.1.3 Liberdade de Expressão e de Manifestação de Pensamento

2.1.3.1 Antecedentes Históricos: Breves Notas

No século XVIII, o direito de liberdade de expressão e de manifestação de pensamento começa a aparecer nos textos normativos, quando as principais declarações de direitos e documentos constitucionais passaram a inseri-lo no rol das garantias fundamentais.

[147] MORAES. Maria Celina Bodin de. O princípio da dignidade humana. In: _____ (Coord.). *Princípios do direito civil contemporâneo*, p. 12.

Mas é na modernidade que se consolida o discurso em prol da liberdade de expressão e de manifestação de pensamento como direito, não obstante na Antiguidade já se perceber a importância dada ao direito à participação dos cidadãos nos discursos e nas discussões em praças públicas.

No Brasil, o direito à liberdade de expressão e de manifestação do pensamento passou a integrar os vários textos constitucionais, desde a Carta de 1824 até a chegada da Constituição da República em 1988, especificamente no artigo 5º, incisos IV e IX.

Miranda, sobre o tema, comenta:

> Nos regimes democráticos actuais (produto da passagem do governo representativo clássico ou burguês à democracia representativa e com maior ou menor influência de Estado social), a liberdade de informação adquire um relevo crescente ligado à formação de vontade popular; realçam-se as estruturas institucionais e organizatórias; a comunicação social como um todo torna-se objeto de Constituição material; e desenvolvem-se mecanismos de auto e hetero-regulação.[148]

As constituições estrangeiras também elevam o direito à liberdade de expressão e de manifestação do pensamento à categoria de direito constitucional fundamental, como se pode observar nas constituições de países como Estados Unidos da América (1ª Emenda), Alemanha (artigo 5º), Portugal (artigos 37 e 38), Itália (artigo 21) e México (artigo 6º).

Na seara dos textos de direito internacional, o direito à liberdade de expressão e de manifestação do pensamento também se faz presente na Declaração Universal dos Direitos Humanos (artigo 19), no Pacto Internacional dos Direitos Civis e Políticos (artigo 19), na Convenção Americana de Direitos Humanos (artigo 13), na Convenção Europeia de Direitos Humanos (artigo 10), na Carta Africana de Direitos Humanos e dos Povos (artigo 9º, item 2) e na Carta de Direitos Fundamentais da União Europeia (artigo 11).

A Constituição Federal, no seu artigo 5º, inciso IV, fixa que todos são iguais perante a lei, sendo livre a manifestação de pensamento e vedado o

[148] MIRANDA, Jorge. *Manual de direito constitucional.* Direitos fundamentais. Coimbra: Coimbra Editora, 2000. t. IV. p. 458.

anonimato. Nos termos do inciso IX do mesmo dispositivo legal, é livre a expressão da atividade intelectual, artística, científica e de comunicação, independentemente de censura ou licença.

A liberdade de expressão e de manifestação do pensamento, considerada expressão máxima das liberdades públicas e intimamente ligada ao conceito de democracia, foi erigida a direito fundamental pela atual Constituição Federal, não obstante já haver previsão expressa em textos constitucionais anteriores. A importância dessas garantias no texto constitucional de 1988 é revelada pelo momento de sua formação, após longo período de restrições impostas pela ditadura militar, quando os brasileiros não admitiam mais restrições à manifestação de opinião por fala ou atos.

Para o tema aqui proposto, o estudo acerca desse direito é de suma importância por ser o argumento de defesa dos profissionais da publicidade e dos fornecedores de produtos/serviços no mercado de consumo para que nenhum controle recaia sobre suas atividades.

Dada a natureza da atividade publicitária, há dúvidas sobre se haverá ou não liberdade de expressão ou de manifestação de pensamento na criação de peças publicitárias realizadas a pedido de fornecedores.

Os publicitários, no ato de criação de suas peças, atuam com o viés mercadológico, na intenção única e clara de patrocinar a venda de produtos/serviços, razão pela qual estaria autorizado o controle da atividade dos publicitários e, assim, afastado o argumento da liberdade de expressão e de manifestação de pensamento, especialmente quando criam histórias falaciosas, no intuito de despertar no consumidor um encantamento enganoso, contaminando a formação da sua autonomia de vontade e o seu direito de escolha.

2.1.3.2 Conceito e Extensão: Conteúdo, Fundamento e Eficácia

A discussão atual acerca do conceito da liberdade de expressão e de manifestação de pensamento, alçada ao patamar de direito e garantia fundamental na Constituição Federal, gravita sobre a sua real extensão.

Conceituar liberdade de expressão e de manifestação de pensamento não é tarefa fácil. Por isso, será necessário recorrer à doutrina de autores que já se dedicaram ao tema.

Na lição de Canotilho: "Tradicionalmente ligado aos direitos de defesa perante o Estado (a liberdade seria um *Abwehrrecht*), o conceito de 'liberdades' permanece ainda bastante obscuro na doutrina". Para o autor português, a liberdade de expressão estaria no campo das posições fundamentais subjetivas de natureza defensiva.[149]

Invocando o artigo 74 da Constituição Federal de Portugal, Miranda ensina:

> A liberdade de expressão abrange qualquer exteriorização da vida própria das pessoas: crenças, convicções, ideias, ideologias, opiniões, sentimentos, emoções, actos de vontade. E pode revestir quaisquer formas: a palavra oral ou escrita, a imagem, o gesto.
> A liberdade de expressão recorta-se por exclusão de partes; vem a ser essencialmente liberdade de expressão do pensamento; e correlaciona-se então com a liberdade de informação e a de comunicação social.[150]

A liberdade de manifestação de pensamento é interpretada por Afonso da Silva como um dos aspectos externos da liberdade de opinião, manifestação esta que poderá ocorrer entre presentes e ausentes, podendo ser mantida em segredo, a critério do manifestante.[151] Quanto à liberdade de expressão, elucida que o termo deve ser tomado em sentido abrangente dos sentimentos e dos conhecimentos intelectuais, conceptivos e intuitivos. A liberdade de manifestação de pensamento poderia ser tomada como direito de todos de poderem produzir obras intelectuais, científicas ou filosóficas e divulgá-las sem censura e sem licença de quem quer que seja.[152]

Para Sarlet, a liberdade de expressão e de manifestação do pensamento compreende "um dos direitos fundamentais mais precisos" e corresponde "a uma das mais antigas exigências humanas, de tal sorte que integram os catálogos constitucionais desde a primeira fase do constitucionalismo moderno"[153]. E complementa:

149 CANOTILHO, J.J. Gomes. *Direito constitucional e teoria da Constituição*, p. 1.259-1.260.

150 MIRANDA, Jorge. *Manual de direito constitucional*, p. 453, 454.

151 MIRANDA, Jorge. *Manual de direito constitucional*, p. 950.

152 MIRANDA, Jorge. *Manual de direito constitucional*, p. 950.

153 SARLET, Ingo Wolfgang. *A eficácia dos direitos fundamentais* – uma teoria geral dos direitos fundamentais na perspectiva constitucional.

> A liberdade de expressão consiste, mais precisamente, na liberdade de exprimir opiniões, portanto, juízos de valor a respeito de fatos, ideais, portanto, juízos de valor sobre opiniões de terceiros etc. Assim, é a liberdade de opinião que se encontra na base de todas as modalidades da liberdade de expressão, de modo que o conceito de opinião (que, na linguagem da Constituição Federal, acabou sendo equiparado ao de pensamento) há de ser compreendido em sentido amplo, de forma inclusiva, abarcando também, apenas para deixar isso claro, manifestações a respeito de fatos e não apenas juízos de valor. Importa acrescentar que, além da proteção do conteúdo, ou seja, do objeto da expressão, também estão protegidos os meios de expressão, cuidando-se, em qualquer caso, de uma noção aberta, portanto inclusiva de novas modalidades, como do caso da comunicação eletrônica.[154]

Pode-se afirmar, junto com Tomas Emerson, que:

> A liberdade de expressão protege ao menos quatro valores interdependentes, a saber: a) a autonomia individual, b) a melhora do conhecimento e a busca da verdade, c) a participação nas decisões políticas por todos os membros da comunidade e d) a garantia de uma sociedade mais estável e tolerante.[155]

Sankievicz apresenta três teorias como fundamento da liberdade de expressão: a liberdade de expressão como manifestação da autonomia individual; a liberdade de expressão como instrumento para a busca da verdade; e a liberdade de expressão como instrumento para a realização da democracia. A primeira teoria defende uma abstenção do Estado, já que a liberdade de expressão se coaduna com a autonomia individual, traduzida na possibilidade de o indivíduo desenvolver suas capacidades e está centrada na figura do autor da mensagem. Na concepção da segunda teoria, a liberdade de expressão é um instrumento de busca da verdade. A liberdade aqui é um mecanismo, um

[154] SARLET, Ingo Wolfgang. *A eficácia dos direitos fundamentais* – uma teoria geral dos direitos fundamentais na perspectiva constitucional, p. 36.

[155] *Apud* SANKIEVICZ, Alexandre. *Liberdade de expressão e pluralismo*. Perspectiva de regulação. São Paulo: Saraiva, 2011. p. 21.

instrumento para a busca da verdade ou obtenção da melhor decisão possível. A terceira teoria é restrita ao campo político e da cidadania. A ideia é que a liberdade de expressão prevê uma abstenção do Estado como garantia de inexistência de censura a discursos que este mesmo Estado desaprove, em especial, aqueles de teor nitidamente político.[156]

Dessas lições, infere-se que a liberdade de expressão está vinculada ao direito do indivíduo de manifestar-se, de apresentar o seu discurso como decorrência da sua condição de ser humano e da sua autonomia para dissertar e discutir. O discurso pessoal, a manifestação de opiniões pessoais, a expressão de valores individuais, portanto, diferem da simples informação, que deve ser verdadeira, precisamente aquela inerente à manifestação comercial criada para o mercado de consumo.

Neste ponto do estudo, quadra destacar que em nenhum momento se pretendeu definir esse complexo conceito de liberdade de expressão e de manifestação de pensamento, tampouco foi mencionada qualquer hipótese de tal liberdade estar ligada à criação de publicidade para a venda ou desenvolvimento de uma ideia para a produção visando ao lucro, fato objetivo bastante importante para as conclusões do presente trabalho.

Nos anos de 2000 e 2003, o Tribunal Constitucional alemão, na análise de dois casos relativos à marca Benetton, definiu critérios que diferenciam a liberdade de expressão e de manifestação do pensamento e a "liberdade de profissão": esta se refere à liberdade encontrada no âmbito do exercício da profissão, aquela remonta à difusão de conteúdo valorativo e à formação de opinião.

Essa diferenciação elaborada pelo Tribunal alemão é de suma importância para o escopo deste trabalho e será utilizada na abordagem dos temas do controle da publicidade no Brasil.

A liberdade de expressão e de manifestação de pensamento, que pertence a todas as pessoas físicas ou jurídicas, nacionais ou estrangeiras, é considerada expressão máxima das liberdades públicas e conceito intimamente ligado à democracia. O ideário de democracia prevê o governo do povo e para o povo – que é quem legitimamente alça os governantes aos seus cargos públicos –, mediante a participação direta nas decisões do governo.

[156] SANKIEVICZ, Alexandre. *Liberdade de expressão e pluralismo*. Perspectiva de regulação, p. 21.

Com a proteção da liberdade de expressão, vislumbra-se a coexistência de inúmeras formas de concepção de valores e estilos de vida, e a aceitação de uma sociedade complexa e mista. Para tanto, as pessoas devem ter o direito de se expressar livremente e assim participar, com liberdade e com igualdade, da formação da vontade coletiva. Para que essa participação na decisão do governo seja efetiva e consciente, é imprescindível que haja amplo acesso a informações e que todos possam participar ativamente do processo decisório, manifestando as suas opiniões.

O direito fundamental à liberdade de expressão e de manifestação de pensamento abrange todos os atos, afastados da violência, seja para transmitir mensagens, manifestar-se, seja para manter-se em silêncio.

À primeira vista, qualquer conteúdo de qualquer mensagem está protegido em razão do direito fundamental de liberdade de expressão e de manifestação de pensamento. Aqui, não se perquirem estilos, formas; não interessa saber se são impopulares ou não. Prestigia-se a liberdade de expressão e de manifestação de pensamento, respeitados, por óbvio, os limites que lhe são impostos pelo próprio texto constitucional.

O Supremo Tribunal Federal já se manifestou nesse sentido em diversos julgamentos, especialmente naqueles que tratam de temas como a legalização das drogas ou qualquer substância entorpecente específica, como é o caso da maconha.

O exercício da liberdade de expressão e de manifestação do pensamento em casos impopulares já foi objeto de análise pela Corte Constitucional e, salvaguardando o seu status de direito fundamental, argumentou que em temas mais controversos a liberdade poderá sofrer inadequadas restrições.[157]

Quanto à eficácia, a liberdade de expressão e de manifestação de pensamento é direito *prima facie* oponível ao Estado, que deve criar mecanismos de amparo efetivo ao seu livre exercício, mas que também poderá ser vinculado

[157] BRASIL. Supremo Tribunal Federal. ADPF 187/DF. Relator Min. Celso de Mello. Brasília, DF. Julgamento 15.06.2011. Disponível em: <http://redir.stf.jus.br/paginadorpub/paginador.jsp?docTP=TP&docID=5956195>. Acesso em: 28 out. 2016; BRASIL. Supremo Tribunal Federal. ADPF 130/DF. Relator Min. Carlos Britto. Brasília, DF. Julgamento 30.04.2009. Disponível em: <http://redir.stf.jus.br/paginadorpub/paginador.jsp?docTP=AC&docID=605411>. Acesso em: 28 out. 2016.

a particulares, ante a eficácia horizontal dos direitos fundamentais, ou seja, perante particulares.

A liberdade de expressão e de manifestação de pensamento não é um direito absoluto. Essa constatação permite afirmar que este direito fundamental pode ser objeto de controle para que se evite o cometimento de abusividades. Diferentemente, a liberdade para manifestar opiniões pessoais possui inegável proteção constitucional.

A manifestação de pensamento de cunho comercial, mercadológico, criada no intuito de aproximar os partícipes do mercado não desfruta da proteção dada pela Constituição Federal, já que possuem naturezas jurídicas distintas e, por esta razão, recebem tratamentos distintos.

2.1.3.3 Limitações à Liberdade de Expressão e de Manifestação de Pensamento

Não se pode falar em direito absoluto se o seu exercício é ilimitado juridicamente. Essa ideia permite iniciar a caminhada em prol da possibilidade de controle da publicidade contra o cometimento de ilicitudes no mercado de consumo.

Em diversas oportunidades, o exercício do direito à livre expressão e à manifestação de pensamento entra em conflito com outros direitos e garantias previstos na Constituição da República, fato que também revela a ausência de caráter absoluto deste direito, viabilizando o seu controle em termos de proporcionalidade e de razoabilidade. É o que sustentam Marques e Miragem:

> A liberdade de expressão e suas variantes – liberdade de informação, liberdade de opinião – são produtos da denominada primeira geração de direitos, e conectam-se, em última análise, com a liberdade de pensamento. [...]
>
> A liberdade de expressão, a exemplo dos demais direitos e garantias fundamentais consagrados na Constituição não é absoluta, mas como parte do sistema de garantias que a conformarão e cujo respectivo conteúdo, uma vez tangenciado por aquela, deverá lhe servir de limite. [...]
>
> Ao mesmo tempo, observa-se em Kant o princípio do que se vai entender fundamental, em direito, para a conformação do conceito de

> limite à liberdade de expressão. Qual seja, o fato de que 'arazãonão se submete a nenhuma lei senão àquela que dá a si própria '. Entretanto, se lei nenhuma que submeta a razão é reconhecida, a liberdade de pensar se perde em favor da leviandade. Daí a necessidade de leis que regulem o exercício racional desta liberdade.[158]

Não há, aqui, juízo de ponderação entre direitos, mas sim aplicação da proporcionalidade como forma de se alcançar a melhor resposta, ou seja, aquela mais adequada constitucionalmente. As restrições a direitos devem ser analisadas com precisão, ante a especialidade que se deve dar aos direitos e garantias fundamentais. O caminho da resposta correta novamente se abre para encontrar situações que permitem controle e restrições ao exercício da livre expressão e manifestação de pensamento.

O Ministro Gilmar Ferreira Mendes, da Corte Constitucional brasileira, em julgamento do Recurso Extraordinário n. 511.961[159] afirmou que as restrições à liberdade de expressão e de manifestação do pensamento são admissíveis desde que visem à promoção de outros valores e interesses constitucionais, que também são relevantes, em prol da aplicação do princípio da proporcionalidade.

O controle do direito de livre expressão e manifestação de pensamento poderá vir tanto do legislador como do juiz, pois essa é a posição que mais se alinha com a teoria que regula os direitos fundamentais. Não há direito absoluto e para que se alcance a resposta constitucionalmente correta o direito não deve permitir tão somente a reparação, mas também premiar as atitudes que previnam a ocorrência de danos. Em sede de direito do consumidor isso fica claro em razão do sistema de responsabilidade civil incutido no Código de Defesa do Consumidor, que privilegia a cautela e a prevenção de danos.[160]

158 MARQUES, Claudia Lima; MIRAGEM, Bruno. *Constitucionalidade das restrições à publicidade de bebidas alcoólicas e tabaco por lei federal* – diálogo e adequação do princípio da livre iniciativa econômica à defesa do consumidor e da saúde pública (art. 170, CF/88). p. 127, 175.

159 BRASIL. Supremo Tribunal Federal. Recurso Extraordinário n. 511.961 – São Paulo. Relator Min. Gilmar Mendes. Brasília, DF. Julgamento 17.06.2009. Publicação 13.11.2009. Disponível em: <http://redir.stf.jus.br/paginadorpub/paginador.jsp?docTP=AC&docID=605643>. Acesso em: 31 out. 2016.

160 BRASIL. Supremo Tribunal, Federal. Recurso Extraordinário n. 511.961 – São Paulo. Relator Min. Gilmar Mendes. Brasília, DF. Julgamento 17.06.2009. Publicação 13.11.2009. Disponível

Saliente-se que até mesmo os pactos internacionais de direitos humanos autorizam a possibilidade de controle do exercício do direito de livre expressão e de manifestação do pensamento. Por exemplo, o Pacto Internacional dos Direitos Civis e Políticos da Organização das Nações Unidas (ONU), internalizado no Brasil em 1992. O referido Pacto, no artigo 19, preceitua que:

> 1. ninguém poderá ser molestado por suas opiniões.
> 2. Toda pessoa terá direito à liberdade de expressão; esse direito incluirá a liberdade de procurar, receber e difundir informações e ideias de qualquer natureza, independentemente de considerações de fronteiras, verbalmente ou por escrito, em forma impressa ou artística, ou por qualquer outro meio de sua escolha.
> 3. **O exercício do direito previsto no parágrafo 2 do presente artigo implicará deveres e responsabilidades especiais. Consequentemente, poderá estar sujeito a certas restrições, que devem, entretanto, ser expressamente previstas em lei e que se façam necessárias para:**
> a). **assegurar o respeito dos direitos e da reputação das demais pessoas;**
> b). proteger a segurança nacional, a ordem, a saúde ou a moral públicas [Grifo nosso][161].

A Convenção Europeia de Direitos Humanos, em seu artigo 10, assim estabelece:

Art. 10 – Liberdade de expressão

> 1. Qualquer pessoa tem direito à liberdade de expressão. Este direito compreende a liberdade de opinião e a liberdade de receber ou de transmitir informações ou ideias sem que possa haver ingerência de quaisquer autoridades públicas e sem considerações de fronteiras.

em: <http://redir.stf.jus.br/paginadorpub/paginador.jsp?docTP=AC&docID=605643>. Acesso em: 31 out. 2016.

[161] ORGANIZAÇÃO DAS NAÇÕES UNIDAS. *Pacto Internacional dos Direitos Civis e Políticos*. 1996. Disponível em:<http://www.planalto.gov.br/ccivil_03/decreto/1990-1994/d0592.htm>. Acesso em: 28 out. 2016.

> O presente artigo não impede que os Estados submetam as empresas de radiodifusão, de cinematografia ou de televisão a um regime de autorização prévia.
> 2. **O exercício destas liberdades, porquanto implica deveres e responsabilidades, pode ser submetido a certas formalidades, condições, restrições ou sanções, previstas pela lei**, que constituam providencias necessárias, numa sociedade democráticas, para a segurança nacional, a integridade territorial ou a segurança pública, a defesa da ordem e a prevenção do crime, a proteção da saúde ou da moral, a proteção da honra ou dos direitos de outrem, para impedir a divulgação de informações confidenciais, ou para garantir [Grifo nosso].[162]

Sarlet também acena com a possibilidade de controle do exercício do direito de livre expressão e de manifestação do pensamento. Nas suas palavras:

> [...] não se trata de atribuir à liberdade de expressão (em qualquer uma de suas manifestações particulares) a condição de direito absolutamente imune a qualquer limite e restrição, nem de estabelecer uma espécie de hierarquia prévia entre as normas constitucionais.[163]

Portanto, não se pode atribuir à liberdade de expressão e de manifestação de pensamento um caráter absoluto, imune a qualquer limite ou restrição. Sendo assim, o controle será permitido, balizado pelo princípio da proporcionalidade.

[162] CONSELHO DA EUROPA. *Convenção Europeia de Direitos Humanos*. 1950. Disponível em: <http://www.oas.org/es/cidh/expresion/showarticle.asp?artID=536&lID=4>. Acesso em: 28 out. 2016.

[163] SARLET, Ingo Wolfgang. *Direitos Fundamentais em espécie*. In: _____; MARINONI, Luiz Guilherme. MITIDIERO, Daniel (Coord.). *Curso de direito constitucional*. 3. ed. São Paulo: Revista dos Tribunais, 2014. p. 460-461.

2.1.4 A Comunicação Social na Constituição Federal e o Assento Constitucional para o Controle da Publicidade

Apresentadas a natureza de direito fundamental da defesa do consumidor, a necessidade de respeito à dignidade da pessoa humana consumidora e as razões para a imposição de limites do exercício do direito constitucional à liberdade de expressão e de manifestação do pensamento, chega o momento de examinar como o legislador originário de 1988 tratou o tema da publicidade comercial no Brasil, antes de ser feita a análise dos aspectos legais do consumo no Brasil e antes de se abordar como se dá o controle da publicidade comercial no direito brasileiro.

O texto constitucional é profícuo em normas que, de alguma forma, relacionam-se com o tema da publicidade. Considerando a importância que a publicidade ganhou no mundo, desde o século XX até os dias atuais, o direito não pode fugir à sua regulamentação. No Brasil, a publicidade ganhou status e proteção constitucional.

Na interpretação de Benjamin:

> Esse despertar do Direito para a questão do consumo, em geral, e para a problemática da publicidade, em particular, com exigência de intervenção do Estado na proteção do consumidor, tem, em alguns sistemas, como o brasileiro, sede constitucional.[164]

Mas isso não significa que a atividade publicitária esteja livre da ação do Estado e da sociedade, sem qualquer controle. O movimento legislativo em torno da publicidade traduz uma efetiva preocupação do Estado e da sociedade civil quanto a aspectos éticos da publicidade. Além disso, "tal movimento legislativo responde a uma preocupação mais antiga dos estudiosos com os aspectos éticos da publicidade e, indiretamente, do próprio mercado".[165]

A atividade publicitária desliza por diversos dispositivos do texto normativo constitucional, como aqueles que tratam da ordem econômica e da

[164] BENJAMIM, Antonio Herman Vasconcelos e. O controle jurídico da publicidade. *Revista de Direito do Consumidor.* São Paulo, Revista dos Tribunais, RDC9/25, p. 57/105, 1994. (Doutrinas Essenciais de Direito do Consumidor). p. 80.

[165] BENJAMIN, Antonio Herman Vasconcelos e. *Controle jurídico da publicidade,* p. 80.

comunicação social. A própria Constituição Federal é inclusive responsável pela confusão entre os conceitos de propaganda e de publicidade. O legislador constituinte deveria dispor sobre o ponto da comunicação social, em publicidade, mas por equívoco técnico menciona propaganda de cigarros e de bebidas alcóolicas, por exemplo.

O fato é que o propósito da atividade publicitária, como atividade econômica, é promover a aproximação entre os atores e os objetos da relação de consumo. Bem por isso, deve atender aos princípios da ordem econômica trazidos no bojo do artigo 170 da Carta Constitucional.

No Brasil, a ordem econômica tem como finalidade assegurar a todos existência digna, conforme os ditames da justiça social. Isso quer dizer que todas as atividades econômicas exercidas no Brasil, de acordo com o texto constitucional, deverão ter base ética, de modo a afastar a desigualdade, a enganosidade e a abusividade. O que o texto constitucional pretende é justamente equilibrar o exercício das atividades econômicas com a proteção e a defesa do consumidor. De fato, nenhuma atividade econômica poderá, por mandamento constitucional, ser exercida se de alguma forma prejudicar os interesses do consumidor. Desta feita, qualquer mecanismo de controle de uma atividade econômica é lícito se entre os seus objetivos estiver a defesa do consumidor.

Ao tratar da ordem econômica, portanto, a Constituição Federal objetivou não a liberdade econômica plena, mas sim salvaguardar direitos do indivíduo, especialmente se estiver na condição de consumidor, entre eles o direito de não ser enganado.

Ao contrário do que ocorre com a defesa do consumidor, a livre iniciativa não é direito fundamental, já que a própria Constituição Federal permite, em determinados casos, a intervenção do Estado na atividade econômica, conforme revelam os artigos 173 e 174.

A livre iniciativa é princípio fundante da ordem econômica brasileira e, como tal, deve guardar respeito ao direito fundamental do consumidor de ser especialmente protegido ante a sua condição de vulnerabilidade no mercado de consumo.

O mesmo raciocínio deve ser aplicado ao texto do artigo 220 da Constituição Federal. Ao regular a comunicação social, o legislador originário vedou qualquer tipo de restrição ou censura prévia ao consignar que a manifestação de pensamento, a criação, a expressão e a informação, sob qualquer forma, processo ou veículo, não sofrerão restrição.

Furlan considera que uma leitura apressada do texto constitucional "poderá conduzir-nos ao equívoco de acreditar que a publicidade, sendo uma modalidade de comunicação social, é livre de qualquer censura. Todavia, e, obviamente, é destituída de qualquer coerência essa interpretação"[166].

A Constituição Federal, de fato, propõe ampla liberdade de criação pelos mecanismos de comunicação social – provavelmente como resultado da preocupação de anos de dissabores trazidos regime da ditatura militar – mas esta liberdade é constitucionalmente limitada ao se tratar de temas caros ao texto constitucional, como a defesa do consumidor.

O artigo 220 da Constituição Federal, que trata especificamente do tema da comunicação social, aponta para o fato de que a liberdade de pensamento e de criação será exercida, observado o disposto no seu texto – e, saliente-se, a ordem constitucional em vigor prevê a proteção e a defesa do consumidor como direito fundamental, instrumento limitador tanto da ação do Estado como dos particulares.

A permissão constitucional de limitação da atividade econômica em razão da proteção e da defesa do consumidor é a resposta adequada para a solução de eventuais conflitos entre a liberdade de criação dos publicitários e a necessidade de proteção e de defesa do consumidor.

O artigo 220 da Constituição Federal também autoriza a atuação do Estado em face de publicidade que viole o dever de veracidade e, ao mesmo tempo, determina que a livre manifestação de pensamento e a criação serão exercidas, desde que observado o disposto na Carta da República.

A publicidade é um fenômeno da sociedade de consumo. Coube ao legislador estabelecer de que forma seria realizada, desde que em conformidade com a Constituição.

Nunes Junior também disserta sobre o tema:

> O exercício da publicidade, por força dos princípios constitucionais arrolados, constitui atividade aprioristicamente lícita, sendo que outros

[166] FURLAN, Valeria C. P. *Princípio da veracidade nas mensagens publicitárias. Revista de Direito do Consumidor*, São Paulo, RT, p. 241-282. Doutrinas Essenciais de Direito do Consumidor. p. 252.

> princípios e valores da Constituição Federal servirão para demarcar as fronteiras dentro das quais esse exercício será considerado juridicamente válido.[167]

Enfim, o legislador restringe determinadas condutas, mas não proíbe a realização da prática publicitária. De outro lado, incentiva a criação publicitária, observados determinados limites. E não há se falar em excesso quando o legislador, ao prever a ilicitude da publicidade, enganosa ou abusiva, limitou-se a atender a mandamento constitucional, qual seja, a proteção e defesa do consumidor. É um trunfo do consumidor contra a maioria (os fornecedores do mercado de consumo) para uma efetiva proteção da sua legítima e saudável formação de manifestação de vontade.

2.1.5 O Regime de Participação do Estado na Economia e a Disciplina Constitucional da Livre Iniciativa e da Publicidade

Se a ideia aqui pretendida é a defesa do controle do Estado na atividade publicitária, é pertinente realizar uma prévia e breve avaliação de como a Constituição da República estabeleceu o regime de intervenção do Estado na economia e como esse mecanismo se reflete na publicidade.

O capitalismo, na sua forma mais clássica, concebia a economia livre de qualquer regra jurídica. O mercado, dessa forma, seria regido por uma lógica autorreguladora, determinando suas próprias regras, não havendo espaço para a imposição de uma regulação jurídica sobre a economia. Essa ideia, contudo, não vingou. O Estado percebeu que o mercado sozinho, nessa dinâmica autorregulamentadora, não funcionaria sem que provocasse sérias distorções nas relações econômicas.

Conforme raciocínio desenvolvido por Nunes Junior:

> Se o modelo capitalista primitivo reclamava uma ordem jurídica que primasse pelo respeito desse suposto caráter de 'auto-regulação' da economia, a evolução das relações econômicas veio a revelar a necessidade

[167] NUNES JUNIOR, Vidal Serrano. *Publicidade comercial, proteção e limites na Constituição de 1988*. São Paulo: Verbatim, 2015. p. 148.

> de uma nova ordem jurídica, mais abrangente, que contivesse normas específicas vocacionadas à regração das relações econômicas, que no que se refere ao mercado, aos seus agentes, como também no papel do Estado, como agente normativo e regulador da economia e mesmo como protagonista da atividade econômica.[168]

Sodré[169], citando Iain Ramsay, aduz:

> Alguns relatórios oficiais e extra-oficiais durante os anos sessenta e setenta insistiram na ideia de que a desigualdade do poder de barganha é o princípio elementar para a proteção do consumidor. A esta razão para a necessidade de proteção dos consumidores o Prof. Iain Ramsay acrescenta mais algumas: 'Os três principais princípios delineados para a proteção do consumidor são: (i) falhas no mercado; (ii) metas éticas como a justiça equitativa, direitos do consumidor e valores sociais; (iii) paternalismo. O mercado é falho. A aceitação e a compreensão deste princípio são de suma importância para a defesa da existência das leis de defesa do consumidor, pois aponta para a incapacidade do próprio mercado de defender o consumidor como muitos afirmam.

Enfim, o Estado, que garantia uma ampla liberdade individual aos agentes do mercado, passa a adotar uma posição mais ativa de intervenção, como forma até mesmo de viabilizar e garantir a sobrevivência da economia. E ela ocorre, em boa medida, com a edição de normas jurídicas que se apresentam como fator de direção da economia, influindo, condicionando ou consolidando o comportamento dos agentes econômicos e a evolução da produção.

A intervenção do Estado na economia por meio de textos normativos materializa uma Constituição de índole econômica, um texto magno normativo que impõe determinada forma de organização e de funcionamento da economia.

[168] NUNES JUNIOR, Vidal Serrano *Publicidade comercial, proteção e limites na Constituição de 1988*, p. 70.

[169] *Apud* SODRÉ, Marcelo Gomes. *A construção do direito do consumidor*: um estudo sobre as origens das leis principiológicas de defesa do consumidor, p. 29.

A ideia de existência de uma Constituição econômica, que surge com a Primeira Guerra Mundial, quando se tornou evidente que o mercado não seria capaz de se manter sozinho, está atrelada à concepção do Estado de Bem-Estar Social. Nesse modelo, o Estado está autorizado a intervir na economia com o objetivo de salvaguardar materialmente os cidadãos, que terão suas necessidades mais prementes atendidas e não sofrerá abusos daqueles detentores do capital e da técnica.

O texto constitucional brasileiro prevê a existência da livre iniciativa como fundamento para a ordem econômica. Aqui, parece existir certa contradição entre a ordem econômica que prima pela participação do Estado na economia e a livre iniciativa que, por sua vez, confere ao particular ampla liberdade tanto para iniciar uma atividade econômica como para gerir o seu empreendimento. Mas tal não acontece porque ambos os formatos convivem em plena harmonia.

Na verdade, ao eleger a livre iniciativa como fundamento da ordem econômica constitucional, o Brasil privilegiou também a valorização e a proteção do trabalho, a função social da propriedade e a defesa do consumidor.

Para Tomazetti Júnior

> O Estado tem por dever jurídico a proteção do consumidor por intermédio da atuação espontânea ou provocada dos órgãos públicos – legislativos, administrativos e jurisdicionais – sobre a ordem econômica estabelecida. Este é o princípio nuclear do direito do consumidor. Mas, por outro lado, o sentido e os limites da ação estatal sobre a economia, ou, em particular, sobre o assim chamado 'mercado de consumo', estão previstos no ordenamento constitucional segundo um grupamento normativo cujo cerne não comporta a degenerescência da atuabilidade estatal em intervencionismo (CF, arts. 170-175).[170]

Em outras palavras, e de acordo com o proposto por Nunes Junior, "a liberdade de destinar capital à exploração de uma atividade econômica com o escopo de lucro será delimitada pela coordenação de normas constitucionais

[170] TOMASETTI JUNIOR, Alcides. O objetivo de transparência e o regime jurídico dos deveres e riscos de informação nas declarações negociais para consumo. *Revista de Direito do Consumidor*, São Paulo, RT, 4/52, 1992. p. 72.

e infraconstitucionais"[171], de tal sorte que esse direito constitucional à livre iniciativa somente poderá ser exercido nos limites definidos pela Constituição Federal e pelas leis infraconstitucionais.

É certo que todas as atividades econômicas devem ser reguladas para a saúde do mercado, especialmente o mercado de consumo. Não há, como mencionado, uma liberdade indiscriminada, sem fronteiras, haja vista as restrições impostas pelo texto constitucional e pelo Código de Defesa do Consumidor.

O direito à livre iniciativa na Constituição portuguesa, em análise que se coaduna com o texto constitucional brasileiro, pode ser assim interpretado:

> O direito à livre iniciativa só pode exercer-se 'nos quadros definidos pela Constituição e pelas leis', não sendo portanto um direito absoluto, nem tendo sequer os seus limites constitucionalmente garantidos, salvo no que respeita a um mínimo de conteúdo útil constitucionalmente relevante, que a lei não pode aniquilar, de acordo, aliás, com a garantia constitucional de um setor privado. **É a própria Constituição que manda vetar certas áreas econômicas à iniciativa privada, não estando a lei impedida de estabelecer outros limites, quer quanto à liberdade de criação de empresa, quer quanto à actividade das empresas, desde que respeitado o núcleo constitucionalmente garantido** [Grifo nosso].[172]

O Supremo Tribunal Federal, no julgamento que definiu a regulamentação das biografias no Brasil, no ponto que analisa o controle da atividade comercial privada pelo Estado, manifestou-se no sentido de que:

[171] NUNES JUNIOR, Vidal Serrano *Publicidade comercial, proteção e limites na Constituição de 1988*, p. 79. Segundo o autor: "A livre iniciativa pode ser conceituada como uma 'liberdade função' de destinar bens (capital) para a exploração de uma atividade econômica específica, segundo critérios subjetivamente definidos de organização da produção e livre disposição negocial, sob o regime jurídico híbrido (público e privado), cuja efetividade deve ter por escopo assegurar existência digna a todos e justiça social." NUNES JUNIOR, Vidal Serrano *Publicidade comercial, proteção e limites na Constituição de 1988*, p. 81.

[172] NUNES JUNIOR, Vidal Serrano *Publicidade comercial, proteção e limites na Constituição de 1988*, p. 79.

> O controle constitucional exercido na atualidade atenta à máxima efetividade das normas fundamentais e ao aproveitamento compatível do direito infraconstitucional com as diretrizes principiológicas do sistema, por técnica de interpretação que garanta a eficácia jurídica e social do ordenamento.[173]

O texto constitucional brasileiro, na prática, elenca duas formas de intervenção do Estado na economia: uma como agente econômico, que não se confunde com a função administrativa de gerência da coisa pública, e outra como agente normativo e regulador da economia. Na primeira, o Estado somente participará como agente econômico nos casos previstos no texto constitucional, para assuntos de segurança nacional e nas hipóteses de proteção do interesse coletivo. Na segunda forma de intervenção estatal, que interessa de perto ao presente trabalho, o Estado age como agente normativo e regulador da economia (artigo 174 da CF). Essa atividade estatal típica visa precipuamente proteger a economia das vicissitudes do modelo econômico adotado pelo país e assegurar a realização das finalidades da ordem econômica do país, como dignidade da pessoa humana e justiça social, na forma do que está previsto no texto da Constituição da República.

O artigo 174 da ordem constitucional em vigor estabelece que, como agente normativo regulador, o Estado deverá exercer os papéis de fiscalização, incentivo e planejamento. Em rigor, o que se pretende com a proteção e a defesa do consumidor é o exercício efetivo pelo Estado do seu papel de fiscalização quanto ao cumprimento dos princípios e regras consagrados pelo Código de Defesa do Consumidor. Especificamente, o que se exige do Estado é a fiscalização contra a ocorrência, no plano particular, de abusividades e enganosidades.

O modelo de ação normativa e reguladora da atividade econômica em prol da proteção e da defesa do consumidor pelo Estado já foi analisado pela Suprema Corte, na ADIn n. 2.591. Na oportunidade, o Ministro Celso de Melo, em seu voto, asseverou que todas as atividades econômicas se submetem à

173 BRASIL. Supremo Tribunal Federal. ADI 4815 / DF. Voto da Ministra Carmen Lúcia. Brasília, DF. p. 25. Disponível em: <http://www.stf.jus.br/arquivo/cms/noticianoticiastf/anexo/adi4815relatora.pdf>. Acesso em: 13 nov. 2016.

proteção do consumidor e estão sujeitas à fiscalização e às normas editadas pelo Poder Público, pois o Estado é agente regulador da atividade negocial e tem o dever de evitar práticas abusivas por parte dos fornecedores de produtos/serviços, incluindo as instituições financeiras.[174]

Ciente de que o mercado é incapaz de defender sozinho o consumidor, o legislador constituinte fixou, no artigo 170, inciso V, da Carta da República a defesa do consumidor não só como forma de fiscalização e de controle da atividade econômica, mas também para consagrá-la como princípio da ordem econômica, limitador da iniciativa privada ou da autonomia da vontade.

2.2 A Disciplina Legal do Direito do Consumidor

Definitivamente, não existe atividade econômica imune ao Código de Defesa do Consumidor. Essa conclusão resulta da congregação de três premissas: o direito do consumidor, entendido como direito fundamental; a previsão constitucional da proteção e defesa do consumidor; e o reconhecimento da vulnerabilidade como condição especial do consumidor em sua relação com o fornecedor de produtos/serviços.

A obrigação de criar textos normativos em favor do consumidor não se limita ao Código de Defesa do Consumidor. A necessidade de proteção da parte vulnerável na relação econômica que o consumidor estabelece com o fornecedor determina uma constante atualização dos textos normativos de proteção e defesa do consumidor para acompanhar a dinâmica das atividades econômicas, textos esses que decorrem, naturalmente, do princípio constitucional da atividade econômica, que lhes confere validade.

É fato que as atividades econômicas evoluem, haja vista, por exemplo, o surgimento e a evolução do comércio eletrônico no Brasil e no mundo, desde a última década do século XX. Essa evolução tem de ser acompanhada pelo direito, especialmente o direito do consumidor, que regula a atividade econômica de consumo de bens e serviços por um destinatário final. Por essa

[174] PFEIFFER, Roberto Augusto Castellanos. *Defesa da concorrência e bem-estar do consumidor*, p. 47-48.

razão, deve andar em compasso com as novas atividades econômicas e com as novas tecnologias.

A propósito, aqui reside uma grande preocupação com a atividade publicitária, pois as novas atividades econômicas e as novas tecnologias de informação, ao facilitarem o acesso à informação e a produtos e serviços, acabam dando guarida a ilicitudes, tornando mais difuso eventual dano provocado pela publicidade ilícita.

A publicidade, bem sabemos, acompanha a evolução da tecnologia. É cada vez mais comum a veiculação de publicidade em redes sociais, como Facebook, Instagram, Twitter, e nas novas mídias com transmissão ao vivo, como Snapchat e Periscope, o que exige maior atenção no controle da publicidade, já que a difusão do dano ser torna mais intensa.

O direito do consumidor, que influencia toda e qualquer atividade econômica, é direito fundamental de estatura constitucional e tem fundamento na vulnerabilidade do consumidor. É, ademais, princípio conformador da ordem econômica, o que permite a imposição de limites à livre iniciativa e ao exercício da atividade econômica.

A legislação protetiva do consumidor impõe ao Estado, além da regulação mediante a edição de textos normativos que reflitam e acompanhem o *status quo* do mercado e da tecnologia, a implementação de políticas públicas que tenham como propósito o atendimento das necessidades dos consumidores, o respeito à sua dignidade, saúde e segurança, a proteção de seus interesses econômicos, a melhoria da sua qualidade de vida e a transparência e harmonia das relações de consumo. Mas isso não significa que a disciplina legal do direito do consumidor tenha um viés de paternalismo jurídico, como defendem alguns críticos do sistema.

O surgimento do direito do consumidor no Brasil não tem como base o modelo liberal ou paternalista de Estado, tampouco revela uma tentativa de implementação de um exagerado modelo de justiça social. Ao contrário, concebido por um regular processo legislativo, teve origem no comando constitucional contido no artigo 48[175] do Ato das Disposições Constitucionais Transitórias (ADCT), para tornar efetivo o direito fundamental em que se

175 ADCT: "Art. 48. O Congresso Nacional, dentro de cento e vinte dias da promulgação da Constituição, elaborará código de defesa do consumidor."

constituiu a defesa do consumidor na redemocratização e proteger aquele que é, por presunção legal, vulnerável diante do fornecedor de produtos/serviços no mercado de consumo.

No Brasil, como afirma Oliveira, o direito do consumidor é expressão legal e jurídica de direitos humanos, "constitucionalizados, disciplinados por lei, aplicados segundo um procedimento legal" [176]. Essa interpretação reflete o pensamento aqui desenvolvido de que os direitos constitucionalmente legados ao consumidor estão muito longe de representar autoritarismo e opressão característicos dos tempos dos reis despóticos, ou mesmo representar o retorno da ameaça socialista; são, enfim, apenas manifestações de direitos.

2.2.1 Origens do Direito do Consumidor: os Movimentos de Defesa do Consumidor e o Surgimento da Legislação Protetiva

As profundas alterações na sociedade mundial ao longo do século XX foram determinantes para o avanço da ideia de proteção do consumidor, especialmente a necessidade de proteção do ente vulnerável da relação de consumo, como mencionado antes.

Paradoxalmente, no país mais capitalista e mais consumista do mundo, no limiar da segunda metade do século XX, cunhou-se pela primeira vez a expressão "direito dos consumidores", inserida na mensagem proferida em 15 de março de 1962 pelo então Presidente norte-americano J. F. Kennedy, quando afirmou que "Na realidade, consumidores somos todos nós" e explicitou quais seriam os quatro direitos básicos dos consumidores: segurança, informação, livre escolha e direito de serem escutados.

A declaração do então presidente norte-americano não foi o único fato a influenciar o movimento mundial de defesa do consumidor. Por influência dos Estados Unidos da América proliferaram em vários países do mundo os movimentos em prol da proteção e da defesa dos consumidores.

Na década de 1960, surgem na Europa a International Organization of Consumers Union (IOCU), hoje denominada Consumers International (CI),

[176] OLIVEIRA, Amanda Flávio de. *Código de Defesa do Consumidor não é expressão de paternalismo jurídico.* 2.3.2016. Disponível em: <http://www.conjur.com.br/2016-mar-02/garantias-consumo-codigo-defesa-consumidor-nao-expressao-paternalismo-juridico>. Acesso em: 28 out. 2016.

e o Bureau Européen des Unions des Consommateurs (BEUC), com sede em Bruxelas, ambas instituições resultantes de observação histórica do comportamento dos fornecedores de produtos/serviços e da constatação da necessidade de proteção e defesa dos consumidores pela sua especial condição de vulnerabilidade, traduzida na desigualdade do poder de barganha entre fornecedores e consumidores.[177]

Em Portugal, especificamente, o movimento de defesa do consumidor remonta ao ano de 1974, quando foi criada a primeira associação de defesa de consumidores, a Associação Portuguesa para a Defesa do Consumidor (DECO).[178]

A preocupação com a defesa do consumidor percorreu o século XX e chegou com força no fim da década de 1970, quando os movimentos se intensificaram, evidenciando uma nítida provocação da sociedade civil contra o Estado para que encampasse a tarefa de elaboração de textos normativos de proteção dos consumidores no mercado de consumo.

Segundo Frota, na Europa, a preocupação com a proteção e a defesa do consumidor pôde ser notada na Carta Europeia de Protecção do Consumidor, que o Conselho da Europa editou em 17.05.1973, e no primeiro programa da Comunidade Económica Europeia, lançado em 14.04.1975.[179]

No Brasil, o movimento em prol da defesa do consumidor se consolidou com a criação das primeiras associações civis de proteção e defesa dos consumidores e o surgimento dos Procons, nos estados de São Paulo, Rio Grande do Sul, Rio de Janeiro e Minas Gerais.

[177] Iain Ramsay nota que os diversos relatórios produzidos pelos governos nas décadas de 1960 e 1970, tinham como objetivo compreender os problemas vividos pelos consumidores e fornecedores. Para a compreensão desses problemas, alguns questionamentos são importantes, por exemplo: "Por que os consumidores precisam de proteção? Alguns relatórios oficiais e extra-oficiais durante os anos sessenta e setenta insistiram na ideia de que a desigualdade do poder de barganha é o princípio elementar para a proteção do consumidor". A essa razão para a necessidade de proteção dos consumidores Iain Ramsay acrescenta mais algumas: "[...] os três principais princípios delineados para a proteção do consumidor são: (i) falhas no mercado; (ii) metas éticas como a justiça equitativa, direitos do consumidor e valores sociais; (iii) paternalismo. O mercado é falho". *Apud* SODRÉ, Marcelo Gomes. *A construção do direito do consumidor*: um estudo sobre as origens das leis principiológicas de defesa do consumidor, p. 29.

[178] Cf. ALMEIDA, Carlos Ferreira de *Direito do consumo*, p. 15, nota 3.

[179] FROTA, Mario. *Direito europeu do consumo* – reflexo das políticas de consumidores da União europeia. Curitiba: Juruá, 2007. p. 19.

As décadas de 1960 e 1970 sinalizam o início da elaboração dos textos normativos de defesa do consumidor por influência do aumento do consumo com o fim da Segunda Guerra Mundial. Nesse período, houve um verdadeiro *boom* da normatividade consumerista.

Sodré, com seu relato, confirma esse processo histórico da legislação protetiva do consumidor:

> A aprovação de leis de defesa do consumidor, nos países de primeiro mundo, foi um processo lento que começou no início do século XX, ganhou impulso após a Segunda Guerra Mundial, com a explosão da chamada sociedade de consumo, e se consolidou nas décadas de 70/80.[180]

Os movimentos que no Brasil acenderam a importância da defesa do consumidor, nas décadas de 1970 e 1980, provocaram uma inserção inédita de direito do consumidor no texto constitucional, outorgando-lhe dimensão de direito fundamental. Antes disso, para o legislador brasileiro bastavam os textos normativos de natureza penal e sancionatória como mecanismo de proteção do consumidor. Nesse caso, a proteção era indireta, por intermédio de textos normativos que regulavam distintos setores da economia.

Fonseca, sobre o tema, assevera que não havia, à época, "uma legislação específica sobre o tema do consumidor, apesar da proteção indireta que lhe era assegurada através de diversas leis vigentes"[181].

Com a Carta Constitucional de 1988, o direito do consumidor é alçado à categoria de direito fundamental. Este é o marco inicial da legislação de proteção e defesa do consumidor no Brasil como texto normativo, revelado pela edição do Código de Defesa do Consumidor, em março de 1990, com vigência um ano após a sua promulgação.

O Código de Defesa do Consumidor, como microssistema normativo, contém normas de diversas naturezas jurídicas. A abertura interpretativa

[180] SODRÉ, Marcelo Gomes. *A construção do direito do consumidor*: um estudo sobre as origens das leis principiológicas de defesa do consumidor, p. 26.

[181] FONSECA, Patrícia Galindo da. Origens e fundamentos do direito do consumidor brasileiro. In: _____; RAMOS, Fabiana D'Andrea; BOURGOIGNIE, Thierry (Org.). *A proteção do consumidor no Brasil e no Quebec*: diálogos de direito comparado. Niterói: Ed. da UFF, 2013. p. 32.

legada permite sua constante atualização, haja vista a dinâmica das práticas comerciais em um mercado de consumo em constante mutação. Trata-se de texto normativo resultante do contexto de constitucionalização dos direitos sociais e das garantias fundamentais do período pós-ditadura; suas normas são de ordem pública e de interesse social e não admitem derrogação pelas partes.

Saliente-se o caráter de ordem pública dos textos normativos de proteção e defesa do consumidor, ou seja, seu regramento é de imperatividade absoluta. Afirmar que o texto do Código de Defesa do Consumidor se reveste de interesse social significa, usando as palavras de Filomeno[182], "resgatar a imensa coletividade de consumidores da marginalização não apenas em face do poder econômico, como também dotá-la de instrumentos adequados para o acesso à justiça do ponto de vista individual e, sobretudo, coletivo".

Outorgar ao Código de Defesa do Consumidor a qualidade de interesse social permitiu uma intervenção imperativa nas relações jurídicas, mormente aquelas derivadas de contratos, para as quais prevaleciam os dogmas do individualismo do início do século XX, como o brocardo latino *pacta sunt servanda* e a autonomia da vontade. Isso significa impor ao direito existente uma nova conduta e uma nova noção valorativa das relações jurídicas realizadas no mercado de consumo.

No entendimento de Marques, os textos normativos com o qualificativo de interesse social "são leis, portanto, que nascem com a árdua tarefa de transformar uma realidade social, de conduzir a sociedade a um novo patamar de harmonia e respeito nas relações jurídicas"[183].

Certamente, a qualidade de ordem pública e de interesse social trazida no bojo do Código de Defesa do Consumidor, logo em seu artigo 1º, resulta do fato de o agente principal da relação de consumo ser um ente extremamente frágil, vulnerável, para usar a letra da lei, e demonstra que o ordenamento consumerista brasileiro não admite a abusividade nem a enganosidade como condutas regulares no mercado de consumo. Por sua vez, com o lastro do interesse social, o legislador consumerista pretendeu impedir o encantamento

[182] FILOMENO, José Geraldo Brito. Código de Defesa do Consumidor comentado pelos autores do anteprojeto. Rio de Janeiro: Forense, 2011. p. 21.

[183] MARQUES, Cláudia Lima; BENJAMIN, Antonio Herman V. e; MIRAGEM, Bruno. *Comentários ao Código de Defesa do Consumidor*. 4. ed. São Paulo: Revista dos Tribunais, 2013.

mentiroso que prejudica a livre manifestação da vontade do consumidor, que nesta hipótese, ilícita, já nasce contaminada.

2.2.2 O Direito do Consumidor e o Direito Estrangeiro

Alguns sistemas europeus têm a tendência de interpretar o conceito de consumidor pelo viés da atividade exercida, que não pode ser profissional. O consumidor, nesse sentido, seria o agente "não profissional" do mercado de consumo.

Carvalho reforça: "A generalidade das diretivas europeias que se ocupam de matérias ligadas ao direito do consumidor define consumidor como a pessoa singular que atua com fins alheios às suas atividades comerciais ou profissionais."[184].

A evolução do direito do consumo na Europa remonta ao início da década de 1970, quando, em 1973, foi editada a Carta do Conselho da Europa, que inspirou a Comissão Europeia, a editar em 1975 o primeiro programa de ação em prol dos consumidores, enunciando cinco de seus direitos fundamentais: proteção da saúde e da segurança, proteção dos interesses econômicos dos consumidores, indenização pelos danos causados no mercado de consumo, informação e educação para o consumo, e representação.[185]

Carvalho, sobre o tema, também anota que:

> A consagração da proteção dos consumidores nos tratados só se verifica a partir do Ato único Europeu (1986), tendo sido reforçada a sua posição pelos Tratados de Maastricht (1992) e de Amesterdão (1999). O direito europeu do consumo tornou-se, contudo, a fonte inspiradora dos direitos dos Estados-Membros pelo grande número de diretivas aprovado desde o início da década de 80.[186]

A lei italiana de defesa do consumidor, que segue a diretiva comunitária europeia, também prevê a tutela protetiva e ela se aplica exclusivamente àqueles que adquirem produtos e serviços no mercado de consumo para uso próprio

[184] CARVALHO, Jorge Morais de. *Manual de direito do consumo.* Coimbra: Almedina, 2014. p. 15.

[185] CARVALHO, Jorge Morais de. *Manual de direito do consumo,* p. 12.

[186] CARVALHO, Jorge Morais de. *Manual de direito do consumo,* p. 12.

e de sua família. À semelhança da definição de consumidor encontrada do direito do consumidor brasileiro, "o consumidor [italiano] é definido como um sujeito que age para um consumo próprio e de sua família para finalidade privada e não para a sua atividade profissional" "[187].

A figura do consumidor para os italianos, portanto, revela-se com a aquisição de produtos e serviços para uso próprio e pessoal, jamais como parte da atividade produtiva.[188]

A França, no mesmo sentido, define a relação de consumo como aquela realizada entre profissionais, de um lado, e consumidores, de outro.

Conforme afirmam Calais-Auloy e Temple[189]: "o direito do consumo procura o equilíbrio das relações entre fornecedores e consumidores". Segundo estes autores, "fornecedores de um lado e fornecedores do outro são os sujeitos do direito do consumo"[190].

O alemão Stefan Grudmann[191], fugindo das análises encabeçadas pela doutrina e pela jurisprudência em geral, sustenta que a diferença entre as relações de consumo e as demais relações jurídicas não se dá mais em razão dos atores da relação de consumo – que seriam, no caso, o consumidor tipicamente bem instruído e informado e aquele tipicamente mal informado e também mal provido financeiramente – nem pelos tipos de consumidores, mas sim, funcionalmente, pela constatação de situações especiais de risco.

Em Portugal, as normas efetivas de defesa e de proteção do consumidor começam a surgir, de fato, no fim dos anos 1960 e deram um passo decisivo no início da década seguinte, precisamente com a influência dos textos comunitários, editados neste período.

[187] No original: "il consumatore è definito come il soggetto che opera per il consumo próprio o dela sua famiglia, e cioè nom nell'ambito dela sua attività professionale, mas per fini privati". ALPA, Guido. *Il diritto dei consumatori*, p. 46.

[188] ALPA, Guido. *Il diritto dei consumatori*. Roma-Bari: Laterza, 1999. p. 46.

[189] ALPA, Guido. *Il diritto dei consumatori*, p. 3.

[190] No original: "Le droit de la consommation cherche à équilibrer les relations entre professionnels et consommateurs". "Professionales d'um côte, consommateurs de l'autre son les sujets du droit de la consommation." CALAIS-AULOY, Jean; TEMPLE, Henri. *Droit de la consommation*. 9. ed. Paris: Dalloz, 2015. p. 3.

[191] GRUDMANN, Stefan. *A proteção funcional do consumidor: novos modelos de consumidor à luz das teorias recentes*. Novas tendências do direito do consumidor – rede Brasil-Alemanha de pesquisas em direito do consumidor. São Paulo: Revista dos Tribunais, 2015. p. 23-45.

O primeiro texto normativo de proteção e de defesa do consumidor em Portugal data de 1981, com a edição da Lei 29. Nos anos de 1982, 1989 e 1997, com as três revisões da Constituição da República portuguesa, a defesa do consumidor foi incorporada ao texto constitucional na qualidade de direitos fundamentais, como aconteceu no Brasil.

Após a edição da citada Lei 29, surgiram inúmeros textos normativos que tratavam, direta ou indiretamente, do direito do consumo. Em 1996, o direito do consumo em Portugal se consolidou com a da Lei n. 24.

Como ocorre no direito brasileiro, a lei portuguesa de proteção e de defesa do consumidor (a LDC n. 24/1996[192]) traz no seu artigo 2º, 1, o que a doutrina[193] chama de definição mais relevante de consumidor. Segundo esse normativo, considera-se consumidor todo aquele a quem sejam fornecidos bens, prestados serviços ou transmitidos quaisquer direitos, destinados a uso não profissional, por pessoa que exerça uma atividade econômica em caráter profissional que vise à obtenção de lucros.

Para a doutrina portuguesa[194], do conceito de consumidor definido pelo legislador seriam extraídos quatro elementos: o elemento subjetivo, bastante amplo e que abrange todas as pessoas físicas ou jurídicas; o elemento objetivo, que consiste no fato de as relações de consumo terem por objeto bens, serviços e transmissão de quaisquer direitos; o elemento teleológico (ou finalidade do texto normativo), no sentido de que a lei de direito do consumidor é um texto que se dirige ao uso privado e não profissional do produto ou do serviço adquirido no mercado de consumo; e o elemento relacional, uma vez que se tem, de um lado, o consumidor e, de outro, necessariamente um fornecedor, aquele que exerce em caráter profissional uma atividade econômica para obtenção de benefícios.

Em alguns dos países que compõem o Mercado Comum do Sul (Mercosul), o conceito de consumidor é semelhante ao brasileiro, inclusive usam a mesma expressão "destinatário final".

[192] FALCÃO, David. *Direito do consumo* – coletânea de legislação fundamental. Coimbra: Almedina, 2015.

[193] CARVALHO, Jorge Morais. *Curso de direito do consumo*. Coimbra: Almedina, 2014. p. 15.

[194] Por exemplo: ALMEIDA, Carlos Ferreira de. *Direito do consumo*, p. 29; CARVALHO, Jorge Morais. *Curso de direito do consumo*, p. 16-18.

No direito argentino, por exemplo, consumidor é definido como conjunto de pessoas físicas ou jurídicas que contratam a título oneroso para o seu consumo final, para benefício próprio, de sua família ou de seu grupo social.

No Paraguai, consumidor é toda pessoa física ou jurídica, nacional ou estrangeira, que adquire, utiliza ou desfruta de bens e serviços de qualquer natureza como destinatário final.

Em se tratando de legislação alienígena, é importante observar que outros países também enfrentaram os mesmos conflitos que o Brasil enfrentou ao longo dos 25 anos de vigência do Código de Defesa do Consumidor, especialmente no que se refere ao conceito de consumidor. A dúvida sobre quem seria o ator principal da relação de consumo não é privativa do direito do consumidor brasileiro, outros países, europeus e latino-americanos têm a mesma dificuldade de definir qual texto normativo será aplicado à determinada relação jurídica.

O fato de todo esse conjunto normativo alienígena pressupor a vulnerabilidade como fundamento já é bastante para vetar qualquer tentativa de prática publicitária enganosa, por ser considerada abusiva.

A publicidade, considerada no Brasil como prática comercial, é regulada pela Comunidade Europeia, basicamente, em três diretivas, cuja vigência é mantida em paralelo: a Diretiva 2005/29/CE, que trata das práticas comerciais desleais; a Diretiva 2007/65/CE, relativa ao exercício de atividades de radiodifusão televisiva; e a Diretiva 2010/13/UE, referente aos serviços de comunicação social audiovisual.

Tanto os sistemas europeus apresentados como os de países vizinhos ao Brasil, pela leitura que se faz dos seus textos normativos de proteção e de defesa do consumidor, não admitem a veiculação de histórias inverídicas, criadas com o fito de seduzir e convencer o consumidor a adquirir produtos ou contratar serviços, pois rechaçam qualquer tentativa de encantamento e de convencimento enganoso, que manipule a autônoma e sadia manifestação de vontade do consumidor.

2.2.3 A Autonomia do Direito do Consumidor

Uma questão importante a ser tratada na disciplina legal do direito do consumidor alude a saber se este direito deve ser entendido: (i) como espécie de direito individual ou como conjunto de normas de organização do mercado; (ii) como direito autônomo ou como braço de outros direitos; (iii) como direito civil ou como direito comercial.

Em um Estado Democrático, o direito deve ser compreendido no contexto de uma crescente autonomia, que funciona como blindagem contra as outras dimensões políticas, econômicas e morais. Conforme mencionado anteriormente, não há atividade econômica a salvo de princípios e regras concebidos para a proteção e a defesa do consumidor, haja vista a sua natureza de direito fundamental.

O direito do consumidor, portanto, não pode ser concebido como ramo ou braço das demais espécies de direito privado. Quem pensa assim revela não compreender a importância do direito do consumidor, especialmente (i) como direito que reflete a consolidação dos direitos fundamentais dos consumidores e (ii) como direitos de terceira geração relacionados aos direitos de solidariedade, que determinam não apenas uma abstenção do Estado, mas sim, e efetivamente, uma firme obrigação de fazer.

Na Europa, muito se discute se o direito do consumidor tem autonomia científica ou não.

> Vários autores defendem a autonomia do direito do consumidor, justificando-a com base na circunstância de as suas normas terem a finalidade de proteção da parte mais fraca (o consumidor), em paralelo com outros ramos do direito, como o direito do trabalho, Refere-se igualmente, neste sentido, a existência de uma intencionalidade própria e de um conjunto de normas jurídicas coeso, coerente e harmônico.[195]

O direito do consumidor tem seus atores e sua configuração como relação jurídica, a qual exige, de um lado, o consumidor como ente vulnerável, de outro, o fornecedor como agente conhecedor da técnica. Essa vulnerabilidade diferencia o direito do consumidor dos demais ramos do direito que regulam atividades econômicas. E não há necessidade de confundi-los ou de colocá-los sobre a égide de outro direito. Cada "direito" aqui revelado tem relações

[195] CARVALHO, Jorge Morais. *Direito do consumo*, p. 20-21.

jurídicas próprias, de diferentes naturezas, e constitui um arcabouço jurídico autônomo a regular essas específicas relações.

Forgioni é assertiva nesse sentido:

> A evolução e a consolidação do direito do consumidor como ramo autônomo em relação ao civil e ao comercial desautoriza a projeção dos contratos mercantis de forma ampla, como se ainda abrangessem todos 'i rapporti pertinenti ad un'impresa', na linha da doutrina tradicional.[196]

Os textos normativos contidos no Código Civil e no Código de Defesa do Consumidor devem ser articulados, dada a importância que este último teve na história do direito nacional. E, diante do fato de que a pluralidade dos textos normativos é um desafio a ser encarado pelo aplicador da lei na pós-modernidade, entre os diversos sistemas, autônomos e inteligentes entre si, há de se adotar a teoria do diálogo das fontes.

A teoria do diálogo das fontes tem origem na Alemanha de Erik Jaime, que em 1995 já vislumbrava um "pluralismo pós-moderno" de um direito com fontes legislativas plúrimas. A teoria defende a necessidade de coordenação entre as diversas leis de um mesmo sistema jurídico para que este seja firme, eficiente e justo.

Conforme ensinamento trazido por Marques, utilizando os ensinamentos do alemão Erik Jaime, "a solução sistemática pós-moderna deve ser mais fluída, mais flexível, a permitir maior mobilidade e fineza das distinções". Afirma ainda que é "o atual e necessário 'diálogo das fontes' (*dialogue des sources*), que permite a aplicação simultânea, coerente e coordenada das plúrimas fontes legislativas convergentes".[197]

Na verdade, o ideal é permitir a convivência de sistemas legais de forma harmônica, não havendo razão lógico-jurídica para a superação de um sistema pelo outro, tampouco para anular um conjunto de textos normativos por outros.

[196] FORGIONI, Paula. *Contratos empresariais.* Teoria geral e aplicação. São Paulo: Revista dos Tribunais, 2015. p. 30.

[197] *Apud* MARQUES, Claudia Lima; BENJAMIN, Antonio Herman V. e; MIRAGEM, Bruno. *Comentários ao Código de Defesa do Consumidor*, p. 36-37.

Com base na convivência e na harmonia entre os sistemas legais, o controle da publicidade comercial no Brasil certamente poderá ser feito com a convergência de interesses jurídicos manifestados pelo direito civil, pelo direito do consumidor e pelo direito comercial, sem falar que boa-fé e veracidade são fontes reguladoras de todos os ramos do direito, em especial daqueles que regulam o mercado de consumo, no qual a fragilidade é exacerbada ante a reconhecida vulnerabilidade do consumidor perante o fornecedor de produtos/serviços.

2.2.4 Consumidor, Autonomia Privada e Direito de Escolha

2.2.4.1 Autonomia Privada

O mundo jurídico dos particulares é marcado, conforme análise de Prata, pelos referenciais de propriedade e de autonomia privadas. Esses referenciais se encontram no contrato, que é o instrumento, por excelência, da economia e o mecanismo mais representativo da autonomia privada.[198]

A autora define a autonomia privada como:

> [...] o poder *reconhecido* pela ordem jurídica ao homem, prévia e necessariamente qualificado como sujeito jurídico, de juridicizar a sua actividade (designadamente, a sua actividade económica), realizando livremente negócios jurídicos e determinando os respectivos efeitos) [Grifo da autora].[199]

O contrato é o fruto mais aperfeiçoado da autonomia da vontade e se revela: (i) na liberdade contratual, que consiste no estabelecimento dos termos e das condições do contrato, e (ii) na liberdade de contratar, entendida como autonomia dos indivíduos para contratar ou não contratar e com quem contratar.[200]

198 PRATA, Ana. *A tutela constitucional da autonomia privada*. Coimbra: Almedina. Coimbra, 1982. p. 15.

199 PRATA, Ana. *A tutela constitucional da autonomia privada*, p. 11.

200 NERY JUNIOR, Nelson: NERY, Rosa Maria Andrade. *Instituições de direito civil*. Contratos. São Paulo: Revista dos Tribunais, 2016. v. III.

Neste estudo, compreender a autonomia privada é de suma importância, haja vista a sua relativização nas práticas de consumo diante da fragilidade dos consumidores, conhecida como "hipossuficiência"[201]. E é exatamente na formação da autonomia privada que a publicidade mira as suas informações, na tentativa de convencer o consumidor a adquirir determinado produto/serviço.

A autonomia privada nas relações de consumo não é realizada de forma plena, já que os consumidores, desconhecedores da técnica, confiam nas informações trazidas pelos fornecedores de produtos/serviços. Por essa razão, não custa lembrar, impõe-se ao Estado o dever de fiscalizar a atividade publicitária, com vistas a proteger o direito de escolha do consumidor.

A doutrina estabelece duas vertentes para a definição e a orientação da autonomia da vontade: voluntarista e normativista. Na primeira, autonomia privada significa um triunfo absoluto da vontade, que concebe o negócio jurídico e determina os seus efeitos. Na segunda vertente, o negócio jurídico é mero pressuposto de fato para o qual a lei dita os efeitos jurídicos que dela decorrem. Ainda, de acordo com a vertente normativista, a lei e o Estado exercem papel fundamental para a formação do negócio jurídico. É o ordenamento jurídico que concebe e determina os efeitos jurídicos do contrato.

O direito privado, a par de encontrar mais precisão técnica na concepção normativista do contrato, na evolução da sociedade de consumo, percebeu a necessidade de adaptar-se para que o exercício pleno, hígido e íntegro da autonomia privada não ficasse prejudicado.

Com a percepção das dificuldades de o consumidor exercer com plenitude a sua autonomia privada ante o desconhecimento da técnica, alterou-se substancialmente o quadro de contratação, quando o ordenamento jurídico estabeleceu uma estrutura funcional para delimitar liberdades – principalmente de fornecedores – em razão do desequilíbrio econômico que a relação de consumo demonstrou ter, com o objetivo de proteger aquele ente mais fragilizado da relação de consumo.

Esse papel diferenciado do Estado visa à construção de uma autonomia da vontade saudável, livre de ilicitudes e de enganosidades. O objetivo consiste no aperfeiçoamento do processo de escolha do consumidor que deve ser livre

201 Nelson Nery Junior e Rosa Maria Andrade Nery, em sua doutrina, preferem nominar a "hipossuficiência" de "subordinação estrutural".

e consciente. Esse processo tem como instrumentos fundamentais a educação e a informação, considerados pelo Código de Defesa do Consumidor como direitos básicos do consumidor, no artigo 6º, inciso II[202], do referido diploma legal.

Do exposto, pode-se inferir que o consumidor informado adequadamente terá mais certeza, confiança e tranquilidade para fazer suas escolhas e suas aquisições no mercado de consumo.

2.2.4.2 Direito de Escolha, Informação e Educação para o Consumo

A publicidade é um importante mecanismo de educação e de informação dos consumidores, um instrumento fundamental para o exercício do direito de escolha na aquisição de produtos/serviços.

Os anúncios publicitários são responsáveis pela aproximação de consumidores e fornecedores. É por meio da publicidade que os fornecedores apresentam seus produtos e serviços ao mercado consumidor. As informações transmitidas pela publicidade devem ser verdadeiras, mas, não custa lembrar, também podem ser enganosas.

Bem por isso, a publicidade veraz ganha importância no processo de escolha dos consumidores. Considerada instrumento fundamental para a formação da escolha do consumidor – que deve ser saudável –, a publicidade deve, além de ser verdadeira, revelar as exatas condições do produto/serviço posto à venda, sem enganosidades e sem encantamentos mentirosos.

A veracidade exigida dos fornecedores com relação aos atributos dos seus produtos/serviços deverá estar presente nas histórias contadas sobre o próprio fornecedor e sua marca.

Na pós-modernidade, a publicidade não trabalha apenas com a divulgação dos atributos dos produtos/serviços como mecanismo de convencimento do consumidor. Além de produto/serviço, a publicidade vende também uma história, uma marca com o objetivo não só de trazer confiabilidade ao mercado, mas também fazer a diferenciação dos demais fornecedores, influenciando o direito de escolha do consumidor. De par com esses objetivos é que a

[202] CDC: "Art. 6º São direitos básicos do consumidor: [...] II – a educação e divulgação sobre o consumo adequado dos produtos e serviços, asseguradas a liberdade de escolha e a igualdade nas contratações; [...]."

publicidade precisa ser controlada de forma mais especial e assim se aperfeiçoe o processo de escolha de produtos/serviços pelo consumidor.

Dita o artigo 6º, inciso II, do Código de Defesa do Consumidor, que é direito básico do consumidor "a educação e divulgação sobre o consumo adequado dos produtos e serviços, asseguradas a liberdade de escolha e a igualdade nas contratações".

No dispositivo legal citado, percebe-se que o Código de Defesa do Consumidor coloca lado a lado o dever de informação e de educação dos fornecedores e o exercício do direito de escolha pelo consumidor. Isso se deve ao fato de que um consumidor bem informado e bem-educado consegue exercer o seu direito de escolha com plenitude.

Pfeiffer, a respeito, destaca:

> Dois elementos que o Código de Defesa do Consumidor elegeu como centrais para o aperfeiçoamento do processo de escolha: informação e publicidade, cuja distância interessa tanto à defesa da concorrência quanto à proteção do consumidor.[203]

A informação, que decorre da boa-fé objetiva, na forma da Resolução n. 39/248 da ONU, tem fundamental importância para a defesa do consumidor, por ser instrumento de promoção do equilíbrio de poder na relação de consumo. Ademais, assegura a equidade informacional e permite alcançar a justiça contratual.

Martins-Costa assevera que a informação traz clareza e transparência às relações de consumo, como dever legal imposto ao fornecedor. E aduz: "A opacidade – que é o contrário da transparência – é dissipada por meio de uma informação adequada, isto é, *qualificada* em vista da vulnerabilidade do consumidor no mercado de consumo [Grifo da autora]."[204].

Bem por isso, a informação deve ser prestada pelo fornecedor ao consumidor de forma clara, precisa e ostensiva, para que o consumidor saiba exatamente o que está adquirindo e quais os riscos que essa aquisição lhe impõe.

[203] PFEIFFER, Roberto Augusto Castellanos. *Defesa da concorrência e bem-estar do consumidor*, p. 84.

[204] MARTINS-COSTA, Judith. *A boa-fé no direito privado* – critérios para a sua aplicação. São Paulo: Marcial Pons, 2015. p. 305.

Não basta, portanto, que a informação chegue ao consumidor, ela deve ser adequada, verdadeira, suficiente, clara e precisa.

O dever de informação exigido do fornecedor não abrange apenas a aquisição do produto ou contratação do serviço, estendendo-se até mesmo após o término, na fase do pós-vendas. O fornecedor, por sua vez, poderá utilizar todos os mecanismos e formatos que estiverem ao seu alcance para exercer o seu dever de "bem informar", sejam eles rótulos, cartazes, embalagens, avisos, *pôsteres* etc.

Na avaliação de Pfeiffer: "A distribuição assimétrica de informações na economia é tida como uma das mais importantes falhas de mercado e compõe com destaque o rol de custos de transação, sendo um dos elementos que acentuam a vulnerabilidade do consumidor."[205].

Conforme destacou Benjamin no Recurso Especial n. 586316[206], a informação se desdobra em quatro espécies: informação-conteúdo, que revela as características do produto; informação-utilização, que destaca a que se presta e como se utiliza o produto; informação-preço; e informação-advertência, esta uma das mais relevantes, pois revela quais os riscos que acompanham a aquisição do produto/serviço.

Neste ponto, deve-se prender a atenção na fase pré-contratual, de formação da vontade do consumidor, na qual é veiculada a publicidade dos produtos/serviços. Regulada pelos artigos 30, 31 e 37, todos do Código de Defesa do Consumidor, a informação a ser prestada na publicidade de produtos/serviços deve ser veraz e suficientemente precisa, vinculando o fornecedor e integrando o futuro contrato a ser celebrado.

A preocupação do legislador do Código de Defesa do Consumidor é assegurar que a informação contida na criação publicitária seja veraz, do contrário, há prejuízo para o consumidor e para o próprio sistema. A concorrência também é prejudicada já que maus fornecedores ficarão em vantagem em relação àqueles que cumprem, com rigor, o seu dever de informação.

[205] PFEIFFER Roberto Augusto Castellanos. *Defesa da concorrência e bem-estar do consumidor.* Editora Revista dos Tribunais. 2015. São Paulo. p. 84.

[206] BRASIL. Superior Tribunal de Justiça. REsp 586316 MG 2003/0161208-5. Segunda Turma. Relator Min. Herman Benjamin. Brasília, DF. Julgamento 17.04.2007. Publicação 19.03.2009. Disponível em: <http://stj.jusbrasil.com.br/jurisprudencia/4092403/recurso-especial-resp-586316>. Acesso em: 13 nov. 2016.

A educação, por sua vez, é política pública essencial de consumo; permite ao consumidor agir com a consciência de suas reais necessidades, seja impedindo o consumo desenfreado, por sedução, por impulso, seja, principalmente, evitando a ocorrência de superindividamento.

Com efeito, educação é aquela prestada pelos fornecedores e também pelos órgãos públicos e associações de defesa dos consumidores organizadas pela sociedade civil. São inúmeros os instrumentos para que a educação de consumidores seja efetivada, a saber, cartilhas elaboradas pelo Poder Público e pelas organizações da sociedade civil, pesquisas de preços, testes comparativos, entre outros.

Informação e educação são, portanto, instrumentos essenciais de política pública de consumo porque protegem os consumidores contra enganosidades e abusividades eventualmente praticadas pelos fornecedores no mercado de consumo. Ambas permitem que o consumidor exerça com plenitude o seu direito de escolha. É o que diz Filomeno:

> Referido trabalho educativo não tem apenas a finalidade de alertar os consumidores com relação a eventuais perigos representados à sua saúde, por exemplo na aquisição de alimentos com certa características que podem indicar a sua deterioração, mas também para que se garanta ao consumidor *liberdade de escolha* e a almejada *igualdade de contratação*, informando-o previamente das condições contratuais, e para que ele não seja surpreendido posteriormente com alguma cláusula potestativa ou abusiva [Grifo do autor].[207]

No Código de Defesa do Consumidor, educação e informação são a base do direito básico de escolha do consumidor. O direito de escolha é propriamente a prerrogativa do consumidor de escolher o quê, quando e com quem irá contratar. Esse direito, quando contrariado, revela a existência de prática abusiva, vedada pelo artigo 39, incisos I, II, III, VI e IX[208], do Código de Defesa do Consumidor.

[207] FILOMENO, José Geraldo Brito. *Código de Defesa do Consumidor comentado pelos autores do anteprojeto*, p. 154.

[208] CDC: "Art. 39. É vedado ao fornecedor de produtos ou serviços, dentre outras práticas abusivas:

A publicidade exerce papel fundamental no exercício do direito de escolha, já que é por meio da peça publicitária que será construída a vontade do consumidor.

O Código de Defesa do Consumidor estabeleceu mecanismos para salvaguardar o direito de escolha do consumidor. Em seu artigo 44, por exemplo, o legislador consumerista criou a figura dos cadastros atualizados de reclamações fundamentadas, entendendo ser este um modo bastante eficaz de os consumidores conhecerem quem são os fornecedores com quem estão contratando. Tal instrumento, além de dar efetividade à educação para o consumo, é importante para uma saudável concorrência entre fornecedores.

Os cadastros atualizados de reclamações fundamentadas, na avaliação de Pfeiffer: "[...] são importantes para conferir transparência às relações de consumo, bem como diminuírem a vulnerabilidade do consumidor, na medida em que as informações neles contidas são de grande utilidade para o exercício de seu direito de escolha"[209].

Outro mecanismo que contribui para o exercício do direito de escolha é a portabilidade, que consiste na liberdade dada ao consumidor de mudar de fornecedor. A portabilidade acirra a concorrência e tende a ser fator de melhoria dos produtos/serviços disponibilizados no mercado.

Marques, ao tratar do tema do exercício do direito de escolha pelo consumidor, discorre:

> O Código de Defesa do Consumidor reconhece a importância das novas técnicas de vendas, muitas delas agressivas, do *marketing* e do

I – condicionar o fornecimento de produto ou de serviço ao fornecimento de outro produto ou serviço, bem como, sem justa causa, a limites quantitativos;
II – recusar atendimento às demandas dos consumidores, na exata medida de suas disponibilidades de estoque, e, ainda, de conformidade com os usos e costumes;
III – enviar ou entregar ao consumidor, sem solicitação prévia, qualquer produto, ou fornecer qualquer serviço; [...]
VI – executar serviços sem a prévia elaboração de orçamento e autorização expressa do consumidor, ressalvadas as decorrentes de práticas anteriores entre as partes; [...]
IX – recusar a venda de bens ou a prestação de serviços, diretamente a quem se disponha a adquiri-los mediante pronto pagamento, ressalvados os casos de intermediação regulados em leis especiais; [...]."

[209] PFEIFFER Roberto Augusto Castellanos. *Defesa da concorrência e bem-estar do consumidor*, p. 83-84.

> contrato como forma de informação do consumidor, protegendo o seu direito de escolha e sua autonomia racional, através do reconhecimento de um direito mais forte de informação (arts. 30, 31, 33, 34, 46, 48 e 54 do CDC) e um direito de reflexão (art. 49 do CDC).[210]

A proteção da liberdade de escolha do consumidor, ente mais fraco na relação de consumo, implica novos riscos para os fornecedores, que deverão ter mais cuidado ao elaborar seus produtos e ao executar seus serviços, riscos estes que não poderão ser transferidos aos consumidores na formação do preço.[211]

A formalização que renasce nesse novo modelo de contratação, no qual uma parte se encontra em extrema desvantagem porque é vulnerável, pode ser entendida também como instrumento de exercício do direito de escolha do consumidor.

A forma é instrumento que traz segurança e confiança ao consumidor e segundo Marques: "[...] leva o contratante a pensar na seriedade do ato que está empreendendo, contribui para que este conheça o teor da obrigação que está assumindo ou, pelo menos, protege e dá publicidade do ato para terceiros"[212]. É o que acontece, por exemplo, com os alimentos transgênicos (Decreto n. 4.680, de 24 de abril de 2003, que substituiu o Decreto n. 3.871/2001), com os chocolates com alta concentração de cacau, quando o poder regulamentador do Estado determinou que é dever dos fornecedores informar com exatidão a qualidade do seu produto para que o consumidor saiba exatamente o que está adquirindo, exercendo com liberdade e plenitude o seu direito de escolha.

Por fim, ressalta-se, junto com Pfeiffer, que a legislação de defesa do consumidor trata a tutela do direito de escolha pelo prisma comportamental, "impondo regras que disciplinam a conduta dos fornecedores, principalmente no que tange ao dever de informação, à vedação da publicidade enganosa e à livre escolha do fornecedor" [213].

[210] MARQUES, Cláudia Lima; BENJAMIN, Antonio Herman V. e; MIRAGEM, Bruno. *Comentários ao Código de Defesa do Consumidor,* p. 279-280

[211] MARQUES, Cláudia Lima; BENJAMIN, Antonio Herman V. e; MIRAGEM, Bruno. *Comentários ao Código de Defesa do Consumidor,* p. 280.

[212] MARQUES, Cláudia Lima; BENJAMIN, Antonio Herman V. e; MIRAGEM, Bruno. *Comentários ao Código de Defesa do Consumidor,* p. 280.

[213] PFEIFFER, Roberto Augusto Castellanos. *Defesa da concorrência e bem-estar do consumidor,* p. 98.

2.2.5 Princípios do Direito do Consumidor

A opção de abordar os princípios do direito do consumidor, entre tantos tratados na doutrina, objetiva dar um sólido suporte às conclusões deste estudo, especialmente em razão da estreita relação que os princípios escolhidos têm com o tema da publicidade, no que concerne ao controle desta atividade econômica e suas facetas pós-modernas.

A longa lista de princípios existentes na doutrina jurídica nacional não passa de álibi teórico, despida de normatividade, e prejudica a realização da ciência do direito. Portanto, não há razão para exagerar no seu elenco, que deve ser enxuto e objetivo relativo ao tema proposto.

Na linha de raciocínio de Pfeiffer, princípios são instrumentos que desempenham "a importante função de conferir coerência a um determinado sistema, conformando as normas que o integram, servindo como parâmetro hermenêutico para a sua intepretação"[214].

2.2.5.1 Princípio da Boa-Fé

Boa-fé é o imperativo categórico da prática publicitária, pois entre tantos fatores que autorizam tal conclusão o caráter nitidamente difuso da publicidade exige boa-fé do fornecedor e do publicitário. Condutas contrárias à boa-fé de ambos – fornecedor e publicitário – na publicidade poderá causar danos de proporções incontroláveis.

A precisão no estudo da boa-fé, certamente, evitará confusões técnicas até hoje encontradas na doutrina e na jurisprudência pátrias, que não raro confundem, por exemplo, a ideia de boa-fé com as ideias de justiça e de equidade.

A boa-fé deriva da nova concepção social de contrato, que tutela não mais o momento da criação do contrato, exclusivamente, mas se preocupa também com os efeitos do contrato na sociedade, procurando harmonizar interesses de consumidores e de fornecedores.

A Política Nacional das Relações de Consumo, tal como instituída pelo artigo 4º do Código de Defesa do Consumidor, foi concebida nesse viés social e

[214] PFEIFFER, Roberto Augusto Castellanos. *Defesa da concorrência e bem-estar do consumidor*, p. 98.

utiliza a boa-fé como fundamento para as práticas de mercado, associando-a à necessidade de harmonização dos interesses dos agentes da relação jurídica de consumo, sempre com base no equilíbrio entre consumidores e fornecedores.

A boa-fé passou a ter status de princípio máximo orientador do Código de Defesa do Consumidor.[215]

Para as relações de consumo, a exigência da boa-fé como princípio da Política Nacional das Relações de Consumo, relaciona-se diretamente com as práticas comerciais, entre elas a publicidade e os contratos de consumo. É fato que, ao conceber a peça publicitária, tanto o fornecedor quanto o publicitário que a idealizou devem agir com boa-fé, primando pela veracidade das informações prestadas, que serão objeto de crença e de confiança pelos consumidores.

A expressão "boa-fé", tomada de modo multifacetado designando muitas vezes fenômenos jurídicos diversos é alvo de inúmeros estudos, na tentativa de obter uma conclusão sobre a sua exata definição. A boa-fé, no entanto, resiste a esse esforço, já que não se trata de conceito unívoco, com um só significado.

Boa-fé é conceito aberto e a tarefa de concretização da boa-fé caberá ao operador do direito no momento da aplicação do texto normativo, como ensina Martins-Costa:

> A locução 'boa-fé' é uma expressão semanticamente vaga ou aberta e, por isso, carecedora de *concretização*, sendo a tarefa de concretizar sempre, e necessariamente, contextual. Por mais que seja manifesto um significado genérico do sintagma boa-fé – por todos compreensível, mas de pouco auxílio, justamente por conta da elevada genericidade – *especificar* o conteúdo de um comportamento pautado por esse modelo jurídico nos variados casos concretos é tarefa de difícil realização.[216]

O conceito e o conteúdo jurídico da boa-fé mantêm íntimo vínculo com as circunstâncias do caso concreto, os fatos e os fatores determinantes da sua aplicação à situação apresentada ao operador do direito.

[215] MARQUES, Cláudia Lima; BENJAMIN, Antonio Herman V. e; MIRAGEM, Bruno. *Comentários ao Código de Defesa do Consumidor*, p. 234.

[216] MARTINS-COSTA, Judith. *A boa-fé no direito privado* – critérios para a sua aplicação, p. 40.

A partir desse raciocínio, e utilizando novamente o ensinamento de Martins-Costa, para o estudo da boa-fé, a sua função ou funções tem mais valor do que propriamente a construção do seu conceito.[217]

Neste estudo, pretende-se compreender a função da boa-fé dentro do contexto da proteção e da defesa do consumidor e, principalmente, verificar como a referida expressão poderá auxiliar o consumidor na correção do conteúdo e do desvio da publicidade.

Duas são as vertentes concebidas para o estudo da função da boa-fé nas práticas de consumo: a boa-fé subjetiva e a boa-fé objetiva.

A boa-fé objetiva, também chamada de concepção psicológica da boa-fé, alude a um estado de consciência confiante daquele que contrata; trata-se de crença pessoal de um contratante nas expectativas geradas pelo outro polo da avença. Surge da confiança depositada pelo contratante na aparente regularidade e lisura da contratação. Consiste na crença que se tem na existência de um negócio jurídico liso e escorreito, no qual as partes poderão depositar sua confiança pessoal de que as regras nele contidas serão regular e integralmente cumpridas.

A boa-fé de caráter objetivo, consiste na "concepção ética da boa-fé" e em "fonte de direitos e obrigações"[218], e impõe aos contratantes o dever de comportamento segundo os usos e os costumes, sem deixar de lado a confiança depositada pelos consumidores nos fornecedores de produtos/serviços. Confiança é conceito presente em qualquer das funções atribuídas à boa-fé.

Martins-Costa assim define a boa-fé objetiva:

> O agir *segundo a boa-fé objetiva* concretiza as exigências de probidade, correção e comportamento leal hábeis a viabilizar um adequado tráfico negocial, consideradas as finalidades e a utilidade do negócio em vista

217 MARTINS-COSTA, Judith. *A boa-fé no direito privado* – critérios para a sua aplicação, p. 41.

218 "Diferentemente da boa-fé subjetiva, que atua muito mais como fonte de interpretação da manifestação de vontade unilateral ou negocial e interessa sobremaneira ao *princípio da autonomia da vontade*, a boa-fé *objetiva*, objeto do regulamento do CC 422, é *fonte de direito e de obrigações*, isto é, é fonte jurígena assim como a lei e outras fontes e está umbilicalmente ligada à força cogente que decorre das normas privadas, fruto do *princípio da autonomia privada*. Tanto o CC 112 quanto o CC 113 respeitam, direta e imediatamente, à boa-fé subjetiva, ao passo que o CC 422 refere-se à boa-fé objetiva [Grifos dos autores]." Cf. NERY JUNIOR, Nelson; NERY, Rosa Maria Andrade. *Instituições de direito civil*, p. 56-57.

> do qual se vinculam, vincularam, ou cogitam vincular-se, bem como o específico *campo de atuação* em que situada a relação obrigacional [Grifo da autora].[219]

A boa-fé objetiva tem três funções: criadora, limitadora e interpretadora. A função criadora alude aos deveres anexos aos contratos, como deveres de informação, de cuidado e de cooperação. A função limitadora reduz a liberdade de atuação dos parceiros contratuais ao estabelecer como abusivas algumas práticas e algumas cláusulas contratuais. A função interpretadora tem relação com a melhor linha de interpretação a ser dada a um contrato, especialmente um contrato de consumo.[220]

Cumpre destacar, no entanto, que é sempre muito difícil entender exatamente em que consiste esse comportamento, de acordo com as exigências de probidade e correção. Esse é, pois, o grande desafio que se coloca para o direito, em especial para o direito do consumidor, que tem a boa-fé como princípio de sua política nacional.

O mercado de consumo altera-se constantemente movido pelas necessidades e vontades de consumidores e de fornecedores, o que dificulta a padronização legal de condutas nas práticas comerciais. Com o desenvolvimento do comércio eletrônico e das redes sociais, essa dificuldade fica maior. As redes sociais transformaram a comunicação e, nesse sentido, uma nova concepção de boa-fé das relações deve ser construída no mercado de consumo, o qual deve manter–se saudável, principalmente no momento da aproximação de fornecedores e consumidores que se opera com a divulgação da publicidade.

Nas relações de consumo, a boa-fé objetiva exerce relevante papel de correção das condutas e encontra expressão nas ideias de equilíbrio e de transparência. A boa-fé pode ser entendida como critério de aferição da validade das cláusulas contratuais, tal como previsto no artigo 51 do Código de Defesa do Consumidor, se constatada violação a quaisquer princípios e normas que alimentam o sistema de proteção e de defesa do consumidor.

219 MARTINS-COSTA, Judith. *A boa-fé no direito privado* – critérios para a sua aplicação, p. 41.

220 MARQUES, Cláudia Lima; BENJAMIN, Antonio Herman V. e; MIRAGEM, Bruno. *Comentários ao Código de Defesa do Consumidor,* p. 234.

> Também o Código de Defesa do Consumidor situa a boa-fé objetiva em caráter geral, como princípio fundante da Política Nacional das relações de consumo (art. 4º, inciso III, *in fine*) e como critério de aferição da validade das cláusulas contratuais (art. 51, inciso IV). Nesse caso, pela extremada amplitude do texto legal, a boa-fé acaba por desempenhar função corretora do conteúdo contratual, promovendo o reequilíbrio de uma relação presumidamente assimétrica, por meio da revisão ou pela invalidação de cláusulas que venham a acentuar ou consagrar o desequilíbrio entre as respectivas posições jurídicas ('cláusulas abusivas'). [221]

A boa-fé nas relações de consumo tem conexão com os conceitos de vulnerabilidade e de transparência ao impor ao fornecedor o dever de aumentar a carga de informação sobre os produtos/serviços colocados no mercado de consumo. Além disso, boa-fé e veracidade ganham força e espaço, afinal, em respeito à boa-fé, exige-se do fornecedor veracidade na divulgação dos seus produtos/serviços. Eis aqui, portanto, um dos fundamentos para imputação de ilicitude às práticas publicitárias enganosas e abusivas.

A propósito, boa-fé, vulnerabilidade e transparência são noções interligadas, uma das funções da boa-fé é aumentar a carga de deveres informativos do fornecedor com vistas a "minimizar a vulnerabilidade do consumidor por meio da dação de informação veraz, útil e completa aos fins a que se destina"[222].

Em respeito à boa-fé, que tem a função intrínseca de corrigir o natural desequilíbrio contratual que presente na relação de consumo, exige-se do fornecedor que veicule informações objetivas, verazes e completas, já que a publicidade constitui comunicação emitida em relação jurídica assimétrica e dirigida a agente reconhecidamente mais frágil.

Veracidade e transparência, portanto, são deveres legais e essenciais para a formação de uma saudável relação de consumo. O direito de escolha do consumidor, diante de informações verdadeiras e de uma relação essencialmente transparente, será exercido de maneira mais saudável, o que trará mais harmonia e mais equilíbrio para a relação entre consumidores e fornecedores.

[221] MARTINS-COSTA, Judith. *A boa-fé no direito privado* – critérios para a sua aplicação, p. 43.
[222] MARTINS-COSTA, Judith. *A boa-fé no direito privado* – critérios para a sua aplicação, p. 302.

Portanto, se nas relações de consumo boa-fé implica o reconhecimento da necessidade de equilíbrio e de transparência entre consumidores e fornecedores, então contar histórias fantasiosas e não verazes na publicidade como se verdadeiras fossem e com o intuito de atrair consumidores para a aquisição de produtos é uma violação deste princípio, que não admite a prática de enganosidades, inverdades e mentiras no mercado de consumo.

2.2.5.2 Princípio da Veracidade

O princípio da veracidade é essencial para o estudo das práticas publicitárias ilícitas, especialmente aquela publicidade que tem a intenção de seduzir o consumidor, com histórias fantasiosas como se verdadeiras fossem. Veracidade de informações na publicidade veiculada no mercado de consumo significa essencialmente prática de boa-fé.

Em rigor, obrigar o fornecedor a agir com boa-fé no mercado de consumo é exigir dele verdade, lealdade e transparência, valores essenciais para a condução dos negócios no mercado de consumo, especialmente para a criação publicitária, pois a publicidade é o primeiro ato dirigido – e mais importante, já que se trata do momento de formação da vontade do consumidor – à contratação de consumo.

De acordo com o diploma legal consumerista, é lícita a mensagem publicitária inteiramente verdadeira. Assim também analisa Marques:

> O Código de Defesa do Consumidor introduziu no ordenamento jurídico brasileiro uma série de novos deveres para o fornecedor que se utiliza (patrocina) da publicidade no mercado, como método comercial e de incitação ao consumo. O principal destes deveres é o de 'veracidade especial'. A publicidade comunica, logo é forma de informação, mas também é livre para não trazer nenhuma informação precisa ou mesmo nenhum sentido, pura ilusão publicitária; mas, se trouxer alguma informação, seja sobre preço, sobre qualidade ou quantidade, sobre os riscos e segurança ou sobre características e utilidade do produto e do serviço, esta informação deve ser verdadeira.[223]

[223] MARQUES, Claudia Lima. *CDC comentado*. São Paulo: Revista dos Tribunais, 2013. p. 855.

O texto contido no artigo 37, § 1º, do Código de Defesa do Consumidor é claro ao definir como ilicitude na modalidade enganosa toda e qualquer publicidade inteira ou parcialmente falsa capaz de, por qualquer meio, induzir o consumidor em erro a respeito dos atributos do produto/serviço colocado no mercado de consumo.

A exigência de veracidade na publicidade tem íntima ligação com a publicidade enganosa, assunto que será abordado detalhadamente adiante.

A publicidade enganosa é, em resumo e na interpretação que se dá atualmente ao artigo 37, §1º do Código de Defesa do Consumidor, mensagem falsa a respeito dos atributos do produto/serviço disponibilizado no mercado de consumo. Portanto, será enganosa, por exemplo, a publicidade que falsear ou deixar de dar informações essenciais sobre os atributos do produto/serviço, pois induzirá o consumidor em erro. O fornecedor de produto/serviço que utiliza esse artifício viola o princípio da veracidade exigido na publicidade.

Contudo, no mundo pós-moderno, de comunicação em massa e em rede, com a concepção de novos mecanismos de publicidade, é necessário reavaliar e aprofundar o conceito de enganosidade para que não fique restrito aos atributos do produto/serviço. Em outras palavras, a pós-modernidade, com seus riscos e incertezas, exige uma ampliação desse conceito para que a enganosidade atinja outros mecanismos da publicidade e não só a divulgação dos atributos do que está sendo oferecido no mercado consumidor.

A exigência de ética e de boa-fé nos negócios jurídicos de consumo é a base do princípio da veracidade que deve ser observado na prática publicitária. O conteúdo da publicidade, portanto, precisa ser reconhecidamente correto e verdadeiro, em respeito à boa-fé e à lealdade que devem permear as relações de consumo.

Benjamim elege o princípio da veracidade como um dos mais importantes princípios que regem as relações de consumo. Para o autor, o Código consagrou o "princípio da veracidade da publicidade"[224] ao proibir e definir a publicidade enganosa (art. 37, § 1º). É também o princípio "[...] que tem

[224] BENJAMIM, Antonio Herman Vasconcelos e. *Código Brasileiro de Defesa do Consumidor comentado pelos autores do anteprojeto*, p. 334.

uma expressão legal mais antiga, mesmo quando o tratamento jurídico da publicidade não ultrapassava os limites da defesa da concorrência leal"[225].

No exercício de formação da autonomia da vontade, o consumidor deverá estar absolutamente livre para escolher e esta liberdade precisa ser compreendida como afastamento de qualquer possibilidade de equívoco.

O que se pretende com a exigência de veracidade na publicidade é a inexistência de ardis que provoquem no consumidor um encantamento enganoso, impondo limites à fantasia na comunicação social. O princípio da veracidade impede a criação de empatia do consumidor com base na mentira e em ilusões com o intuito de aproximar produtos e serviços de consumidores.

A prova da necessidade da veracidade na publicidade para consumo está definida no artigo 36, parágrafo único, do Código de Defesa do Consumidor, que impõe o dever do fornecedor de guardar consigo todas as informações técnicas necessárias para eventual comprovação da veracidade da sua mensagem publicitária.

O Código de Autorregulamentação Publicitária, no artigo 27, estabelece a mesma exigência, ao dispor que o anúncio deverá conter uma apresentação verdadeira do produto oferecido. Igualmente obriga o fornecedor a guardar o maior número de informações sobre o produto/serviço que coloca no mercado de consumo, seguindo a mesma dicção do Código de Defesa do Consumidor.

O artigo 27 em comento vai além na defesa da veracidade na publicidade comercial. Nos termos do seu segundo parágrafo, o anúncio publicitário não poderá conter informação de texto ou apresentação visual que direta ou indiretamente, por implicação, omissão, exagero ou ambiguidade, leve o consumidor a engano quanto ao produto anunciado, quanto ao anunciante ou seus concorrentes, tampouco quanto a natureza do produto, procedência, composição, finalidade, valor, preço e condições de pagamento.

Aliado ao princípio da veracidade encontra-se o princípio da lealdade publicitária, que veda práticas concorrenciais que utilizem a publicidade como mecanismo para atingir objetivos desleais.

[225] Carlos Ferreira de Almeida, *apud* BENJAMIM, Antonio Herman Vasconcelos e. *Código Brasileiro de Defesa do Consumidor comentado pelos autores do anteprojeto*, p. 334.

A importância do respeito à veracidade na publicidade comercial no Brasil pode ser constatada nas queixas formuladas ao Conselho Nacional de Autorregulamentação Publicitária (Conar). Dos 241 processos instaurados, 38% dos questionamentos e 30,1% das queixas de consumidores se referem à apresentação verdadeira.[226] É fato, portanto, que os consumidores brasileiros não admitem a ausência de veracidade no exercício da prática publicitária.

A mentira, a enganosidade e a falta de verdade na publicidade também podem ser entendidas como mecanismos para obstar a livre concorrência no mercado de consumo, o que acarretaria sérios e irreparáveis prejuízos ao consumidor e ao mercado como um todo.

2.2.5.3 Princípio da Correção do Desvio Publicitário

Dado o caráter difuso da publicidade, que na pós-modernidade ganhou força, eventuais incorreções, mentiras, enganosidades e abusividades difundem-se como rastilho de pólvora. Não há como negar que eventual dano decorrente da veiculação de uma publicidade ilícita pode atingir um sem-número de pessoas, sendo real e notória a dificuldade de identificar os eventuais consumidores lesados. Por essa razão, a doutrina preconiza a existência de outro princípio que regula as atividades no mercado de consumo: o princípio da correção do desvio publicitário.

O princípio da correção do desvio publicitário será entendido como aquele que determina ao fornecedor, que violou o dever de veracidade, o dever de corrigir a ilicitude, informando ao consumidor a verdade dos fatos.

Conforme afirma Lucia Ancona Lopes, esse princípio "consiste em medida que objetiva desfazer no imaginário dos consumidores a mensagem abusiva ou a qualidade enganosa do produto anunciado"[227].

A fundamental importância do princípio da correção do desvio publicitário também é ressaltada por Federighi, que o interpreta como "amenização dos

[226] CONSELHO NACIONAL DE AUTORREGULAMENTAÇÃO PUBLICITÁRIA. *Estatísticas de 2015* – processos instaurados até dezembro de 2015. Disponível em: <www.conar.org.br>. Acesso em 22 jul. 2016.

[227] DIAS, Lucia Ancona Lopez de Magalhães. *Publicidade e direito,* p. 90.

efeitos produzidos pela publicidade ilícita, como forma de dar efetividade à vedação das modalidades patológicas"[228].

A aplicação desse princípio é percebida, por exemplo, na veiculação de uma contrapropaganda, mecanismo que visa, como dito, desfazer o encantamento enganoso a que os consumidores foram submetidos e a falsa imagem ou abusividade criada no seu imaginário.[229]

A correção do desvio publicitário não raro é concebida como sanção administrativa, mas não se trata de medida punitiva, seja porque só pode ser imposta pela Administração Pública e pelo Poder Judiciário, seja porque não possui caráter preventivo, mas apenas parcialmente reparatório, pois a contrapropaganda vem atrás da publicidade patológica já efetivada, não havendo mais chance de reverter a sociedade de consumo ao status anterior à veiculação da publicidade ilícita.

2.2.5.4 Princípio da Proporcionalidade

O princípio da proporcionalidade é também conhecido como princípio da razoabilidade ou princípio de proibição do excesso. Todas essas denominações, no entanto, fundem-se na ideia de que qualquer limitação de iniciativa do Estado, nas suas inúmeras facetas, deverá ser proporcional, adequada e necessária.

Sobre o princípio da proporcionalidade, ensina Canotilho:

> O princípio da proibição do excesso, atrás considerado como um subprincípio densificador do Estado de direito democrático (cfr., *supra*), significa, no âmbito específico das leis restritivas de direitos, liberdades e garantias, que qualquer limitação, feita por lei ou com base na lei, deve ser adequada (apropriada), necessária (exigível) e proporcional (com justa medida).[230]

[228] Algumas notas sobre a publicidade no CDC. In: SODRÉ, Marcelo Gomes; MEIRA, Fabíola; CALDEIRA, Patrícia (Coord.). *Comentários ao Código de Defesa do Consumidor.* São Paulo: Verbatim, 2009.

[229] DIAS, Lucia Ancona Lopez de Magalhães. *Publicidade e direito*, p. 90.

[230] CANOTILHO, José Joaquim Gomes. *Direito constitucional e teoria da Constituição*, p. 457. E prossegue o professor lusitano: "A exigência da *adequação* aponta para a necessidade de a

Dessa lição, extrai-se o seguinte entendimento: seja qual for a medida adotada, seja por qual for a forma de apresentação do Estado, se verificada alguma restrição de direitos, mesmo que coberta pelo manto de legalidade, a publicidade deverá ser analisada sob o aspecto da proporcionalidade e será considerada inconstitucional se desmedida, desajustada ou desproporcional aos fins perseguidos pelo texto constitucional.

Com efeito, proporcionalidade não pode ser entendida como simples juízo de ponderação, pois abriria para o Judiciário a possibilidade de proferir decisões arbitrárias e discricionárias. Proporcionalidade é, portanto, agir em consonância com o texto normativo; aplica-se a partir de uma bipartição, qual seja, a proibição da proteção deficiente (*Untermassverbot*) e a proibição do excesso (*Übermassverbot*).[231]

Abboud resume bem a proporcionalidade:

> A proporcionalidade deve ser utilizada como parâmetro normativo para assegurar a preservação dos direitos fundamentais e a isonomia entre os jurisdicionados, seja contendo excessos do Poder Público *Übermassverbot*, seja em virtude da omissão (total ou parcial) do mesmo Poder que tenha deixado sem resguardo direito fundamental do cidadão, nesses casos aplica-se a *Untermassverbot*.[232]

Aqui, é oportuno mencionar que, neste trabalho, persegue-se a justificativa para uma restrição de direitos, uma restrição na atividade dos profissionais

medida restritiva ser apropriada para a prossecução dos fins invocados pela lei (conformidade com os fins). A exigência da *necessidade* pretende evitar a adopção de medidas restritivas de direitos, liberdades e garantias que, embora adequadas, não são necessárias para se obterem os fins de proteção visados pela Constituição ou a lei. Uma medida será então exigível, mas menos 'coactivo', relativamente aos direitos restringidos. O princípio da *proporcionalidade* em sentido restrito (= princípio da 'justa medida') significa que uma lei restritiva, mesmo adequada e necessária, pode ser inconstitucional, quando adopte 'cargas coactivas' de direitos, liberdades e garantias 'desmedidas', 'desajustadas', 'excessivas' ou 'despropositadas' em relação aos resultados obtidos.". CANOTILHO, José Joaquim Gomes. *Direito constitucional e teoria da Constituição*, p. 457.

[231] ABBOUD, Georges. Premissas fundamentais para o correto uso da proporcionalidade no direito. *Revista Eletrônica da Faculdade de Direito de Franca*, Franca, v. 5, n. 1. 2012. p. 149.

[232] ABBOUD, Georges. Premissas fundamentais para o correto uso da proporcionalidade no direito. *Revista Eletrônica da Faculdade de Direito de Franca*, Franca, v. 5, n. 1. 2012. p. 149.

da publicidade sob o comando e a autoridade dos *briefing* passados pelos fornecedores. Essa restrição tem guarida na exigência de boa-fé encontrada na pós-modernidade e pode ser extraída do texto constitucional, que exige, no arcabouço dos direitos fundamentais, a proteção e a defesa do consumidor.

Consoante o princípio da proporcionalidade, fica claro que a mencionada restrição de direitos não poderá ser exigência abusiva no mercado de consumo. Qualquer restrição à liberdade – que não é tão livre assim – de atuação dos fornecedores e dos seus agentes publicitários deverá ser observada e aplicada segundo a exigência da proporcionalidade e da proibição do excesso.

Há, como apontado, autorização constitucional para a atuação restrita dos fornecedores e de seus agentes publicitários no que tange à concepção e à divulgação de suas publicidades e ela deriva do fato de que não existe liberdade absoluta de manifestação de pensamento ou liberdade de manifestação de pensamento criativo dos publicitários, já que sua atividade é comercial e se dirige à venda de produtos e/ou prestação de serviços no mercado de consumo.

O princípio da proporcionalidade não pode ser entendido como mecanismo de solução rápida de qualquer questão jurídica, pois a pretensa rapidez redundará certamente em equívoco jurídico interpretativo.

A proporcionalidade também não poderá ser utilizada "como solução mágica para solucionar casos difíceis, vale dizer, a proporcionalidade não pode ser a muleta do Judiciário para legitimar o alcance de qualquer tipo de discricionariedade na solução do caso concreto"[233].

2.2.5.5 Princípio da Solidariedade

O postulado da solidariedade está estritamente ligado ao conceito de reciprocidade e prevê um conjunto de instrumentos dirigidos à persecução de uma existência digna, em uma sociedade livre e justa.

Do dicionário, retiram-se os seguintes significados do vocábulo solidariedade: "Ligação recíproca entre duas ou mais coisas ou pessoas, que são

[233] ABBOUD, Georges. Premissas fundamentais para o correto uso da proporcionalidade no direito. *Revista Eletrônica da Faculdade de Direito de Franca*, Franca, v. 5, n. 1. 2012. p. 151.

dependentes entre si."[234] e "Responsabilidade recíproca entre os membros de uma comunidade, de uma classe ou de uma instituição."[235].

Outra forma de compreender o que é ser solidário é associar a premissa universal de que o que vale para uma pessoa vale para outra; é tratar o outro como gostaria de ser tratado. Esse entendimento é confirmado por Moraes, no trecho colacionado a seguir:

> A solidariedade como valor deriva da consciência racional dos interesses em comum, interesses esses que implicam, para cada membro, a obrigação moral de 'não fazer aos outros o que não se deseja que lhe seja feito'. Esta regra tem conteúdo material, enunciando apenas uma forma, a forma da reciprocidade, indicativa de que 'cada um, seja o que for que possa querer, deve fazê-lo pondo-se de algum modo no lugar de qualquer outro'. É o conceito dialético de 'reconhecimento' do outro.[236]

No artigo 3º, inciso I, o texto constitucional define o objetivo fundamental da República Federativa do Brasil: construção de uma sociedade livre, justa e solidária. Desse dispositivo deriva que todos os textos normativos deverão ver na solidariedade um viés constitutivo e interpretativo e o Estado deverá agir para a sua consecução *in concreto*. Os indivíduos, tomando-se por base a premissa universal mencionada linhas atrás, deverão observar a atuação do outro, seja para respeitá-lo, seja para reprimi-lo por inobservância ao princípio da solidariedade.

Com esteio no princípio da solidariedade, salienta-se que o Estado e todos os membros da sociedade devem ter consciência dos reflexos e das consequências que seus atos poderão causar e as sanções que lhe serão impostas em caso de condutas que violem o sistema legal. Essa conclusão de que a solidariedade exige um conhecimento das consequências dos atos praticados, corresponde

234 Verbete: Solidariedade. MICHAELIS. Dicionário Brasileiro da Língua Portuguesa. Disponível em: <http://michaelis.uol.com.br/busca?id=2aBlW>. Acesso em: 2 nov. 2016.

235 Verbete: Solidariedade. MICHAELIS. Dicionário Brasileiro da Língua Portuguesa. Disponível em: <http://michaelis.uol.com.br/busca?id=2aBlW>. Acesso em: 2 nov. 2016.

236 MORAES. Maria Celina Bodin de. O princípio da dignidade humana. In: _____ (Coord.). *Princípios do direito civil contemporâneo*, p. 46.

à ideia de que a todos é exigido um comportamento que demonstre o cumprimento de deveres, que consiste no agir de forma solidária com todos os homens.[237]

No âmbito do direito do consumidor, em especial na concepção e na veiculação de publicidades, o princípio da solidariedade está presente no reconhecimento da vulnerabilidade do consumidor e na necessidade de controle do conteúdo da publicidade, dado o seu caráter eminentemente difuso. O propósito é evitar desvios e ilicitudes, consubstanciados em desrespeito à veracidade. Afora isso, o princípio da solidariedade está presente na divisão igualitária de riscos entre os diversos fornecedores da cadeia de produção, na responsabilidade objetiva, na desconsideração da personalidade jurídica e no reconhecimento da existência de direitos metaindividuais, que deverão ser tutelados pelo direito e protegidos pelo Estado.

2.2.5.6 Princípio da Vulnerabilidade

Quando se estuda o direito do consumidor, há ainda quem não compreenda bem o porquê de a legislação de regência tratar o consumidor como parte especial da relação de consumo e o porquê de lhe outorgar proteção diferenciada. A resposta está, evidentemente, na qualidade de vulnerável que o consumidor carrega consigo.

Vulnerabilidade, conforme destaca Schimitt, "deriva da terminologia latina *vulnus*, da qual se extrai o adjetivo *vulnerável*, traduz um indivíduo que pode ser facilmente ferido, atingido por algum mal [Grifo do autor]"[238]. É característica ontológica dos seres vivos, em especial dos humanos; é,

[237] Por mais paradoxal que pareça nestes tempos aparentemente dominados pelo egoísmo irresponsável, uma conclusão está, de algum modo, em sintonia com o momento presente, com o apelo forte que se faz à solidariedade, à solidariedade simultaneamente universal e intergeracional, uma ideia que, na opinião de alguns autores, suportaria mesmo uma nova forma de Estado – o Estado solidário, cuja marca residiria na solidariedade com todos os homens, sejam homens de hoje, sejam homens de ontem, sejam homens de amanhã. Em outras palavras, todos temos deveres em relação à humanidade presente, à humanidade passada e à humanidade futura. Cf. NABAIS, José Casalta. *A face oculta dos direitos fundamentais*: os deveres e os custos dos direitos. Disponível em: <http://www.egov.ufsc.br:8080/portal/sites/default/files/anexos/15184-15185-1-PB.pdf>. Acesso em: 20 out. 2016.

[238] SCHIMITT, Cristiano Heineck. *Consumidores hipervulneráveis* – a proteção do idoso no mercado de consumo. São Paulo: Atlas, 2013. p. 203.

portanto, a qualidade ou o estado de vulnerável e de frágil; é a vítima, o susceptível em uma determinada circunstância. Aquele que, enfim, está exposto a risco.

O Código de Defesa do Consumidor atribuiu qualidade jurídica à vulnerabilidade e lhe conferiu presunção absoluta, que não admite prova em sentido contrário. O referido texto normativo tem por objetivo preservar o consumidor de riscos originados no mercado de consumo, cuja exposição é mais intensa na sociedade pós-moderna.

A vulnerabilidade passou a ser, portanto, o vetor de aplicação de todo o sistema de proteção e de defesa do consumidor. É a espinha dorsal que sustenta a filosofia que orienta todo o sistema protetivo do consumidor[239], que não se confunde com hipossuficiência.

Vulnerabilidade é una e consiste, como analisado anteriormente, no reconhecimento da posição de fragilidade do consumidor em face do fornecedor. Independente de sua condição econômica, jurídica, social ou intelectual, o consumidor é vulnerável e ponto.

Hipossuficiência, por sua vez, alberga a dificuldade da exata compreensão técnica, jurídica, do que está sendo consumido e é invocada para concretizar o direito básico do consumidor, previsto no artigo 6, inciso VIII, do Código de regência, ou seja, inverter o ônus da prova para tornar a vida do consumidor mais fácil no processo. Aqui, sim, há distintas espécies de hipossuficiência, técnica, jurídica ou científica, fática ou socioeconômica e informacional.[240]

[239] A compreensão de que o consumidor é um agente vulnerável na relação de consumo passa a ser desenvolvida no início do século XX, com os abusos do mercado já demonstravam a fragilidade deste sujeito, bastante evidenciada, por exemplo, na instrumentalização característica dos negócios massificados, configurados em contratos de adesão, ou em condições gerais, figuras pré-redigidas pelos fornecedores, que, não raro, colocam os consumidores em posição de desequilíbrio negocial. Esses instrumentos passaram a ser regulados por leis, como é o caso, por exemplo, do art. 54 do CDC, que exige pautas mínimas de conformação desses instrumentos contratuais com a perspectiva de proteção do consumidor. Cf. SCHIMITT, Cristiano Heineck. *Consumidores hipervulneráveis* – a proteção do idoso no mercado de consumo, p. 206.

[240] O assunto também é objeto de análise de Antonio Herman de Vasconcelos e Benjamim, citado por Paulo Valério Dal Pai de Moraes: "A vulnerabilidade é um traço universal de todos os consumidores, ricos ou pobres, educados ou ignorantes, crédulos ou espertos. Já a hipossuficiência é marca pessoal, limitada a alguns – até mesmo a uma coletividade – mas nunca a todos os consumidores. A vulnerabilidade do consumidor justifica a existência do Código,

O reconhecimento da vulnerabilidade como princípio da Política Nacional das Relações de Consumo e como condição inafastável do consumidor na sua relação com os fornecedores no mercado de consumo deve orientar o intérprete na aplicação de qualquer texto normativo, especialmente aquele dirigido à proteção e à defesa do consumidor.

Justifica-se essa distinção do consumidor como ente vulnerável em razão do seu desconhecimento da técnica de produção de bens de consumo. A relação de consumo nasce naturalmente desvantajosa para o consumidor, razão pela qual, na busca da igualdade na lei e não só a igualdade perante a lei, o sistema jurídico presume a vulnerabilidade do consumidor para corrigir desvios nas práticas comerciais que de alguma forma possam ser prejudiciais ao consumidor ou colocá-lo em risco. A vulnerabilidade, portanto, reconhece a desigualdade na exata medida para promover a igualdade.

O princípio da vulnerabilidade, que consiste em princípio básico que justifica a existência e a aplicação da legislação consumerista, pressupõe a fragilidade do consumidor, reconhecendo ser ele potencialmente mais fragilizado na relação de consumo entabulada com o fornecedor, em razão do seu desconhecimento da técnica de produção e por não conhecer inteiramente a dinâmica do mercado de consumo, circunstâncias que o deixa à mercê do fornecedor.

O reconhecimento da vulnerabilidade serve, enfim, para equiparar os agentes do contrato e do mercado de consumo e dar sustentação à aplicação dos textos normativos de proteção e de defesa do consumidor.

E quando se fala sobre publicidade, cuja concepção e patrocínio estão muito longe do conhecimento e do controle dos consumidores, a vulnerabilidade se torna mais evidente, já que todos os consumidores são atingidos por uma avalanche de práticas publicitárias veiculadas nos mais variados meios de comunicação, especialmente, na atualidade, com o desenvolvimento de novos meios eletrônicos e proliferação das redes sociais, que se tornaram o mais moderno e também o mais voraz mecanismo publicitário de que se tem notícia.

A hipossuficiência, por seu turno, legitima alguns tratamentos diferenciados no interior do próprio Código como, por exemplo, a previsão de inversão do ônus da prova. (*Código de Defesa do Consumidor.* O princípio da vulnerabilidade no contrato, na publicidade, nas demais práticas comerciais. 3. ed. Porto Alegre: Livraria do Advogado, 2009. p. 132).

2.2.5.7 Princípio da Identificação Publicitária

O princípio a ser tratado nesta seção tem relevância para o escopo deste estudo. Afinal, é deveras importante o consumidor saber se está, ou não, diante de uma publicidade comercial.

A importância da identificação publicitária reside justamente no fato de que as histórias contadas pelos fornecedores nem sempre se apresentam como publicidade de imediato; quando tal acontece, há violação ao disposto no artigo 36 do Código de Defesa do Consumidor, o qual estabelece, de forma clara e categórica, que a publicidade deverá ser veiculada de tal sorte que o consumidor a identifique, fácil e imediatamente.

Assim, de acordo com princípio em comento, exige-se que a publicidade seja reconhecida de imediato tão logo exposta ao consumidor.

Nesse aspecto, o Código de Defesa do Consumidor é acompanhado pelo Código de Autorregulamentação Publicitária, que em seu artigo 28, seção 6, determina que o anúncio deve ser claramente distinguido como tal, seja qual for a sua forma ou o seu meio de veiculação.

O Conar, em obediência ao princípio da identificação publicitária, entende que mesmo a peça jornalística que de alguma forma divulgue ou promova a divulgação de produtos/serviços no mercado deverá destacar se se trata de peça publicitária, como ocorre muitas vezes com publicidades veiculadas por revistas ou jornais periódicos.

No direito europeu, não é diferente. A Diretiva 1989/552/CEE, quando versa sobre atividades de radiodifusão televisiva impõe que a publicidade televisiva e a televenda devem ser (i) facilmente reconhecíveis e distinguir-se do conteúdo editorial, sem prejuízo da utilização de novas técnicas publicitárias, (ii) claramente diferenciadas do restante da programação por meios ópticos e/ou acústicos e/ou espaciais.

Para o exercício da autonomia da vontade e correspondente direito de escolha uma condição básica é que o consumidor saiba discernir a mensagem patrocinada por fornecedores que querem vender seus produtos/serviços no mercado de consumo.

O princípio da identificação publicitária, nesse sentido, veda a publicidade subliminar – que atinge somente o inconsciente do consumidor –, e afeta também o *merchandising*, prática muito usual no mercado de consumo brasileiro, mormente em telenovelas e filmes.

Hoje, relativizou-se a dureza desse princípio, ao admitir o *merchandising*, desde que o telespectador seja informado que se trata de publicidade no início ou no fim do programa televisivo ou cinematográfico.

A norma do art. 36 do CDC não deve ser interpretada de forma a proibir a utilização do *merchandising* no Brasil. A solução estaria, como sugeriu Antonio Herman Benjamin (Benjamin, *Comentários*, p. 182-183), em esclarecer o consumidor-espectador, no início do espetáculo, nos créditos de apresentação do filme ou da novela, que os produtos não aparecerão por simples acaso, mas que se trata de uma forma de mensagem publicitária, se possível até citando as marcas dos produtos, o que seria uma 'dupla publicidade'.[241]

Enfim, fundamentado nos deveres de informação, transparência e boa-fé, o princípio da identificação publicitária pretende assegurar ao consumidor a prerrogativa de saber que "aqueles dados e informações transmitidos não o são gratuitamente e, sim, têm uma finalidade específica, que é promover a venda de um produto ou a utilização de um serviço"[242].

O fato de o consumidor muitas vezes não identificar se as histórias contadas são ou não publicidade, justifica o controle pelos órgãos de proteção e defesa do consumidor e pelo Judiciário, fundamentado no princípio da identificação publicitária.

2.2.6 Os Atores da Relação de Consumo

2.2.6.1 O Consumidor

A definição do conceito de consumidor ainda é tema muito debatido na doutrina e na jurisprudência que tratam do direito do consumidor, tanto no direito nacional como no direito estrangeiro.

Em 1988, a doutrina já vislumbrava a dificuldade de compreensão da figura jurídica do consumidor. Benjamin é um desses doutrinadores. Na sua visão:

[241] MARQUES, Cláudia Lima; BENJAMIN, Antonio Herman V. e; MIRAGEM, Bruno. *Comentários ao Código de Defesa do Consumidor*, p. 855.

[242] MARQUES, Cláudia Lima. *CDC comentado*, p. 854.

> Embora o vocábulo consumidor não esteja assentado como um conceito claro, já se podem identificar alguma área de disputa conceitual: a) quanto à natureza do sujeito protegido: pessoa natural ou jurídica; b) quanto à necessidade de vínculo contratual: só quando há contrato ou também nos casos de relações jurídicas extracontratuais; c) quanto à finalidade da aquisição do bem ou produto: para uso privado, pessoal, familiar, não profissional e comercial; d) quanto à qualidade do objeto da relação de consumo: apenas bens ou também serviços; e) quanto ao tipo de bens: só bens móveis ou também imóveis; f) quanto ao tipo de serviço: só serviços privados ou também serviços públicos.[243]

Muitas dessas diferenças apontadas por Benjamim já foram solucionadas, pois no presente não se duvida que (i) existem pessoas jurídicas consumidoras, (ii) há responsabilidade civil de natureza extracontratual na seara consumerista; (iii) bens e serviços estão sob a ingerência do Código de Defesa do Consumidor, e (iv) a lei consumerista também se destina à regulação de serviços públicos.

Contudo, ainda persiste a discussão acerca da compreensão exata da expressão "destinatário final".

Para deslindar a questão, a doutrina se dividiu entre finalistas e maximalistas, havendo hoje uma terceira teoria, criada nas sessões de julgamento do Superior Tribunal de Justiça, denominada "finalismo aprofundado" ou "finalismo mitigado", conceituação esta desnecessária, uma vez que o Código Civil promulgado no ano de 2002 satisfaz a necessidade específica de proteção daqueles agentes não consumidores. Por essa razão, não há mais necessidade de se estender o conceito de consumidor para aqueles que, de fato, não o são.

A propósito, cumpre esclarecer que ficarão de lado, nas seções seguintes, explicações sobre a teoria maximalista, suas premissas e consequências, ante o fato de não ser mais aceita como explicação do conceito de consumidor. Para a caracterização da relação de consumo, a doutrina e a jurisprudência atuais utilizam a teoria finalista e, para algumas hipóteses, a teoria do finalismo aprofundado, razão porque merecem ser abordadas aqui.

[243] *Apud* PFEIFFER, Roberto Augusto Castellanos. *Defesa da concorrência e bem-estar do consumidor.*

Nos termos do artigo 2º do diploma consumerista, consumidor é toda pessoa física ou jurídica que adquire ou utiliza produto ou serviço como destinatário final, expressão que se tornou a pedra de toque da definição desse elemento subjetivo da relação de consumo.

De acordo com a definição legal, consumidor é todo aquele que adquire ou utiliza produtos ou serviços disponibilizados no mercado de consumo em proveito próprio e/ou de sua família, afastado de qualquer atividade empresarial que vise ao lucro.

O legislador não considerou o consumidor do produto/serviço adquirido no mercado de consumo como insumo para a produção, mas sim, e tão somente, para satisfação de uma vontade própria e de sua família. Pode-se dizer então que não faria sentido algum aplicar o Código de Defesa do Consumidor aos empresários, já que o motor que impulsiona as normas de proteção e de defesa do consumidor é exatamente a condição de vulnerabilidade do consumidor, e ela não está presente na definição de empresário, que ao deter a técnica domina o mercado e mantém os consumidores sob o seu efetivo controle.

De acordo com a teoria finalista, e utilizando da expressão "destinatário final", pode-se distinguir bem as relações jurídicas decorrentes do consumo e as relações jurídicas comerciais.

Enquanto o conceito de relação de consumo abrange relações oriundas da aquisição pelo consumidor de produto/serviço como destinatário físico e econômico do produto, destinando-se a uso próprio do consumidor; a segunda espécie de relação jurídica apontada no parágrafo anterior é entabulada tão somente por empresários, a quem se aplicarão as normas do Código Civil pertinentes à atividade puramente empresarial, premida pela busca do lucro.

Forgioni é clara nesse sentido:

> A confusão entre os contornos do direito comercial e do direito do consumidor pode comprometer a percepção dos fundamentos do primeiro. As matérias possuem lógicas diversas, de forma que a aplicação do Código do Consumidor deve ficar restrita às relações de consumo, ou seja, àquelas em que as partes não se colocam e não agem como *empresa*. Ao contrário, se o vínculo estabelece-se em torno ou em decorrência da *atividade empresarial* de ambas as partes, premidas pela busca do lucro, não se deve subsumi-lo à lógica consumerista, sob pena

> de comprometimento do bom fluxo de relações econômicas [Grifo da autora].[244]

A teoria finalista, portanto, deu a cada relação jurídica, civil, comercial e de consumo, seu texto normativo apropriado: às duas primeiras, aplica-se o Código Civil e à terceira, o Código de Defesa de Consumidor, o que não significa que o empresário estará desprotegido. Pelo contrário, a legislação civil pós-2002 abarcou a orientação da Constituição Federal e do próprio Código de Defesa do Consumidor para criar um texto normativo que compreende as necessidades e os riscos da pós-modernidade quando trouxe ao texto legal princípios como a função social do contrato, a onerosidade excessiva e o instituto da lesão. Por isso, é desnecessária a criação de uma nova teoria que autorize a aplicação do Código de Defesa do Consumidor a relações que naturalmente seriam reguladas pelo Código Civil e que tem, conforme mencionado antes, normas adequadas às relações jurídicas entabuladas entre empresários, que no exercício da atividade empresarial usam produtos e contratam serviços como meios de obtenção do lucro e sucesso do seu empreendimento.

A jurisprudência bem demonstra que os Tribunais Superiores acolheram com rigor a teoria finalista como forma de interpretação da expressão "destinatário final" e de definição do conceito de consumidor.

Em dois momentos o Supremo Tribunal Federal sufragou a teoria finalista como a vigente no direito pátrio: em primeiro, em decisão proferida em homologação de sentença estrangeira, na qual a Suprema Corte brasileira afirmou que somente será considerado consumidor o destinatário final econômico do produto ou do serviço; em segundo, no julgamento de Ação Direta de Inconstitucionalidade do Código de Defesa do Consumidor no que toca a relações com instituições financeiras. Nesse julgamento, o Supremo Tribunal Federal decidiu aplicar o Código de Defesa do Consumidor aos serviços financeiros, ressaltando a importância da destinação física e econômica do produto/serviço para a conceituação de consumidor.

No entendimento do Superior Tribunal de Justiça, para a definição de relação de consumo e de consumidor aplica-se a teoria finalista. Se em um primeiro momento o Colendo Tribunal Superior manifestou-se pela aplicação

[244] FORGIONI, Paula A. *Contratos empresariais*. Teoria geral e aplicação, p. 33.

da teoria maximalista[245], posteriormente este entendimento foi modificado para solidificar a aplicação da teoria finalista[246].

Em suma, o Superior Tribunal de Justiça aplica a teoria finalista, considerando consumidor apenas aquele destinatário final físico e econômico do produto/serviço, que não os utilizará como insumo de produção e para a obtenção de lucro na atividade produtiva. Aplica, no entanto, a teoria do finalismo aprofundado para situações com uma nota de vulnerabilidade diferenciada.

De acordo, portanto, com a teoria finalista, estão de fora do Código de Defesa do Consumidor os empresários que adquirem ou utilizam produtos como insumo para a sua produção, como parte da cadeia de produção, cujo objetivo final é a obtenção de lucro no exercício da sua atividade comercial.

Ocorre, no entanto, que no Superior Tribunal de Justiça tomou corpo uma tendência nova de entendimento sobre o conceito de consumidor, de acordo com a teoria do finalismo aprofundado ou mitigado. Para a Corte Superior, na linha de raciocínio traçado por essa teoria, também poderão ser considerados consumidores aqueles que, provada a sua extrema vulnerabilidade, serão objeto de aplicação do Código de Defesa do Consumidor. Em outras palavras, em decorrência da vulnerabilidade constatada no caso particular, conclui-se pela destinação final do produto/serviço, mesmo considerando o fato de o empresário tê-lo adquirido para aplicação dentro de sua cadeia produtiva. Seria, segundo o entendimento do Superior Tribunal de Justiça, uma forma de solução para os casos difíceis. Por exemplo, no julgamento do Recurso Especial 1.195.642, do Estado do Rio de Janeiro, sedimentou a referida Corte:

> [...] numa relação interempresarial, para além das hipóteses de vulnerabilidade já consagradas pela doutrina e pela jurisprudência, a relação de dependência de uma das partes frente à outra pode, conforme

[245] BRASIL. Superior Tribunal de Justiça. Conflito de Competência n. 41.056 – SP 2003/0227418-6. Relator Ministro Aldir Passarinho Junior. R/P Acordão Ministra Nancy Andrighi. Brasília, DF. Julgamento 12.05.2004. Disponível em: <http://stj.jusbrasil.com.br/jurisprudencia/19382749/conflito-de-competencia-cc-41056-sp-2003-0227418-6/inteiro-teor-19382750>. Acesso em: 2 nov. 2016.

[246] BRASIL. Superior Tribunal de Justiça. REsp 541867 BA 2003/0066879-3. Relator Ministro Antônio de Pádua Ribeiro. R/P Acordão Ministro Barros Monteiro. Brasília, DF. Julgamento 10.11.2004. Disponível em: <http://stj.jusbrasil.com.br/jurisprudencia/7228240/recurso-especial-resp-541867-ba-2003-0066879-3/inteiro-teor-12975055>. Acesso em: 2 nov. 2016.

> o caso, caracterizar uma vulnerabilidade legitimadora da aplicação da Lei n.º 8.078/90, mitigando os rigores da teoria finalista e autorizando a equiparação da pessoa jurídica compradora à condição de consumidora.[247]

Como se vê, não se trata de caracterizar a relação interempresarial como de consumo; não há retrocesso ao início de vigência do Código de Defesa do Consumidor quando prevalecia o entendimento segundo a teoria maximalista, que pregava a aplicação do diploma consumerista para todas as relações de mercado.

A teoria do finalismo aprofundado será aplicada desde que: (i) haja uma relação interempresarial; (ii) haja relação de dependência de uma das partes do contrato frente à outra; e (ii) fique caracterizado o estado de vulnerabilidade legitimador da aplicação do Código de Defesa do Consumidor. Preenchidos esses requisitos, a pessoa jurídica consumidora de produtos/serviços que auxiliarão a sua atividade lucrativa será equiparada à condição de consumidora, podendo valer-se da norma protetiva.

Pela teoria finalista ampliada é possível estender a aplicação do Código de Defesa do Consumidor a situações nas quais em um polo está o fornecedor e no outro um empresário que contrata em condição de vulnerabilidade. Essa teoria deve ser adotada com reservas somente para os casos de evidente vulnerabilidade de um empresário em face de outro. É o estado de extrema vulnerabilidade a pedra de toque da aplicação dessa nova teoria.[248]

[247] BRASIL. Superior Tribunal de Justiça. REsp 1195642 RJ 2010/0094391-6. Relator Ministra Nancy Andrighi. Brasília, DF. Julgamento [s.d.]. Disponível em: <http://stj.jusbrasil.com.br/jurisprudencia/22829799/recurso-especial-resp-1195642-rj-2010-0094391-6-stj/relatorio-e-voto-22829801>. Acesso em: 28 out. 2016. No mesmo sentido: BRASIL. Superior Tribunal de Justiça. Resp 733.560/RJ (2005/38373-4). Relatora Min. Nancy Andrighi. Brasília, DF. Julgamento 11.04.2006. Publicação 02.05.2006. Disponível em:<stj.jusbrasil.com.br/jurisprudencia/7162544/recurso-especial-resp-733560-rj-2005-0038373-4/inteiro-teor-12886450>, Acesso em: 28 out. 2016; BRASIL. Superior Tribunal de Justiça. REsp. 1.321.083-PR (2002/0087622-9). Relator Min. Paulo de Tarso Sanseverino. Brasília, DF. Julgamento 13.06.2014. Disponível em: <http://www.jusbrasil.com.br/diarios/documentos/123942709/recurso-especial-n-1321083-pr-do-stj>. Acesso em: 28 out. 2016.

[248] No entanto, tal extensão deve ser utilizada com parcimônia, apenas excepcionalmente, sob pena de subverter os fundamentos da proteção do consumidor, admissível somente nas situações em que fique concretamente demonstrada a vulnerabilidade do adquirente, a ponto

Em se tratando de conceito de consumidor, ambas as teorias maximalista e finalista podem ser adotadas. Quanto às relações jurídicas civis, de consumo e aquelas decorrentes das atividades empresariais, todas elas tratam do consumidor puro, *standard*.

Contudo, o Código de Defesa do Consumidor prevê outras formas de conceituação do agente consumidor, conhecido como conceito equiparado de consumidor ou consumidor ficto, ou ainda, conforme Marques, adota-se uma "segunda linha ampliadora do impacto do CDC no mercado"[249].

Previstas nos artigos 2º, parágrafo único, 17 e 29 do Código de Defesa do Consumidor, as equiparações ao conceito de consumidor têm por objetivo ampliar a proteção consumerista àqueles que mesmo não caracterizados como consumidores podem ser atingidos ou prejudicados pelas atividades realizadas no mercado de consumo.[250]

No que tange à publicidade comercial, ganham destaque as equiparações feitas em relação à coletividade de consumidores (artigo 2º, parágrafo único) e àqueles que estão de alguma forma expostos às práticas comerciais realizadas no mercado de consumo (artigo 29).

Primeiro, o Código de Defesa do Consumidor equipara ao conceito de consumidor a coletividade de pessoas, ainda que indetermináveis, desde que haja, de alguma forma, intervenção nas relações de consumo. Nesse aspecto, o legislador consumerista visou à proteção da coletividade de consumidores, ante o seu caráter genérico, hermenêutico e aplicável a todo o Código de Defesa do Consumidor.

de permitir a sua equiparação a um consumidor. PFEIFFER, Roberto Augusto Castellanos. *Defesa da concorrência e bem-estar do consumidor*. p. 59.

249 MARQUES, Cláudia Lima; BENJAMIN, Antonio Herman V. e; MIRAGEM, Bruno. *Comentários ao Código de Defesa do Consumidor*, p. 119.

250 O ponto de partida dessa extensão do campo de aplicação do CDC é a observação de que muitas pessoas, mesmo não sendo consumidores *stricto sensu*, podem ser atingidas ou prejudicadas pelas atividades dos fornecedores no âmbito do mercado. Essas pessoas, grupos e mesmo profissionais podem intervir nas relações de consumo de outra forma e ocupar uma posição de vulnerabilidade. Mesmo não preenchendo as características de um consumidor *stricto sensu*, a posição preponderante (*Machtposition*) do fornecedor e a posição de vulnerabilidade dessas pessoas sensibilizaram o legislador e, agora, os aplicadores da lei. MARQUES, Cláudia Lima; BENJAMIN, Antonio Herman V. e; MIRAGEM, Bruno. *Comentários ao Código de Defesa do Consumidor*, p. 119.

Na opinião de Filomeno:

> [...] o que se tem em mira no parágrafo único do art. 2º do Código de Consumidor é a *universalidade, conjunto* de consumidores de produtos e serviços, ou mesmo grupo, classe ou categoria deles, e desde que relacionados a um determinado produto ou serviço, perspectiva essa extremamente relevante e realista [Grifo do autor].[251]

Na verdade, com essa equiparação, procura-se evitar a ocorrência de dano difuso, muito comum na seara da publicidade comercial, e permitir uma real defesa dos interesses dos consumidores, ante a sua situação de absoluta impotência em face do fornecedor e aos frágeis instrumentos de defesa dos seus direitos em um processo judicial. E, acrescenta-se, a proteção da coletividade de consumidores ganha especial papel diante da prática publicitária conhecida como *storytelling*, ou "histórias contadas", quando houver por parte do fornecedor a tentativa de sedução e de encantamento enganoso dos seus consumidores.

Outro conceito de consumidor que interessa ao estudo do controle da publicidade é aquele trazido no bojo do artigo 29 do Código de Defesa do Consumidor. Em uma clara definição de política legislativa e caracterizando-se como norma controladora e regulamentadora dos contratos comerciais para evitar o desequilíbrio das relações jurídicas de consumo e para reprimir o abuso do poder econômico, nos termos do citado artigo, equiparam-se a consumidores todas as pessoas determináveis, ou não, expostas às práticas nele previstas. Pretende o Código de Defesa do Consumidor a proteção de todos aqueles que de alguma forma estiveram ou estejam submetidos às práticas comerciais realizadas no mercado de consumo, mediante a análise do contrato de consumo em todas as suas fases. Assim, como se fez com a coletividade de consumidores, a equiparação àqueles expostos às práticas comerciais também tem por objetivo colocar nas mãos dos consumidores um importante instrumento de defesa.

[251] FILOMENO, José Geraldo Brito. *Código de Defesa do Consumidor comentado pelos autores do anteprojeto*, p. 43.

Em uma sociedade de consumo, pós-moderna e de risco, nada mais importante que ampliar o espectro do direito de defesa dos consumidores, especialmente no âmbito das práticas comerciais, que atingem diretamente os consumidores que com elas convivem diariamente.

Do conceito extensivo de consumidor emerge o entendimento de que a mera exposição às práticas comerciais já qualifica o receptor como consumidor. Em outras palavras, para efeitos da equiparação pelo artigo 29 do Código de Defesa do Consumidor não importa se houve consumo efetivo de um produto/serviço; a mera exposição já é razão bastante para qualificar o agente como consumidor, submetendo a relação jurídica às regras protetivas do referido diploma legal consumerista.

2.2.6.2 O Consumidor da Atividade Publicitária

Apoiada em doutrina estrangeira e em algumas decisões de tribunais proferidas no direito comunitário, parte da doutrina brasileira defende que o controle de ilicitude da publicidade deve abranger a investigação acerca do consumidor típico. Em outras palavras, para esse segmento da doutrina pátria o exame da licitude da publicidade passaria obrigatoriamente pela análise do público consumidor alvo.

Lopes, a exemplo do que se acaba de mencionar, manifesta a necessidade de exame do consumidor atingido pela publicidade para análise da ilicitude, que resolveu chamar de calibragem ou modulagem do padrão de consumidor médio.[252] E justifica da seguinte maneira:

> [...] torna-se fundamental definir e investigar também o grupo relevante de consumidores atingidos ou alcançados pela publicidade, aprofundando-se o julgador na investigação desses consumidores, reais ou potenciais, para fins de avaliação da enganosidade da publicidade.[253]

A crítica a essa doutrina é necessária diante da dificuldade que ela poderá trazer para a avaliação da ilicitude da publicidade, haja vista a tentativa de

[252] DIAS, Lucia Ancona Lopez de Magalhães. *Publicidade e direito*, p. 123.
[253] DIAS, Lucia Ancona Lopez de Magalhães. *Publicidade e direito*, p. 123.

imputar certa dose de subjetividade que a análise da ilicitude não tem, como se extrai da leitura do disposto no artigo 37 do Código de Defesa do Consumidor. Ao aceitar essa doutrina como válida, o intérprete estaria inserindo palavras no texto do artigo 37 do Código de Defesa do Consumidor.

A preocupação do legislador com o referido dispositivo legal, como se analisará no próximo capítulo, reside na informação errada ou na falta de informação quanto aos atributos do produto/serviço para caracterização da publicidade enganosa e com as palavras e/ou as imagens utilizadas pela publicidade para constatação da abusividade nesta prática comercial, nada mais. Portanto, ampliar os requisitos para exame da ilicitude da publicidade configura violação à lei e infração ao sistema de proteção e de defesa do consumidor instituído pelo código consumerista.

De fato, nenhuma interpretação deverá prejudicar os interesses do consumidor. A tentativa de criação de obstáculo interpretativo para apuração da ilicitude da prática publicitária certamente prejudicará a defesa e a proteção do consumidor, o que o sistema não permite.

O conceito de consumidor típico já foi estabelecido pelo texto normativo contido no artigo 2º do Código de Defesa do Consumidor. Por essa razão, eventual "calibragem ou modulagem do padrão de consumidor médio ao caso concreto", ou outros métodos que não estão previstos em lei e não encontram guarida no sistema de defesa do consumidor, tornam-se impertinentes.

Dado o caráter objetivo da análise da ilicitude da publicidade, mormente no tocante à enganosidade, o foco da análise do operador do direito é a própria publicidade e isso significa examinar se ela seria, ou não, capaz de enganar; se conteria, ou não, mensagem que atente contra a boa-fé e a veracidade.

Não há razão para análise ou constatação de possíveis "espécies de consumidores", uma vez que não existe tal previsão legal para esse fim. O controle nesse sentido deve recair sobre os atributos divulgados na peça publicitária e sobre os demais conceitos que envolvem o produto/serviço no caso da publicidade enganosa e sobre a mensagem transmitida na publicidade para apuração da abusividade.

A crítica se faz imperiosa àqueles que afirmam haver necessidade de análise do consumidor destinatário da publicidade. Considerar o exercício de raciocínio proposto por essa parte da doutrina implica sério risco de tornar uma análise, que é efetivamente objetiva, em exame eminentemente subjetivo.

O resultado da análise igualmente ficaria ao arbítrio do julgador, que não raro se equivoca nessa subsunção ao trazer para o texto normativo interpretação pessoal, que muitas vezes redunda em discricionariedades violadoras do sistema constitucional.

Para o desenvolvimento do argumento desta obra, a figura do consumidor destinatário da mensagem publicitária não será entendida como requisito para aferição da ilicitude da publicidade. Aqui, o foco de avaliação está efetivamente na peça produzida pelo profissional da publicidade a pedido do fornecedor do produto/serviço disponibilizado no mercado de consumo. Mais do que isso, estará também na deliberada vontade de enganar o consumidor com histórias contadas, que não condizem com a realidade dos fatos, na tentativa de induzir o consumidor a adquirir determinado produto ou contratar determinado serviço.

2.2.6.3 O Fornecedor

A esfera de aplicação do Código de Defesa do Consumidor está intimamente ligada aos conceitos fornecidos pelo texto normativo. Pode-se afirmar que esses conceitos, considerados elementos subjetivos e objetivos da relação de consumo, são relacionais, quer dizer: a identificação do consumidor em dada posição jurídica depende da existência do fornecedor na mesma relação, mas em posição exatamente oposta. Em suma, só existirá um quando houver o outro.

Em resumida definição, fornecedor é aquele que detém a técnica e que coloca o produto/serviço no mercado de consumo, assumindo o risco que tal conduta comporta.

O Código de Defesa do Consumidor adotou o critério mais abrangente para a qualificação do fornecedor da relação de consumo para que o maior número de relações pudesse estar no campo de aplicação do referido diploma protetivo.

A doutrina, por sua vez, e seguindo essa linha de abrangência, quanto ao conceito de fornecedor, criou as figuras de fornecedor: (i) fornecedor real, aquele caracterizado como toda pessoa física ou jurídica, pública ou privada, nacional ou estrangeira, bem como os entes despersonalizados que desenvolvem atividades de produção montagem, criação, construção, transformação, importação, exportação, distribuição ou comercialização de produtos ou prestação de serviços; (ii) fornecedor aparente, aquele que embora não tenha participado do processo de produção ou fabricação apresenta-se como consumidor em razão da colocação do seu nome no produto; e, por fim, (iii) fornecedor presumido, aquele que importa produtos ou os coloca no mercado sem identificação clara do seu fabricante, produtor, importador ou construtor.

Essa conduta abrangente do legislador decorre da ideia de reparação integral de eventuais danos causados aos consumidores. Ao aumentar o número de responsáveis, o legislador ampliou o leque de possibilidades disponíveis ao consumidor para a cobertura de eventuais riscos e danos.

Ser fornecedor implica necessariamente responsabilidade pela colocação de produtos/serviços no mercado de consumo, cuidando para que não estejam viciados e não tragam riscos à saúde e à segurança dos consumidores.

Marques, com propriedade, analisa:

> O art. 3° do CDC bem especifica que o sistema de proteção do consumidor considera como fornecedores todos os que participam da cadeia de fornecimento de produtos e da cadeia de fornecimento de serviços (o organizador da cadeia e os demais partícipes do fornecimento direto e indireto, mencionados genericamente como 'toda pessoa física ou jurídica, pública ou privada, nacional ou estrangeira, bem como os entes despersonalizados, que desenvolvem atividade de [...] prestação de serviços'), não importando sua relação direta ou indireta, ou extracontratual, com o consumidor.[254]

Com a ideia de definir de forma mais ampla o conceito de fornecedor, criou-se a figura do fornecedor equiparado[255], sempre na tentativa de aumentar o rol de responsáveis pelos riscos e danos existentes no mercado de consumo.

254 MARQUES, Cláudia Lima; BENJAMIN, Antonio Herman V. e; MIRAGEM, Bruno. *Comentários ao Código de Defesa do Consumidor*, p. 82.

255 "Fornecedor equiparado é aquele terceiro na relação de consumo, um terceiro apenas intermediário ou ajudante da relação de consumo principal, mas que atua frente a um consumidor (aquele que tem seus dados cadastrados como mau pagador e não efetuou sequer uma compra) ou a um grupo de consumidores (por exemplo, um grupo formado por uma relação

Da definição genérica de fornecedor, contida no artigo 3º do Código de Defesa do Consumidor, é certo que o fornecedor é o produtor de publicidade comercial e nesta qualidade deve primar pela ética, pela correção e pela verdade na criação e na veiculação das informações que publicará.

O sistema protetivo implementado pelo Código de Defesa do Consumidor não admite que sejam veiculadas publicidades criadas e patrocinadas por fornecedores de produtos/serviços no mercado de consumo que contenham ilicitudes de natureza abusiva e principalmente de natureza enganosa, decorrente, especialmente, das histórias contadas que venham a provocar no consumidor um ilícito encantamento enganoso.

Enfim, o Código de Defesa do Consumidor, em seu artigo 4º, inciso III, determina, como princípio da Política Nacional das Relações de Consumo, a harmonização dos interesses dos participantes das relações de consumo e a compatibilidade da proteção do consumidor com a necessidade do desenvolvimento econômico e tecnológico, de modo a viabilizar os princípios nos quais se funda a ordem econômica.

Com base nesse princípio, é imperioso concluir que, se de um lado o Código de Defesa do Consumidor, como texto normativo de ordem pública e de interesse social, visa à proteção do ator mais fraco da relação jurídica de consumo, de outro, ordena que não haja abusos na atuação do fornecedor no mercado de consumo, tampouco na prática da sua defesa, que devem, ambas, ser dirigidas pela boa-fé.

Os fornecedores de produtos/serviços devem estar cientes de que a Constituição Federal brasileira impôs a defesa do consumidor no ápice da interpretação dos textos normativos, seja qualificando-a como direito fundamental, seja apontando-a como princípio norteador da ordem econômica. Nesse sentido, fica claro que o mercado de consumo deve ser dirigido com vistas à defesa e à proteção do consumidor e assim evitar a prática de condutas ilícitas que contaminem a formação de sua livre vontade, tampouco o consumidor poderá em qualquer de suas práticas auferir vantagem manifestamente exagerada em face do consumidor.

de consumo principal, como a de seguro de vida em grupo organizado pelo empregador e pago por este), como se fornecedor fosse (comunica o registro no banco de dados, comunica que é estipulante no seguro de vida em grupo, etc.)." MARQUES, Cláudia Lima; BENJAMIN, Antonio Herman V. e; MIRAGEM, Bruno. *Comentários ao Código de Defesa do Consumidor*, p. 83.

Em vista da necessária proteção conferida ao consumidor – ator mais frágil no mercado de consumo – desautorizado está o raciocínio de muitos fornecedores, que, segundo uma equivocada avaliação econômica do direito (equivocada porque viola a autonomia do direito), aguardam decisões judiciais para provocar a solução das questões que envolvem consumidores e fornecedores no mercado de consumo. E, também, diante da equivocada alegação de que poucos reclamam e que a ação judicial ainda lhes traria alguma vantagem, muitos fornecedores deixam de cumprir, à luz do dia, as normas previstas no Código de Defesa do Consumidor, em detrimento da construção de uma sadia relação jurídica de consumo.

Portanto, agir de acordo com essa conduta é violar o princípio da Política Nacional das Relações de Consumo, que prevê uma necessária harmonia entre os agentes envolvidos na relação de consumo.

Na interpretação de Grudmann,

> [...] essa probabilidade (de que os consumidores se esforcem em impor seu direito), pelo menos na configuração atual dos Direitos Processuais, é evidentemente tão baixa que empresas, mesmo diante de uma manifesta fundamentação de pretensões reivindicadas perante elas, muitas vezes preferem não cumpri-las sistematicamente e aceitar uma condenação (com a consequência de arcar com os custos).[256]

De ponto de vista do mencionado autor, arcar com os custos dos litígios interpostos, mas, inversamente, não cumprir pretensões (em número suficiente), parece ser "rentável" em um mercado de massas, mesmo diante de uma evidente fundamentação.

Na forma preconizada pelo Código de Defesa do Consumidor, ao impor a sua Política Nacional das Relações de Consumo, é hora de se trabalhar com estímulos de efeito geral preventivo, exigindo uma nova conduta dos fornecedores, a começar pelo controle efetivo da publicidade no Brasil que, sob a égide da liberdade de manifestação de pensamento, acha-se no direito de lançar no mercado publicidades enganosas e abusivas, com sérios riscos de

[256] GRUDMANN, Stefan. *A proteção funcional do consumidor*: novos modelos de consumidor à luz das teorias recentes.

contaminar a formação de vontade dos consumidores com histórias contadas que provocam um ilícito encantamento enganoso.

Conforme afirma Carvalho:

> No âmbito da crise econômica de 2008, que ainda atinge os Estados onde o sucesso do direito do consumidor tem sido mais intenso ao longo das últimas décadas, 'o consumo tem estado no núcleo do furacão', primeiro devido ao aumento descontrolado do crédito e do consumo, seguido da sua redução abrupta. Já se pode observar uma estagnação, ou até uma diminuição, do nível de proteção dos consumidores. A nível europeu, a tendência de adoção de diretrizes de harmonização máxima constitui um bom exemplo de que a proteção do mercado prevalece atualmente sobre a proteção do consumidor.[257]

Resulta dessa análise que o ordenamento brasileiro não pode admitir que haja diminuição de direitos do consumidor, sob pena de flagrante violação da ordem constitucional em vigor.

2.3 O Controle da Publicidade

As mensagens publicitárias, bem sabemos, geram estímulos e alteram comportamentos no mercado de consumo. Consideradas no âmbito da atividade econômica, devem ser controladas para que se evite a prática de ilicitudes. Esse controle visa a um mercado de consumo sadio, no qual a formação da vontade do consumidor não seja contaminada. O consumidor deve ser livre, portanto, para escolher e o processo de escolha exige veracidade e ética, que serão, por assim dizer, os pilares do controle da publicidade, como nominado neste estudo.

A premissa definida neste trabalho é a de que há necessidade de se criarem sistemas de controle da publicidade, uma vez que a simples supressão da prática publicitária é algo inconcebível para um mercado de consumo que se

[257] CARVALHO, Jorge Morais. *Manual de direito do consumo,* p. 22.

pretende ativo e que descobre a cada dia uma nova forma de aproximação de fornecedores, produtos, serviços e consumidores.

A publicidade é atividade necessária para o impulso da atividade econômica do país, razão pela qual não se admite a ideia de suprimi-la do contexto social e econômico. O controle legal que se pretende para a publicidade não é uma forma inconstitucional de censura, mas um instrumento eficaz para se evitar o abuso que possa ser cometido em detrimento dos direitos do consumidor.[258]

O art. 5º do *Federal Trade Comission Act* norte-americano, com a Emenda de 1938, já previa o controle da publicidade, mas os Estados Unidos não deixaram de ser o país onde mais e melhor se desenvolveu a atividade e a criação publicitárias.

Assim, quando for constatada a nocividade da publicidade veiculada por fornecedores de produtos/serviços, nas figuras da abusividade e principalmente na forma de enganosidade, seja por ação ou por omissão, deverá ser retirada do mercado, mediante efetivo controle realizado pelo Estado.

Ao invés da supressão da publicidade, o que se pretende é a sua disciplina, seja pelo poder de controle do Estado, seja no âmbito privado, mediante mecanismos de autorregulamentação. E esse controle se torna mais relevante quando se tem, a cada dia, uma nova forma de captação de consumidores.

Reiteradas vezes já se mencionou que a pós-modernidade trouxe novos formato de mídia, como o Facebook, Instagram, blogs, entre outras. Esses novos mecanismos tecnológicos são a prova da necessidade de um efetivo controle das práticas publicitárias, haja vista os abusos cometidos por intermédio deles. A liberdade que se imagina ter na internet autorizaria um sem-número de pessoas à prática de desvios, o que deve ser evitado mediante um efetivo controle dessa atividade comercial no mercado de consumo.

2.3.1 Os Modelos de Controle da Publicidade Comercial

É fato que nenhum país do mundo consegue proteger os seus consumidores apenas com o exercício do modelo privado de regulação do mercado de

[258] NERY JUNIOR, Nelson. *O regime da publicidade enganosa no Código de Defesa do Consumidor*, p. 234.

consumo. Explica-se. Dois seriam os modelos básicos: o meramente privado e o normativo.

No modelo de regulação meramente privado, os próprios consumidores postam-se ao lado dos fornecedores de produtos/serviços que, juntos, eliminariam as práticas abusivas identificadas no mercado de consumo. Haveria, então, liberdade plena para que os agentes do mercado de consumo agissem para tentar evitar a ocorrência de danos. Contudo, essa possibilidade, na prática, mostrou-se inviável porque, como cediço, na disputa entre o fraco e o forte, a liberdade escraviza e a lei liberta.

Nessa esteira, foi necessário construir um segundo modo de regulação, fundado em normas imperativas de controle do relacionamento entre fornecedores e consumidores, para evitar que aqueles abusassem destes. É um modelo de intervencionismo estatal, encontrado em países de capitalismo mais arraigado.

De fato, como afirma Benjamim:

> [...] nenhum país do mundo protege seus consumidores apenas com o modelo privado. Todos, de uma forma ou de outra, possuem leis que, em menor ou maior grau, traduzem em um regramento pelo Estado daquilo que, conforme preconizado pelos economistas liberais, deveria permanecer na esfera exclusiva de decisão dos sujeitos envolvidos.[259]

Nos países que adotam o segundo modelo, intervencionista, o controle da atividade publicitária ocorre com a edição de leis esparsas, que regulam o mercado de forma específica, criam regulamento distinto para cada área de atuação no mercado de consumo. Outros países, no entanto, como é o caso do Brasil, preferem uma regulação mais sistemática, com um código que estabeleça um conjunto de princípios, regras e direitos que devem ser respeitados no mercado de consumo.

Assim é o Código de Defesa do Consumidor, que estabeleceu um mecanismo de controle estatal das práticas publicitárias, aí incluída a vedação da

[259] BENJAMIM, Antonio Herman Vasconcelos e. *Código Brasileiro de Defesa do Consumidor comentado pelos autores do anteprojeto*, p. 5.

enganosidade e da abusividade, na forma do disposto no artigo 37, §§ 1º e 2º, do diploma consumerista.

Há ainda, como se sabe, um Código de Autorregulamentação Publicitária, concebido pelo Conar, que estabelece princípios e regras criados pelos próprios pares, na tentativa de implantar no Brasil um sistema de regulamentação e de controle privados. Mas essa tentativa ainda não obteve o esperado êxito.

Antes de chegar à conclusão que se pretende quanto à caracterização de qual espécie de controle existe no Brasil, é correto afirmar que quatro são os modelos de regramento da publicidade comercial: o concorrencial, o informativo, a manipulação de preferências e o cultural. Quanto às formas de controle da publicidade comercial, são elas: autorregulamentar, estatal e mista. É o que se passa a abordar a seguir.

No modelo concorrencial, a publicidade deverá ser controlada para que o fornecedor que utiliza argumentos enganosos não alcance uma posição de vantagem em relação a outro que não adota a mesma conduta no mercado de consumo. Objetiva-se, portanto, a proteção da integridade da relação horizontal entre os diversos fornecedores.

A publicidade, nesse sentido, poderá ser utilizada como instrumento de favorecimento de manutenção de estrutura de oligopólios, o que dificultaria a entrada de novos concorrentes no mercado de consumo, prejudicando por via reflexa os consumidores. Essa é a crítica que se faz ao modelo concorrencial de controle da publicidade, que se limita à proteção da concorrência. Esse modelo deixa de constatar as imperfeições da publicidade no que tange à proteção e à defesa do consumidor. Em outras palavras, ao dar foco ao aspecto meramente concorrencial, esse modelo de regulação acaba deixando de lado a proteção dos consumidores, o que lhe retira legitimidade para ser fundamento do sistema de proteção e de defesa do consumidor.

Para o modelo informativo, a publicidade tem a finalidade tão só de informar; é o mecanismo por excelência de informação ao consumidor. Assim, qualquer que seja a forma de controle da publicidade, para esse modelo, deve-se assegurar a mais completa informação ao consumidor de sorte que a manifestação de vontade seja concebida de forma saudável, sem contaminações derivadas de enganosidades.

Se o fornecedor é o detentor da técnica, é ele o agente mais capacitado para dar ao consumidor do seu produto a informação necessária para que a sua manifestação de vontade seja autêntica, completa e não viciada, e acima de tudo veraz. Não basta que o fornecedor informe; a veracidade das informações prestadas pelo fornecedor ao consumidor deve prevalecer, para que aquele direito à saudável formação de sua manifestação de vontade se revele na prática.

A informação prestada pelo consumidor, por sinal, deverá vir na dose certa, pois a sua ausência representa enganosidade; o excesso de informação também pode revelar incurável desinformação.

No modelo informativo, a publicidade é um instrumento efetivo de informação de fornecedores para consumidores no mercado de consumo. O modelo dominante busca, por meio de informações, promover a saudável manifestação de vontade do consumidor com efetivas melhorias na formação e no desenvolvimento do mercado de consumo.

Na sociedade pós-moderna, de risco, de consumo e de superindividamento flagrante, a informação tornou-se um instrumento fundamental para que a manifestação de vontade do consumidor não seja viciada e para que se construa um mercado de consumo livre de desvios éticos e de falta de veracidade.

A informação, nesse sentido, transformou-se em verdadeira estratégia de precaução, pois o consumidor somente saberá o que está consumindo se tiver todas as informações necessárias, especialmente quanto à qualidade dos produtos/serviços e também quanto a possíveis riscos de dano.

Dos modelos de controle até aqui apresentados, o mais severo é o modelo de manipulação de preferências. A sua importância nesse estudo nasce da necessidade de se entender a publicidade como mecanismo de manipulação dos gostos e preferências dos consumidores no mercado de consumo.

Na sociedade de consumo pós-moderna, a publicidade deixou de ser preponderantemente informativa (mas deve continuar a sê-lo), dando lugar a uma prática que se vale de mecanismos de persuasão, de convencimento, de provocação de desejos e de estimulação de consumo. Não é de hoje que os publicitários estudam profundamente o comportamento dos consumidores para elaborar publicidades direcionadas.

Benjamim também disserta sobre o assunto:

> [...] não é de hoje que os economistas reconhecem poder a publicidade não só melhorar a concorrência no mercado e prover informação,

> como também transformar gostos através da 'diferenciação artificial' de produtos e serviços; é a base do *modelo da manipulação de preferências.* Com o desenvolvimento da sociedade de consumo, principalmente a partir dos anos 20, a publicidade passa então, por uma profunda alteração: deixa de cumprir um papel preponderantemente informativo e se transforma em instrumento de persuasão, orientando o consumo, estimulando as necessidades e ampliando a demanda, A 'revolução da informação', em sede publicitária, significou, paradoxalmente, o abandono de informação, em favor da persuasão, é a era da publicidade plena de sugestão e escassa de informação.[260]

O segredo, de fato, está em descobrir o equilíbrio entre a incitação ao consumo e persuasão dos consumidores, aspectos naturais das práticas publicitárias, e o dever dos fornecedores de bem informar os consumidores. A busca por esse equilíbrio é a razão do controle da publicidade, que nada tem de política ou de patrulha ideológica, mas sim objetiva uma efetiva otimização do funcionamento do mercado de consumo, para que as escolhas dos consumidores sejam livres.

A fantasia, o "contar histórias", a promoção da marca com histórias que atribuam credibilidade ao produto/serviço são todos mecanismos válidos de instigação e de persuasão ao consumo, desde que não trabalhem a fantasia como se verdade fosse nem utilizem a mentira para o exercício do convencimento do consumidor.

Para o modelo cultural, o controle da publicidade seria justificado pela sua dimensão cultural e estrutural e por haver uma dificuldade de o consumidor analisar criticamente o mercado. A publicidade, segundo esse modelo, seria um mecanismo de controle e de manipulação social. O controle e a regulamentação da publicidade seriam justificados pela dimensão cultural e estrutural do mercado de consumo, que cria dificuldades para que o consumidor pense de forma crítica e pela capacidade da publicidade de alterar comportamentos, códigos e padrões sociais.

[260] BENJAMIN, Antônio Herman Vasconcelos e. O controle jurídico da publicidade. *Revista de Direito do Consumidor,* São Paulo, Revista dos Tribunais, RDC 9/25, p. 57-105, 1994. (Doutrinas Essenciais de Direito do Consumidor). p. 88-89.

Enfim, a influência da publicidade no comportamento das pessoas dentro da sociedade de consumo é justifica bastante para que haja um controle, nos moldes do modelo cultural. Não há como negar que a publicidade influencia comportamentos da sociedade de consumo. As necessidades são as mesmas, mas os desejos dos consumidores certamente são provocados por instrumentos da sociedade de consumo, entre os quais a publicidade merece destaque.

O controle da publicidade no Brasil de hoje ocorre primordialmente no campo de informação e o propósito é verificar se as informações prestadas pelo fornecedor estão adequadas ou não aos parâmetros ditados pelo Código de Defesa do Consumidor e pelos demais textos normativos aplicáveis às relações de consumo.

Há, contudo, a necessidade de ampliação do mecanismo de controle dessa atividade comercial: se a fiscalização da prática publicitária está focada no cumprimento, ou não, do dever legal de informação sobre os atributos do produto/serviço, o controle no Brasil deve passar a residir também na escolha, pelos fornecedores e por seus publicitários, dos mecanismos de persuasão e de convencimento direcionados a consumidores e fornecedores. Explica-se: na pós-modernidade, com o aumento dos mecanismos de aproximação de consumidores e fornecedores trazidos pelas inovações tecnológicas do século XX, o controle, especialmente da veracidade, não poderá recair apenas nas informações veiculadas na publicidade acerca dos atributos do produto/serviço. As informações sobre a história do fornecedor e da sua marca devem, sim, ter algum tipo de controle.

A publicidade deve ser informativa: os fornecedores podem ter obtido bom êxito no seu intento de informar, mas, ainda assim, a publicidade pode ser controlada e nela detectadas práticas que fogem à licitude; práticas que, em prol da venda de produtos/serviços no mercado de consumo, tentam ser justificativas para a realização de um sem-número de práticas que são ilícitas e devem ser reconhecidas como tal.

2.3.2 Formas de Controle da Publicidade

O controle da publicidade é alvo de inúmeras críticas, pois é vista por muitos mais como um mecanismo de controle da liberdade do publicitário do que como forma de tornar o mercado de consumo mais sadio.

Por muito tempo – e isso ainda persiste em países em desenvolvimento –, a publicidade foi considerada livre de qualquer espécie de controle, ou seja, cada profissional tinha liberdade para agir como bem entendesse. Esse comportamento, que autoriza cada um a agir de acordo com a sua consciência para concepção e veiculação da publicidade está em extinção. Na verdade, não se admite mais a ampla liberdade de agir do profissional da publicidade para que não se estabeleça um mercado de consumo muito propenso a enganar os consumidores, com valores éticos sendo subvertidos em prol da venda de produtos/serviços.

A propósito, a publicidade pode ser controlada de três formas: controle autorregulamentar puro, controle estatal puro e controle misto.

O controle autorregulamentar puro é um tipo de controle exclusivamente privado, interno, feito pelos próprios publicitários. Para os adeptos dessa forma de controle, somente o setor publicitário, mediante a aplicação dos seus códigos de ética, estaria capacitado e legitimado para realizar um efetivo controle de ilicitudes nas práticas publicitárias.

Na autorregulamentação pura, os publicitários seriam os únicos capazes de impor disciplina, regramento e controle sobre a publicidade e somente eles poderiam verificar os critérios éticos da criação e da veiculação publicitária. Por isso, entendem os defensores da autorregulamentação pura que toda e qualquer tentativa de controle estatal da publicidade não seria, portanto, adequada.

As vantagens do sistema exclusivamente privado de controle da publicidade seriam basicamente a celeridade das decisões, a gratuidade para os consumidores e o peso moral que esse autocontrole representaria, já que são decisões oriundas dos próprios publicitários.

Há, no entanto, um entrave ético no autocontrole puro, que consiste no corporativismo dos publicitários, um perigo para a eficiência das decisões. Os órgãos de autocontrole são formados por profissionais de publicidade, ficando as associações de consumidores em uma posição minoritária, o que poderá resultar, em certo receio de efetivo controle e de punição de pares. As decisões proferidas pelos próprios publicitários, nesse sentido, podem não ser tão duras quanto deveriam ser.

Enfim, o poder de vinculação das decisões na forma de autocontrole privado puro é bastante restrito e o poder de aplicação de sanções deveras limitado, pois constituem mecanismos de baixo poder coercitivo. Trata-se de meras recomendações feitas pelos próprios pares aos controlados e não sanções efetivas aplicadas pelo Poder Judiciário, como se vê no controle com a participação do Estado.

A forma de controle vigente no Brasil, o controle estatal puro, pressupõe que somente o Estado, mediante a ação dos órgãos públicos de proteção e de defesa do consumidor e a prolação de decisões judiciais, é capaz de promover um controle efetivo sobre a prática publicitária, com a aplicação de sanção administrativa e judicial aos anunciantes que veicularem mensagens publicitárias ilícitas.

A favor da forma de controle estatal puro milita o alto número de instrumentos de sanção, de coerção, de execução de suas decisões para coibir a lesividade da publicidade. Contra este tipo de controle pesa o fato de o Estado ser um conhecido mau gerenciador dos seus negócios, além do formalismo das suas ações, o que provoca lentidão na tomada de decisões e na aplicação de sanções.

A demora nas decisões judiciais é um fato a ser analisado quando se fala em controle judicial da publicidade no Brasil. O atraso nas decisões judiciais, mormente a demora em aplicá-las, torna o controle estatal menos efetivo.

De fato, o problema não está na atribuição ao Estado de controlar a publicidade, a questão reside na sua ineficiência em promover uma justiça célere, o que não é "privilégio" do controle judicial da publicidade, mas grave "doença" que atinge todo o sistema judicial brasileiro.

Impedir o controle judicial tão somente pela razão de sua demora é inaceitável. O que se deve fazer é promover uma profunda reforma do sistema judicial brasileiro para que as decisões judiciais sejam proferidas e cumpridas em menor tempo, a fim de que se entregue efetividade a consumidores que porventura sintam seus direitos violados em razão de veiculação de publicidades ilícitas.

A forma mista de controle da publicidade congrega os dois tipos de controle, o estatal e o privado. Em termos de efetividade, o controle misto é a forma de controle, talvez, a mais recomendável porque nele convivem em harmonia o sistema privado, autorregulamentar, e o sistema de controle pelo Estado. Pode-se dizer que nessa forma de controle os direitos público e privado se confundem.

O controle misto é considerado pela doutrina nacional como o modelo ideal, um "caminho do meio" na definição de Benjamin, pois congrega a efetividade e a rapidez naturais do controle privado e a força sancionatória do controle estatal.[261] Segundo o autor:

> Parte-se do pressuposto que a auto-regulamentação não exerce sobre os seus regulados uma autoridade suficiente a ponto de tornar-se desnecessária a intervenção estatal, e que esta, ao ser aplicada isoladamente, apresenta igualmente riscos para o consumidor.[262]

A existência do controle misto revela as deficiências dos sistemas autorregulamentar puro e estatal e a tentativa de corrigi-las com as qualidades dos próprios sistemas. Explica-se: a ineficiência do Estado é corrigida pela efetividade do controle privado e a ausência de poder de sanção dos órgãos autorregulamentares é afastada com o poder sancionatório do Estado.

Aqui se encaixa a ideia de que um controle efetivo da publicidade passa por uma mistura de a) responsabilidade empresarial, individual e coletiva, b) adoção de um sistema de autorregulamentar e c) controle pelo Estado.

De fato, "a regulamentação estatal e a auto-regulamentação são parceiros naturais na melhoria dos padrões de comportamento empresarial". Neste sentido, a autorregulamentação passa a ser um instrumento a mais, não afastando – porque compatível com ela – a regulamentação estatal.[263]

2.3.3 O Controle Estatal da Publicidade no Brasil e o Conar

É certo que não há liberdade plena para os publicitários, mas também não há liberdade absoluta no controle da publicidade. Àqueles que são atribuídos

[261] BENJAMIN, Antonio Herman Vasconcelos e. O controle jurídico da publicidade. *Revista de Direito do Consumidor,* São Paulo, Revista dos Tribunais, RDC 9/25, p. 57-105, 1994. (Doutrinas Essenciais de Direito do Consumidor). p. 95-97.

[262] BENJAMIN, Antonio Herman Vasconcelos e. O controle jurídico da publicidade. *Revista de Direito do Consumidor,* São Paulo, Revista dos Tribunais, RDC 9/25, p. 57-105, 1994. (Doutrinas Essenciais de Direito do Consumidor). p. 95-97.

[263] BENJAMIN, Antonio Herman Vasconcelos e. O controle jurídico da publicidade. *Revista de Direito do Consumidor,* São Paulo, Revista dos Tribunais, RDC 9/25, p. 57-105, 1994. (Doutrinas Essenciais de Direito do Consumidor), p. 95-97.

poderes para o efetivo controle da publicidade, seja no modelo autorregulamentar, seja no estatal, são impostos limites para que o controle não se transforme em medida de arbitrariedade.

Com efeito, somente será objeto do controle da publicidade o agente que promover a veiculação de publicidade ilícita. A legislação especial, o Código de Defesa do Consumidor e outros textos normativos aplicáveis às relações de consumo já estabelecem quem são os agentes da publicidade e por essa razão somente os anunciantes que se apresentam como fornecedores de produtos/serviços, na exata definição trazida no bojo do artigo 3º do diploma consumerista, sujeitar-se-ão ao controle da publicidade.

Contudo, não é somente o anunciante que estará sujeito ao controle da publicidade, seja de natureza privada, seja estatal. Como mencionado antes, todos aqueles que concorrerem para a prática de publicidade ilícita estarão incluídos no campo do controle e da responsabilização, em maior ou menor medida. A regra de solidariedade na responsabilidade civil nas relações de consumo é plenamente aplicável à publicidade. Acrescente-se que o anunciante, a agência, o veículo e a celebridade terão suas responsabilidades apuradas por ocasião da veiculação da publicidade ilícita no mercado de consumo.

No Brasil, o controle é de natureza essencialmente estatal, uma vez que somente o Estado tem poder para exercer controle efetivamente sancionatório da publicidade. Esse controle, portanto, materializa-se com a aplicação de sanções, medidas estas que são apresentadas em especial pelo Código de Defesa do Consumidor, em seu artigo 56, e que somente poderão ser aplicadas pelos órgãos administrativos estatais de proteção e de defesa do consumidor e pelo juiz de direito.

Há órgãos privados, como é o caso do Conar, que são desprovidos do poder de sanção exclusivo do Estado, apenas podem recomendar alterações/supressões nas publicidades que se mostrarem contrárias ao sistema de proteção e de defesa do consumidor.

As recomendações que partem desses órgãos não são demonstrações de efetivo poder de controle, pois são aceitas não em razão do poder atribuído ao órgão, mas porque há um respeito dos publicitários com relação às decisões proferidas pelo órgão regulamentar, composto por seus próprios pares.

Não é demais lembrar que a participação de outros representantes da sociedade civil no órgão autorregulamentar é ínfima, o que também retira da sua esfera de ação a natureza de controle que se vê na atividade reguladora do Estado.

Segundo Pasqualoto:

> No Brasil, a auto-regulamentação tem apenas caráter ético, afetando limitadamente os que voluntariamente se vinculam ao sistema associativo comandado pelo CONAR – Conselho nacional de Autoregulamentação Publicitária. A coexistência dessas duas esferas – a ética e a legal – leva muitos autores a afirmar que se pratica, no Brasil, um regime misto de controle da publicidade.[264]

E prossegue:

> [...] seria preciso que a lei estatal reconhecesse o sistema privado, tal como é feito, por exemplo, com o Sistema Nacional de Defesa do Consumidor. O SNDC é misto na medida em que é composto por entidades públicas e privadas de defesa do consumidor, tal como dispõe o art. 105 do CDC, assim como é misto o sistema de ações coletivas, haja vista a legitimação processual expressa das associações de defesa do consumidor.[265]

Da doutrina de Federighi, retira-se a seguinte análise:

> [...] por mais que a auto-regulamentação tenha buscado princípios éticos para o refreamento dos excessos da atividade, é difícil imaginarmos um regramento eficaz sem a intervenção da sociedade civil. Ademais, o Código de Defesa do Consumidor consolidou a preocupação com a sanção, que antes não havia, nem sequer nos limites de atuação do CONAR, que não tinha poderes sequer para retirar a publicidade abusiva do ar, nem determinar a contrapublicidade.[266]

[264] PASQUALOTO, Adalberto. Direito e publicidade em ritmo de descompasso. *Revista de Direito do Consumidor,* São Paulo, Revista dos Tribunais, RDC 100, julho-agosto 2015. p. 520-521.
[265] PASQUALOTO, Adalberto. Direito e publicidade em ritmo de descompasso. *Revista de Direito do Consumidor,* São Paulo, Revista dos Tribunais, RDC 100, julho-agosto 2015. p. 520-521.
[266] FEDERIGHI, Suzana Maria Pimenta Catta Preta. *Publicidade abusiva* – incitação à violência, p. 127-128.

O controle da atividade publicitária no Brasil, como abordado em linhas anteriores, atende ao princípio da veracidade. Pelo comando do artigo 37, §§ 1º e 2º, do Código de Defesa do Consumidor, são vedadas, mediante controle estatal, publicidade enganosas, que induzam o consumidor em erro pela informação equivocada ou pela ausência de informação, e a publicidade abusiva, que consiste na prática de publicidade com desvio ético, veiculada com desrespeito a valores éticos considerados caros pela sociedade e que devem ser protegidos pelo Estado.

Constatada a ocorrência de publicidade ilícita, o controle estatal brasileiro permite a aplicação de sanções da natureza civil-administrativa e de natureza penal. São sanções administrativas relativamente à publicidade: multa, suspensão temporária da atividade e imposição da contrapropaganda. As demais sanções se aplicam, regra geral, em hipóteses outras que não a prática publicitária, mormente quando envolver riscos à saúde e à segurança.

As sanções administrativas serão aplicadas tão somente pelas autoridades administrativas e/ou pelo juiz de direito, sempre no âmbito de suas atribuições, podendo ser inclusive cumulativas, em medidas que asseguram as tutelas de urgência.

Das sanções administrativas, ganha destaque no tema da publicidade a contrapropaganda, certamente a modalidade de sanção administrativa mais temida entre os fornecedores que praticam a publicidade ilícita.

Na forma adotada pelo texto normativo contido no artigo 60 do Código de Defesa do Consumidor, toda vez que for constatada a prática de publicidade ilícita, seja na forma abusiva ou enganosa, por ação ou omissão, será cominada a imposição da contrapropaganda.

A legislação, de fato, não traz a exata definição do que seria a contrapropaganda. Há, contudo, a possibilidade de definir a contrapropaganda ou contrapublicidade, para ser mais correto, como a medida imputada ao fornecedor quando se constatar a prática de uma das formas de publicidade ilícita. Nesse caso, o fornecedor deverá veicular nova peça publicitária, às suas expensas, na qual deverá desfazer a ilicitude cometida anteriormente. Em outras palavras, o fornecedor, mediante a veiculação de contrapublicidade, deve desfazer o malefício – para usar o termo do texto do artigo 60 do Código de Defesa do Consumidor – causado pela veiculação de mensagem contrária à ética ou mensagem que não condiz com a veracidade exigida, ou, ainda, mensagem que não traga em seu bojo as informações necessárias para o bom e o correto entendimento da mensagem publicitária e dos atributos do produto/serviço que está tentando vender.

Quanto aos seus efeitos, a contrapublicidade tem caráter reparatório, diferenciando-se de outras sanções administrativas que possuem caráter eminentemente preventivo, como a suspensão da atividade ou a apreensão de determinado produto. Difere-se, por exemplo, como aponta Federighi, da *contre-publicitè*, que para os franceses tem a função de difundir críticas sobre produtos/serviços colocados no mercado de consumo e é realizada, em regra, pelos órgãos de proteção e de defesa do consumidor.[267]

De toda sorte, a contrapropaganda é uma medida efetiva e atinge o bolso do fornecedor, que será obrigado a custear uma campanha que apontará as falhas de sua peça publicitária.

O objeto da contrapropaganda, pode-se dizer, é informar o consumidor da veiculação de uma publicidade ilícita no passado; deve ser realizada no mesmo veículo, com a mesma intensidade e mesma duração. Além disso, a contramensagem, ou seja, a mensagem em sentido exatamente oposto àquela veiculada na mensagem ilícita, deve ser clara o bastante para que possa ser bem compreendida pelo consumidor.

A contrapropaganda deve chamar a atenção para o valor ético que foi ameaçado pela publicidade, para o erro a que foi induzido o consumidor, ou para a completude da mensagem que no primeiro momento se mostrou deficitária.

Enfim, no que tange à contenção e à correção do desvio publicitário, a contrapropaganda é um mecanismo eficaz de sanção administrativa a fornecedores ávidos para vender seus produtos/serviços, utilizando artifícios vedados pelo Código de Defesa do Consumidor e demais textos normativos aplicáveis à publicidade.

Em sede penal, o Código de Defesa do Consumidor definiu como crime fazer afirmação falsa ou enganosa ou omitir informação relevante sobre natureza, característica, qualidade, quantidade, segurança, desempenho, durabilidade, preço ou garantia de produtos ou serviços colocados no mercado de consumo; fazer ou promover publicidade que sabe ou deveria saber ser

[267] FEDERIGHI, Suzana Maria Pimenta Catta Preta. *Publicidade abusiva* – incitação à violência, p. 127-128.

enganosa ou abusiva; sabe ou deveria saber que poderia induzir o consumidor a se comportar de forma prejudicial ou perigosa a sua saúde ou segurança; e, por fim, deixar de organizar dados fáticos, técnicos e científicos que dão base às afirmações veiculadas pela publicidade.

Esse é o controle estatal vigente no Brasil mediante a aplicação de sanções administrativas.

A autorregulamentação, por sua vez, é exercida pelo Conar e seu instrumento é o Código Brasileiro de Autorregulamentação Publicitária, que nasceu no fim da década de 1970, fruto do receio dos profissionais da publicidade quanto a uma possível censura prévia das peças publicitárias. Tentava-se, à época da ditadura militar, criar um departamento governamental que fiscalizaria a publicidade antes de sua veiculação.

O papel da autorregulamentação na verificação de práticas ilícitas na publicidade é fundado em alguns princípios básicos que muito se assemelham àqueles em que se baseia a publicidade no Código de Defesa do Consumidor.

Em outros países, há organismos de autorregulamentação publicitária semelhantes ao que é encontrado no Brasil com o Conar[268]. Na Inglaterra, a

[268] Desde então, e até esta data, o Conar já instaurou mais de sete mil processos éticos e promoveu um sem-número de conciliações entre associados em conflito. Nunca foi desrespeitado pelos veículos de comunicação e nas raras vezes em que foi questionado na Justiça, saiu-se vitorioso. Rápido e inimigo do excesso de formalismo, o Conar revela-se um tribunal capaz de assimilar as evoluções da sociedade, refletir os avanços, as particularidades, as nuanças locais. Não é, nem de longe, uma entidade conservadora, nem poderia, pois publicidade e conservadorismo decididamente não combinam. Os preceitos básicos que definem a ética publicitária são: – todo anúncio deve ser honesto e verdadeiro e respeitar as leis do país, – deve ser preparado com o devido senso de responsabilidade social, evitando acentuar diferenciações sociais, – deve ter presente a responsabilidade da cadeia de produção junto ao consumidor, – deve respeitar o princípio da leal concorrência e – deve respeitar a atividade publicitária e não desmerecer a confiança do público nos serviços que a publicidade presta. O Conar atende a denúncias de consumidores, de autoridades, de seus associados ou ainda as formuladas pela própria diretoria. Feita a denúncia, o Conselho de Ética do Conar – órgão soberano na fiscalização, julgamento e deliberação no que se relaciona à obediência e ao cumprimento do disposto no Código – se reúne para realizar o julgamento, garantindo amplo direito de defesa ao acusado. Se a denúncia tiver procedência, o Conar recomenda aos veículos de comunicação a suspensão da exibição da peça ou sugere correções à propaganda. Pode ainda advertir o anunciante e a agência. O Conselho de Ética está dividido em oito Câmaras, sediadas em São Paulo, Rio, Brasília, Porto Alegre e Recife, e é formado por 180 conselheiros, entre efetivos e suplentes, recrutados entre profissionais de publicidade de todas as áreas e representantes da sociedade civil. Não participam do Conselho pessoas investidas em cargos

entidade mais conhecida é a Advertising Standars Authority (ASA); na Itália, a prática autorregulamentar é exercida pelo Instituto dell'Autodisciplina Publicitaria (IAP); em Portugal, a autorregulamentação é exercida pelo Instituto Civil de Autodisciplina da Publicida (ICAP); e na França pelo Bureau de Vérification de la Publicité (BVP), que atua como órgão de autorregulamentação publicitária.[269]

Para o Conar, toda publicidade deve ser honesta, verdadeira e respeitar as leis do país. Mas não é só. Qualquer peça publicitária deve: (i) ser preparada com o devido senso de responsabilidade social, evitando acentuar diferenciações sociais; (ii) ter presente a responsabilidade da cadeia de produção perante o consumidor; (iii) respeitar o princípio da leal concorrência; e, por fim, (iv) respeitar a atividade publicitária e não desmerecer a confiança do público nos serviços que presta.

As decisões do Conar, órgão composto por representantes das respectivas entidades fundadoras, outros publicitários de diferentes especialidades e representantes da sociedade civil das mais variadas origens e formação, que atuam em regime de voluntariado, são sempre respeitadas pela quase unanimidade da comunidade de publicitários brasileiros, resultado de processos de iniciativa do próprio órgão, mediante o monitoramento constante que promove ao longo do ano e da vontade manifestada por consumidores por meio de reclamação formal gratuita.[270]

públicos por nomeação ou eleições, bem como candidatos a cargo eletivo em qualquer nível. Todos trabalham para o Conar como voluntários. O Conar repudia e não exerce em nenhuma hipótese censura prévia sobre peças de propaganda. Anúncios que, porventura, contenham infração flagrante ao Código têm sua sustação recomendada de forma liminar aos veículos de comunicação. O Conar é capaz de adotar medida liminar de sustação no intervalo de algumas horas a partir do momento em que toma conhecimento da denúncia. CONSELHO NACIONAL DE AUTORREGULAMENTAÇÃO PUBLICITÁRIA. Decisões. *Estatísticas 2015*. Disponível em: <www.conar.org.br>. Acesso em: 27 jun. 2016.

269 CHAVES, Rui Moreira. *Regime Jurídico da publicidade*, p. 200, nota 312.

270 No ano de 2015, a autorregulamentação instaurou 241 processos e proferiu 294 decisões. Do total de processos instaurados no ano de 2015, 38,9% tiveram origem em publicidade veiculada na televisão e 38,3% na internet (os restantes 22,8% se concentraram em mídia exterior, rádio, jornais e revistas); 128 processos foram instaurados em razão de queixas de consumidores (o que corresponde a 53,1% do total das queixas), 7 em razão de denúncia de autoridade; 44 anúncios objetos de queixas foram sustados; as conciliações somaram 53. Quanto aos assuntos relevantes nas publicidades objetos de processos autodisciplinares, 19,5% tratavam de alimentos, sucos e refrigerantes, 18,3% de medicamentos, cosméticos e serviços

Eventuais intervenções – meras recomendações de como agir – realizadas pelo Conar são sempre realizadas em publicidades que já estão sendo veiculadas, não havendo, como dito, hipótese de censura prévia.

Por fim, cumpre lembrar que adota-se a concepção de controle estatal puro da publicidade no Brasil, razão pela qual não se reconhece o Conar como órgão de controle da publicidade, na correta acepção dessa expressão. Trata-se de julgamentos éticos feitos, como mencionado, por um conjunto de publicitários das mais variadas origens e modalidades, que apenas recomendam determinadas condutas, sem que haja a aplicação de qualquer sanção, de forma efetiva, como acontece na aplicação das sanções administrativas previstas pelo artigo 56 do Código de Defesa do Consumidor, pelos órgãos de proteção e de defesa do consumidor, a saber: os Procons, o Departamento de Proteção e Defesa do Consumidor (DPDC), a Secretaria Nacional do Consumidor (Senacon) e pelo juiz de direito.

2.3.4 O Controle no Direito Estrangeiro e a Hipótese de Controle Transfronteiriço no Direito Comunitário

É questão incontroversa que os danos causados pela publicidade ilícita são difusos. De fato, os atingidos pela publicidade ilícita podem não ser identificados em sua totalidade e os danos causados incalculáveis.

Em um mundo hoje dominado pela internet e pelas redes sociais, é fácil perceber que não há limites para a comunicação. Essa é uma grande preocupação quando se trata de controle da atividade publicitária, seja no Brasil, seja em qualquer outro país do mundo. Na Comunidade Europeia tal

de saúde, 16,6% de bebidas alcóolicas e 8,3% de veículos (ficando os processos restantes para assuntos dos mais variados). Interessante observar que dos 241 processos instaurados pelo Conar, 38% se referem a questionamentos sobre a apresentação verdadeira do produto ou do serviço (em segundo lugar ficam os questionamentos relativos à respeitabilidade); 30,1% das queixas de consumidores também se referem ao tema da veracidade da mensagem para o consumo de produtos e serviços (em segundo lugar nas queixas dos consumidores fica o tema da respeitabilidade, com 23,9%). Quanto às decisões proferidas no ano de 2015, de um total de 294, 44% resultaram em arquivamento, 33,4% em alterações, 13,3% em sustações e 9,3% em advertência, o que significa 56% de penalização. Cf. CONSELHO NACIONAL DE AUTORREGULAMENTAÇÃO PUBLICITÁRIA. Decisões. *Estatísticas 2015*. Disponível em: <www.conar.org.br>. Acesso em: 27 jun. 2016.

preocupação fica mais evidente ante a proximidade dos países que fazem parte do bloco.

Chaves, na obra intitulada "Regime Jurídico da Publicidade", levanta a mesma questão do controle da publicidade transfronteiriça relativamente aos Estados-membros da Comunidade Europeia. Na sua avaliação, elaborar e veicular publicidade ilícita em território de determinado Estado-membro que afeta consumidores de outros estados levanta problemas transfronteiriços de difícil solução.[271]

Cada vez mais, as práticas publicitárias, propositadamente ou não, ignoram os limites entre os Estados. É, de fato, resultado da alteração do *modus operandi* da comunicação no mundo na atualidade. A comunicação se tornou muito mais fácil, o que permite essa invasão entre Estados soberanos e comunidades, atingindo todos os consumidores, sem qualquer restrição.

Na Comunidade Europeia ainda não se vislumbrou uma solução para o problema em textos normativos; quer dizer, as diretivas que tratam a matéria não trazem uma solução para o caráter difuso da prática publicitária e dos eventuais danos por ela causados.

Essa questão, evidentemente, não é exclusiva da Comunidade Europeia e pode surgir a qualquer momento entre Estados de outras comunidades internacionais ou mesmo entre países autônomos, sem ligação comunitária.

O problema, enfim, está no reconhecimento da eficácia de decisão de controle da publicidade entre os países. Por exemplo: dificuldade de uma decisão resultado de um processo que teve toda a sua tramitação dentro dos limites territoriais de um Estado ser executada em outro Estado-membro da comunidade.

A solução trazida por Chaves, e que parece ser adequada, aponta para uma iniciativa de caráter privado, mediante sistema de autorregulamentação, e outra iniciativa de caráter público. A solução encontrada foi a criação de órgãos que conjugarão esforços para a solução de questões relativas à publicidade ilícita.

[271] CHAVES, Rui Moreira. *Regime jurídico da publicidade*, p. 200.

No âmbito da União Europeia, dois foram os órgãos concebidos na tentativa de solucionar o problema, que poderá ser tratado como mecanismo de solução para invasão de práticas publicitárias ilícitas de um Estado em outro.

A European Advertising Standards Alliance (EASA), órgão resultante da conjugação de esforços dos organismos de autodisciplina e de autorregulamentação, recebe as reclamações de um país relativas a publicidades ilícitas e as encaminha aos órgãos competentes do país de origem da prática publicitária. O *modus operandi* é o seguinte:

> Os interessados na cessação de uma campanha publicitária com sede noutro país, dirigir-se-ão ao organismo de controle voluntário do seu próprio país. Este, por sua vez, transmitirá a queixa recebida à EASA, que a dirigirá ao organismo de controlo do país de origem da publicidade. Este, por sua vez, contactará o anunciante e tentará solucionar o problema.[272]

O International Marketing Supervision Network (IMSN) é outro órgão de controle de práticas publicitárias ilícitas que invadem outros Estados e atinge outros consumidores que não aqueles em cujo país foi produzida a publicidade ilícita. Esse órgão, constituído por autoridades nacionais encarregadas da vigilância do mercado, mantém uma lista de contatos nos diversos países para assegurar a adequada notificação dos pedidos de informações e assistência em caso de práticas fronteiriças ilícitas.

2.3.5 O Princípio da Relevância dos Motivos como Fundamento para o Controle da Publicidade Comercial

O Código de Defesa do Consumidor, ninguém duvida, provocou uma revolução em matéria de contratos na medida em que trouxe para a seara dos textos normativos considerações que até então eram feitas pela doutrina e pela jurisprudência. Conceitos como boa-fé, vulnerabilidade, desequilíbrio contratual, hoje muito conhecidos, deixaram os trabalhos acadêmicos e passaram a integrar textos normativos com força de princípios.

[272] CHAVES, Rui Moreira. *Regime jurídico da publicidade*, p. 202.

Veracidade, transparência e informação, que antes não constituíam exigências contratuais, com o Código de Defesa do Consumidor, transformaram-se em obrigações a serem cumpridas pelas partes, principalmente pelo fornecedor de produtos/serviços que se encontra em posição de relevância contratual diante do consumidor, este vulnerável porque desconhece as técnicas de produção e da prestação de serviços.

No âmbito das novidades apresentadas pelo Código de Defesa do Consumidor está a caracterização dos formatos ilícitos de publicidade. Apesar de não ter definido o que seria a publicidade, o legislador consumerista apresentou aquilo que entende como práticas publicitárias ilícitas: induzir o consumidor em erro e veicular mensagem publicitária em desacordo com preceitos éticos da sociedade, cujo rol apresentado pelo texto normativo não é taxativo.

As espécies de ilicitude apontadas têm algo em comum: a preocupação com os motivos da contratação. O legislador preocupou-se em definir quais seriam os motivos de convencimento do consumidor na aquisição do produto ou na contratação do serviço e quais teriam sido as mensagens veiculadas pela publicidade que levaram o consumidor a decidir pela aquisição do produto ou pela contratação do serviço.

Na tarefa de perquirir os motivos que levaram à contratação, o legislador preocupou-se (i) em saber se o consumidor foi induzido em erro pelas informações trazidas pelo produto ou no momento da contratação do serviço; (ii) com o teor da mensagem veiculada por uma publicidade, ainda que as informações sobre os produtos estejam adequadas; (iii) descobrir se o consumidor foi informado sobre todos os aspectos necessários para que sua manifestação de vontade fosse sadia.

O direito comum vigente à época da edição do Código de Defesa do Consumidor não se preocupava com os motivos da contratação, pois se entendia que tal motivação era irrelevante. O diploma consumerista, ao contrário, debruçou-se sobre os motivos que levam o consumidor a contratar, entre eles a publicidade. Como se vê, o legislador consumerista dá importância para as circunstâncias dos negócios jurídicos de consumo e a publicidade é uma delas.

Tomasetti Júnior, dissertando sobre o controle da publicidade, aponta como fundamento para essa nova forma de ver o contrato e as operações que antecedem a sua celebração o dever de transparência – que também alude à veracidade –, que deve ser cumprido por ambos os contratantes na consumação da relação de consumo.[273]

A preocupação do citado doutrinador, que também gravita sobre esta pesquisa, reside no fato de os motivos interferirem na formação da vontade do consumidor, estimulando o agente de consumo à prática de declarações negociais que transformam o consumidor de mero interessado em efetivo contratante.

Nessa linha de raciocínio:

> À luz do objetivo de transparência (art. 4º, *caput*, CPDC) foi visto o modo pelo qual a proteção jurídica do consumidor, no que tem a ver com os motivos das declarações negociais para consumo, remete porém, lógica e axiologicamente, à emergência de um princípio de relevância de motivos, cujo tratamento carecia de ser feito dentro no campo do microssistema aberto (art. 7º, CPDC) ao qual teria pertinência o princípio revelado.
> Explicou-se, então, que o grau de relevância dos motivos, os quais interferem na estimulação do agente para a prática de declarações negociais que o transformam em partícipe das relações jurídicas de consumo, pode ser convenientemente auferido por um controle exercitável pelo racionalismo crítico transposto num modelo teórico (dogmático) erigido a partir da sintonização de vários e importantíssimos 'lugares paralelos' coligíveis no texto legal.[274]

Novamente, a preocupação com a relevância dos motivos para a contratação encontra lugar cativo no estudo da defesa e da proteção do consumidor, especialmente no que toca ao tema da publicidade, uma vez que os motivos da contratação, regra geral, estão na publicidade.

[273] TOMASETTI JUNIOR, Alcides. O objetivo de transparência e o regime jurídico dos deveres e riscos de informação nas declarações negociais para consumo. *Revista de Direito do Consumidor*, São Paulo, RT, 4/52, 1992.

[274] TOMASETTI JUNIOR, Alcides. O objetivo de transparência e o regime jurídico dos deveres e riscos de informação nas declarações negociais para consumo. *Revista de Direito do Consumidor*, São Paulo, RT, 4/52, 1992. p. 69-70.

A publicidade, de fato, apresenta os motivos pelos quais os consumidores devem adquirir o produto ou contratar o serviço; é, por excelência, o instrumento de aproximação de fornecedores, consumidores, produtos e serviços.

Ao Estado, nesse contexto, cumpre exercer a função de controle com vistas a verificar se os motivos veiculados existiram, se estavam de acordo com o texto normativo aplicável e se fugiram, ou não, dos formatos ilícitos da enganosidade e da abusividade, prescritos pelo Código de Defesa do Consumidor. Essa é, portanto, a forma de o Estado constatar se a formação de vontade do consumidor ocorreu de maneira saudável, livre de vícios e sem ilicitudes. Daí a importância de chamar o princípio da relevância dos motivos da contratação, que, fora do lugar destinado aos princípios relevantes para a publicidade, encaixa-se perfeitamente no tema do controle da publicidade.

2.3.6 As Justificativas para o Controle da Publicidade

A publicidade é prática comercial lícita e instrumento essencial para a realização do mais importante objetivo da atual sociedade de consumo, qual seja, a realização dos desejos dos seus consumidores.[275]

As peças publicitárias influenciam a constituição, o desenvolvimento e a manutenção da sociedade de consumo; sua prática não deve ser suprimida porque constitui atividade econômica lícita que encontra guarida na ordem constitucional vigente que adotou por princípio a livre iniciativa e a livre concorrência[276]. Deve, contudo, ser objeto de severo olhar do Estado e da sociedade civil, instrumentalizado por saudáveis mecanismos de controle estatal e de autorregulamentação.

[275] AFONSO, Luiz Fernando. Publicidade abusiva e proteção do consumidor idoso. 2012. 268f. Dissertação. (Mestrado em Direito)-Pontifícia Universidade Católica de São Paulo. São Paulo, SP, 2012. p. 136.

[276] Assim, o exercício da publicidade comercial, conquanto sujeito a parâmetros, é lícito, não sendo constitucionalmente admissível qualquer iniciativa que venha a, de algum modo, reivindicar a sua proscrição integral. É imperioso, desse modo, que o esforço de concordância prática entre os diversos direitos em tensão, não olvide da adoção, pela ordem constitucional vigente, da livre iniciativa e da livre concorrência, como princípios modulares da economia. Logo, as prerrogativas a eles inerentes devem possuir um campo de projeção dentro do que se denomina de juridicamente permitido. Cf. NUNES JUNIOR, Vidal Serrano. *Publicidade comercial, proteção e limites na Constituição de 1988*, p. 188.

A sociedade de consumo subsiste em razão da dinâmica relação entre fornecedores e consumidores de produtos/serviços colocados no mercado. A publicidade nesse contexto se apresenta como instrumento de fundamental importância para a conformação de atores do mercado consumidor, objetos e desejos.

A publicidade acaba, portanto, sendo a forma, por excelência, encontrada pelos fornecedores para aproximar os consumidores desejosos de seus produtos/serviços. Por outro lado, a ideia de que a publicidade é unicamente uma forma de promoção de vendas, sem nenhum compromisso com a ética, a boa-fé e a veracidade, está superada. Acrescente-se que publicidade deve representar uma ação sadia no mercado de consumo, não somente porque esse mercado exige ética na realização de suas práticas, mas também para evitar a ocorrência de danos aos consumidores, danos estes que na publicidade têm caráter eminentemente difuso.

O conjunto de textos normativos que atuam para um efetivo controle da publicidade, qualquer que seja a sua natureza, modelo e forma, na verdade tem como propósito fazer com que as práticas de marketing se adequem ao objetivo de promover um mercado de consumo absolutamente ético, veraz, sadio, porque assim não provocará danos aos consumidores.

A preocupação no controle da publicidade comercial reside no fato de que muitas vezes a prática de publicidade ilícita compensa. Donini[277] corrobora ao dizer que os planos constitucional e inconstitucional não dificultam a atividade lesiva, pois às vezes causar danos interessa ao agente, ou se não interessa ele também não se importa porque, mesmo assim, resultará em lucro.

Nessa esteira, as práticas publicitárias, como o *teaser*, o *merchandising*, a publicidade em televisão, jornais e revistas, e agora as práticas publicitárias veiculadas pelas inúmeras redes sociais e por outros novos formatos de comunicação que surgiram na segunda década do século XXI, são instrumentos lícitos, válidos e necessários para que os consumidores conheçam e adquiram os produtos disponibilizados no mercado, realizando os seus desejos de consumo.

[277] DONINI, Rogerio. *Responsabilidade civil na pós-modernidade* – felicidade, proteção, enriquecimento com causa e tempo perdido, p. 46.

Contudo, as práticas comerciais publicitárias, mormente aquelas mais recentes que utilizam os novos mecanismos de comunicação da rede de mundial de computadores, deverão pautar-se sempre pela legalidade e pelos valores de lealdade, boa-fé e principalmente pela veracidade, de tal forma que a ocorrência de danos ao consumidor possa um dia ser banida do mercado de consumo.

Para Ramsay:

> O assunto da regulamentação da natureza e do tipo da publicidade não é uma simples questão de paternalismo *versus* liberdade individual. A regulamentação envolve escolhas políticas da comunidade sobre que tipo de mercado é desejado e o equilíbrio relativo dos valores mercadológicos e não mercadológicos.[278]

As razões, que adiante serão delineadas, não têm a pretensão de impedir ou inviabilizar o exercício da atividade publicitária, que, frisa-se, é instrumento lícito, tem assento constitucional, constitui parte essencial da sociedade de consumo e sua força indomável comanda negócios em qualquer parte do mundo. O que se pretende é justificar a concepção e o desenvolvimento de um efetivo controle das práticas publicitárias, não só como mecanismo de proteção do mercado, mas especialmente para viabilizar a defesa do consumidor no sentido de dar máxima eficácia a esse direito fundamental.

Com o advento do código consumerista, o controle da atividade publicitária concebido inicialmente como instrumento de proteção contra a concorrência desleal e contra os desvios de mercado também passa a atuar na defesa do consumidor, concorrendo para o equilíbrio e a harmonização das relações de consumo.

Para tanto, segue-se a linha estabelecida pelo próprio Código de Defesa do Consumidor, em seu artigo 4º, inciso III, que invoca para as relações de consumo a necessidade de efetiva harmonização e equilíbrio entre os diversos agentes da cadeia produtiva.

278 RAMSAY, Iain. O controle da publicidade em um mundo pós-moderno. *Revista de Direito do Consumidor.* São Paulo, Revista dos Tribunais, RDC 4/1992, número especial, p. 26-41, out./dez. 1992.

A Política Nacional das Relações de Consumo define como princípios a harmonização e o equilíbrio dos interesses dos participantes das relações de consumo e a compatibilização da proteção do consumidor com a necessidade de desenvolvimento econômico e tecnológico, alicerces da ordem econômica.

A defesa do controle da publicidade em nenhum momento pretende violar esses princípios, inviabilizando a desejada harmonização. Ao contrário, com o controle a intenção é dar efetividade aos princípios consagrados pelo código de regência e, no caso da publicidade, evitar o cometimento de enganosidades e abusos no mercado de consumo, a fim de posicionar o consumidor em pé de igualdade e promover o necessário equilíbrio da relação fornecedor-consumidor.

O fundamento do controle da publicidade reside exatamente na necessidade de equilíbrio entre a liberdade de criação comercial do fornecedor/publicitário e a segurança dos consumidores, segurança esta que decorre da confiança depositada pelos consumidores na mensagem transmitida pelo veículo publicitário.

Com esse compromisso, a publicidade alvo de controle não é aquela honesta e inteligente, mas sim, a que contraria a verdade, viola a boa-fé do seu destinatário, o consumidor, e desrespeita valores caros à sociedade.

Os mecanismos de controle da atividade publicitária, conforme ensinou Bittar, é um conjunto de medidas previstas, que se situam:

> [...] em um campo constituído de certas diretrizes e regras básicas a que se submeteu a publicidade, a fim de ajustá-la, ou de compatibilizá-la, com suas legítimas funções de poderoso meio de comunicação entre empresas e instituições e seus consumidores, tanto com relação a produtos, como a serviços oferecidos no mercado.[279].

[279] BITTAR, Carlos Alberto. Controle da publicidade: sancionamentos a mensagens enganosas e abusivas. *Revista de Direito do Consumidor*, São Paulo, Revista dos Tribunais, RDC 4, 1992. p. 126-127.

E da doutrina de Marques, retira-se o seguinte ensinamento acerca do tema:

> A publicidade, como atividade comercial finalística, pode efetivamente perturbar a ordem e harmonia do mercado, pode violar direitos de informação, de reflexão, de inviolabilidade moral e cultural dos consumidores e, sobretudo, pode causar (sérios e difusos) danos econômicos aos consumidores que confiarem na informação veiculada pela publicidade. Sendo assim, tal atividade, tal declaração humana, deve seguir certos parâmetros éticos, atingir certo grau de transparência e lealdade. Para atingir tal intento a ordem jurídica impõe deveres àqueles que se utiliza de tal método, assegura direitos àqueles expostos à publicidade.[280].

Em suma, essas breves linhas sintetizam as razões que justificam um efetivo controle da publicidade no Brasil: ética, transparência, lealdade e, especialmente, veracidade.

[280] MARQUES, Cláudia Lima. Vinculação própria através da publicidade? A nova visão do Código de Defesa do Consumidor. *Revista de Direito do Consumidor.* São Paulo, Revista dos Tribunais, 10/7, 1994. (Doutrinas Essenciais de Direito do Consumidor). p. 122.

Capítulo 3 – A Publicidade Ilícita no Código de Defesa do Consumidor e a Prática do *Storytelling*

3.1 Um Novo Cenário para a Publicidade no Século XX: a Marca Ganha Relevo e o Controle Encontra Justificativas

Pode-se dizer que em uma sociedade pós-moderna – resultante das escolhas mal feitas pela modernidade e das profundas mudanças ocorridas ao longo do século XX, a publicidade é um mecanismo que molda necessidades, gera desejos e seduz consumidores.

As estratégias publicitárias transformaram o consumo em um verdadeiro remédio para a crise constatada pela pós-modernidade: medo, angústia, desilusão são razões constantemente apresentadas para justificar o consumo e o excesso de consumo.

Se antes, na modernidade, a preocupação estava essencialmente no produto, na fabricação de bens; se o foco estava na produção de coisas porque a chave para o desenvolvimento estava na fábrica, as descobertas da pós-modernidade e as profundas mudanças ocorridas na sociedade do século XX, mormente com o advento da sociedade de informação, tornaram-se um peso para os fabricantes.

Os custos em demasia e a dificuldade de administração e de controle da produção, foco do mercado, atribuíam pesada responsabilidade aos administradores das fábricas, razão pela qual se percebeu uma necessidade de diminuir custos, pois no mercado de consumo pós-moderno venceria aquele produto que custasse ou que pesasse menos.

O ajuste necessário para assegurar sobrevivência no mercado de consumo pós-moderno provocou uma avalanche de fusões e de aquisições, resultando em empresas que parecem cada vez maiores, mas na verdade são cada vez menores em termos de produção.

Nesse cenário, a marca ganhou destaque. Os fornecedores passaram a distinguir os produtos com a sua marca distintiva, o que se resolveu chamar de "plano de *branding*" ou "gestão de marca".

Outro motivo, no entanto, foi determinante para a marca ganhar destaque no mercado de consumo pós-moderno: se na pós-modernidade a produção passou a ser realizada em grande escala porque assim o mercado exigia, a marca seria então o toque distintivo, ou seja, a maneira de distinguir os produtos colocados no mercado de consumo.

No decorrer do século XX, os produtos passam a ser concebidos também como conceito, como estilo de vida e como experiência. Nesse contexto, a marca e a publicidade se destacam: a marca se torna essencial para a corporação pós-moderna e a publicidade passa a ser o veículo utilizado para levar a marca ao portentoso mercado de consumo. Em outras palavras, a publicidade não seria mais apenas um mecanismo de informação sobre os atributos dos produtos/serviços colocados no mercado de consumo; a marca, por sua vez, passou a ser um mecanismo de construção de uma imagem diante da extraordinária produção (produtos/serviços) de larga escala para o mercado de consumo pós-moderno. Mas não foi só. O consumidor também começou a adquirir produtos e serviços influenciado pelas marcas.

Klein leciona sobre esse movimento:

> Da noite para o dia, 'marca, não produtos!' tornou-se o grito de guerra de um renascimento do marketing liderado por uma nova estirpe de empresas que se viam como 'agentes de significado' em vez de fabricantes de produtos. O que mudava era a ideia de o que – na publicidade e na gestão de marcas – estava sendo vendido. Segundo o velho paradigma, tudo o que o marketing vendia era um produto. De acordo com o novo modelo, contudo, o produto sempre é secundário ao verdadeiro produto, e a venda de uma marca adquire um componente adicional

> que só pode ser descrito como espiritual. A publicidade trata de apregoar o produto. O *branding*, em suas encarnações mais autênticas e avançadas, trata de transcendência corporativa. [...] Os produtos que florescerão no futuro serão aqueles apresentados não como 'produtos', mas como conceitos: a marca como experiência, como estilo de vida. [...] Nunca mais o mundo corporativo se inclinaria para rezar diante do altar do mercado de produtos. De agora em diante, venerariam somente imagens de mídia estampadas. Ou, para citar Tom Peters, o homem da marca: "Marca" Marca! Marca!!! É essa a mensagem [...] para o final dos anos 90 e para o futuro.[281]

Para acompanhar as mudanças radicais na forma de ver o mercado de consumo, os fornecedores buscaram novas formas de narrativas que permitem construir e fortalecer a imagem e a marca de seus produtos/serviços, e isso significa inspirar no consumidor confiabilidade, credibilidade e segurança ao adquirir determinado bem.

A marca, dessa forma, começou a agregar valor para a empresa, não raro, até mesmo superior ao seu valor patrimonial. Nessa corrida, os investimentos com publicidade ficaram cada vez mais altos ante a justificativa de que o consumidor deveria ser constantemente lembrado da existência da marca. Para tanto, nada melhor do que uma história bem contada como intuito de fazer com que o consumidor sempre lembrasse a marca distintiva e o produto/serviço a ela associado. Essa distinção característica da marca fez surgir nos publicitários a ideia de construir histórias conhecidas como *storytelling* ou "histórias contadas".

De fato, a publicidade visa à aproximação de consumidores e fornecedores, com vistas ao convencimento para a aquisição de produtos ou contratação de serviços. A publicidade, com esses poderes de aproximação e de convencimento intensificados na pós-modernidade, tornou-se um poderoso instrumento para movimentar a atividade econômica.

Como atividade econômica, a marca ganhou força ao longo do século XX e esta constatação, por si só, indica que para a formação de um saudável mercado

[281] KLEIN, Naomi. *Sem logo*: a tirania das marcas em um planeta vendido. Rio de Janeiro: Record, 2004.

de consumo deve haver controle em torno dela, a fim de evitar a ocorrência de ilicitudes que contaminem a formação da manifestação de vontade do consumidor.

Fazer publicidade, bem sabemos, é atividade lícita e permitida pelo sistema jurídico brasileiro, o que não se admite, contudo, é a prática de ilicitudes traduzidas em desrespeito à veracidade das informações veiculadas, abuso na utilização da fantasia e da ilusão e, principalmente, afronta ao postulado da boa-fé.

Enfim, a ideia de que a publicidade é apenas uma forma de promoção de produtos e serviços sem qualquer comprometimento com a informação verdadeira está absolutamente superada.

As práticas de marketing, em especial a publicidade, são essenciais para a realização de atos de consumo; é por intermédio da peça publicitária que o consumidor conhece o produto ou o serviço. A liberdade absoluta na publicidade é algo do passado, superado pela ideia de que, como todas as demais atividades econômicas, a publicidade deve ser controlada.

Portanto, na sociedade contemporânea de consumo, é necessário estabelecer parâmetros e controles para a publicidade e, assim, evitar a ocorrência de ilicitudes contra aquele que é essencialmente vulnerável ao apelo para aquisição de produtos/serviços. Pfeiffer reforça esse entendimento quando considera "[...] essencial o regramento da publicidade, a fim de que o consumidor não seja por ela prejudicado"[282].

O direito não poderia ficar distante dessa realidade. O legislador, com o diploma legal consumerista (CDC), procurou estabelecer um regime de vedação de práticas ilícitas para a publicidade no Brasil, criando as figuras das publicidades abusiva e enganosa. Se o padrão anterior permitia ampla liberdade na elaboração de peças publicitárias, hoje, com a substancial mudança deste padrão no mercado de consumo pós-moderno, é certo que deverá ser controlada e punida a publicidade que desrespeitar as obrigações previstas no Código de Defesa do Consumidor, como informação, boa-fé e principalmente veracidade.

[282] PFEIFFER, Roberto Augusto Castellanos. *Defesa da concorrência e bem-estar do consumidor*, p. 88.

A publicidade, portanto, não é uma atividade livre[283] pois há um direito fundamental, atribuído ao consumidor, de exigir veracidade. O Código de Defesa do Consumidor representou, nesse sentido, um verdadeiro marco para a atividade publicitária ao estabelecer parâmetros de controle da ilicitude da publicidade, que ainda não havia no direito brasileiro. Criou, de fato, um verdadeiro sistema de cooperação para salvaguardar o mercado de consumo.[284]

A autorização normativa para um efetivo controle da publicidade não representa uma patrulha ideológica, como acreditam muitos profissionais da publicidade. Na verdade, o que houve foi uma mudança do padrão ético da prática publicitária. Se antes tudo era permitido em prol de uma suposta mas inexistente liberdade de expressão criativa dos publicitários, o padrão ético de uma sociedade pós-moderna exige maior regulação, pois essa liberdade pode tornar-se arbitrariedade capaz de causar danos a um número incalculável de consumidores.

A nova ética do mercado de consumo, que premia a boa-fé, permite o exercício da liberdade de escolha relativamente ao modo como os indivíduos querem viver e como os consumidores querem consumir. Trata-se de nova e aperfeiçoada convivência baseada em uma inteligência compartilhada que pretende viabilizar um consumo mais racional e menos agressivo do ponto de vista da informação veiculada e da mensagem transmitida ao mercado de consumo.

Na pós-modernidade, em que risco e insegurança se mostram prevalentes, justifica-se a mudança do padrão ético ao permitir um olhar mais crítico sobre a publicidade e autorizar uma maior fiscalização. Há, de fato, um novo momento para a publicidade, longe das patrulhas ideológicas e mais perto da

283 PASQUALOTO, Adalberto. Direito e publicidade em ritmo de descompasso. *Revista de Direito do Consumidor*, São Paulo, RT, v. 24, n. 100, p. 501-527, jul./ago. 2015. p. 519.

284 Em todos estes casos a lei (leia-se, ordem jurídica) impõe a necessidade de cooperar seja, para atingir um efeito socialmente relevante (objeto do contrato), seja para garantir um mínimo de segurança e de lealdade nas manifestações unilaterais da sociedade (confiança despertada), seja ainda para coibir a perturbação da ordem e da harmonia social, restabelecendo o *status quo ante* (ressarcimento das vítimas). MARQUES, Cláudia Lima. Vinculação própria através da publicidade? A nova visão do Código de Defesa do Consumidor. *Revista de Direito do Consumidor*. São Paulo, Revista dos Tribunais, 10/7, 1994. (Doutrinas Essenciais de Direito do Consumidor). p. 113.

ética e da boa-fé; um ambiente que respeita o consumidor e trata o consumo como exercício de cidadania.[285]

A preocupação do mercado de consumo, como afirma Benjamin, deve ser com os aspectos éticos da publicidade. Para que se tenha uma atividade econômica sadia, é necessário que as práticas publicitárias tenham como foco o seu aspecto ético, apoiado por valores caros para o coletivo[286]. E completa o raciocínio com o seguinte comentário:

> Esse despertar do Direito para a questão do consumo, em geral, e para a problemática da publicidade, em particular, com a exigência de intervenção do Estado na proteção do consumidor, tem, em alguns sistemas, como o brasileiro, sede constitucional. Tal movimento legislativo responde a uma preocupação mais antiga dos estudiosos com os aspectos éticos da publicidade e, indiretamente, do próprio mercado. Num plano mais elevado, busca-se, com seu controle, a superação do individualismo anárquico, que caracterizou nossos ordenamentos até bem recentemente.[287]

Com apoio na doutrina de Nunes Junior, pode-se dizer que a economia de mercado que utiliza a publicidade como importante instrumento deve

[285] Para muitos homens e mulheres, sobretudo jovens, as perguntas sobre como obter informação e quem representa os nossos interesses são respondidas antes pelo consumo privado de bens e meios de comunicação do que pelas regras abstratas da democracia ou pela participação em organizações políticas desacreditadas. Este processo pode ser entendido como perda e despolitização em relação aos ideais da democracia liberal ou iluminista. Mas também se pode pensar, como observam James Holston e Arjun Appadurai, que a noção política de cidadania se expande ao incluir direitos de habitação, saúde, educação e a apropriação de outros bens em processo de consumo. A proposta de reconceitualizar o consumo é nesse sentido, não como simples cenário de gastos inúteis e impulsos irracionais, mas como espaço que serve para pensar e onde se organiza grande parte da racionalidade econômica, sociopolítica e psicológica nas sociedades. Cf. CANCLINI, Nestor Garcia. *Consumidores e cidadãos*, p. 14.

[286] BENJAMIM, Antonio Herman Vasconcelos e. O controle jurídico da publicidade. *Revista de Direito do Consumidor*. São Paulo, Revista dos Tribunais, RDC9/25, p. 57/105, 1994. (Doutrinas Essenciais de Direito do Consumidor). p. 80.

[287] BENJAMIM, Antonio Herman Vasconcelos e. O controle jurídico da publicidade. *Revista de Direito do Consumidor*. São Paulo, Revista dos Tribunais, RDC9/25, p. 57/105, 1994. (Doutrinas Essenciais de Direito do Consumidor). p. 80.

retrair-se perante a imperatividade dos direitos fundamentais, qualidade que é atribuída, como já analisado, à proteção e à defesa do consumidor.

Por essa razão, no controle da publicidade não há qualquer sacrifício ao exercício da livre iniciativa, reconhecida constitucionalmente aos cidadãos e aos agentes econômicos, entre eles os fornecedores e os publicitários.

O controle da publicidade, como prescreve o artigo 6º, inciso IV, na prática faz valer o direito básico do consumidor de sentir-se protegido contra publicidade enganosa e abusiva, métodos comerciais coercitivos ou desleais, e práticas e cláusulas abusivas ou impostas no fornecimento de produtos/serviços.

As restrições advindas do controle da publicidade têm fundamento na própria Constituição Federal, que previu textualmente a vinculação do exercício da livre iniciativa à proteção e à defesa do consumidor, considerado por presunção legal parte vulnerável nas relações jurídicas entabuladas na sociedade de consumo.[288]

A livre iniciativa não é direito fundamental, mas mero elemento da ordem constitucional econômica. Como manifestação da livre iniciativa, a publicidade não se caracteriza como direito fundamental, qualquer que seja o ângulo de observação, também não pode ser identificada com nenhuma das fases do processo de evolução dos direitos fundamentais.

Apesar de não gravitar em torno dos direitos fundamentais, a publicidade foi regulada, em parte, pelo texto constitucional, no artigo 220. No ambiente

[288] Na mesma linha, Roberto Augusto Castellanos Pfeiffer, com base nas conclusões do Supremo Tribunal Federal, no julgamento sobre a constitucionalidade da regulação das mensalidades escolares, citando a ementa, afirma que: "Ação direta de inconstitucionalidade. Lei 8.039, de 30.05.1990, que dispõe sobre critérios de reajuste das mensalidades escolares e dá outras providências. Em face da atual Constituição, para conciliar o fundamento da livre-iniciativa e do princípio da livre concorrência com os da defesa do consumidor e da redução das desigualdades sociais, em conformidade com os ditames da justiça social, pode o Estado, por via legislativa, regular a política de preços de bens e de serviços, abusivo que é o poder econômico que visa ao aumento arbitrário de lucros. Não é, pois, inconstitucional a Lei 8.039, de 30.05.1990, pelo só fato de ela dispor sobre critérios de reajuste das mensalidades das escolas particulares. Tal acórdão é pioneiro não somente na afirmação da dimensão constitucional da proteção do consumidor, como também na utilização combinada de diversos princípios constitucionais para fundamentar restrições válidas à liberdade de iniciativa. Com efeito, o STF acentuou em tal julgamento a importância da aplicação conjugada dos princípios estatuídos no art. 170 conformam a ordem econômica, mas também aqueles expressos nos arts. 1º a 3º da CF, em especial a dignidade da pessoa humana." (*Defesa da concorrência e bem-estar do consumidor*, p. 46).

constitucional, a publicidade comercial é qualificada como atividade econômica e não como manifestação de pensamento, o que autoriza a intervenção do Estado. São os próprios mecanismos constitucionais (defesa do consumidor como direito fundamental) que servem como anteparo ao exercício livre e ilimitado da publicidade comercial. Por outro lado, esse controle da publicidade, por ser constitucional, também não é absoluto ou ilimitado, encontrando seus limites no próprio texto constitucional.

Não são incomuns as alegações de que o controle da publicidade materializa a ideia vaga ou imprecisa daqueles que estudam o direito do consumidor, revelando até uma atitude xiita dos defensores do sistema implantado pelo CDC. A bem da verdade, a regulação que dá suporte ao controle da publicidade se deve, como observado linhas atrás, ao caráter de direito fundamental de proteção e de defesa do consumidor constitucionalmente atribuído. A autorização da ação estatal nesse sentido tem o propósito de assegurar a existência digna dos consumidores.

Trata-se, de fato, de um controle com o objetivo de viabilizar na prática o princípio da ação estatal no mercado de consumo, contido no inciso II do artigo 4º do CDC, que prevê a atuação governamental no sentido de proteger efetivamente o consumidor de distintas formas: por iniciativa direta; por incentivos à criação e ao desenvolvimento de associações representativas; pela presença do Estado[289] no mercado de consumo; e, ainda, pela garantia

[289] "A relação jurídica de consumo, ainda bilateralmente do ponto de vista estrutural, pode apresentar-se com outra função, predominantemente afeta ao direito público administrativo na medida em que, no correspondente polo ativo, figurar o Estado, para o desempenho dos poderes funcionais, simetricamente imbricados no princípio da ação estatal no mercado de consumo (CPDC, art. 4º, II), de maneira que se possam garantir – mediante atuação de ofício exercitada diretamente sobre o fornecedor – 'produtos e serviços com padrões de qualidade, segurança, durabilidade e desempenho' (CPDC, art. 4º, II, *a*, *c*, e *d*). A relação jurídica de consumo pode, outrossim, estruturar-se trilateralmente, à semelhança da concepção de relação jurídica processual ainda preponderante, posicionando-se o Estado acima e entre as outras duas partes – o consumidor e o fornecedor – não só para exercer poderes corretivos das disfunções do mercado mas também para o fim de concretizar os princípios de 'harmonização dos interesses dos participantes das relações de consumo' e de 'compatibilização da projeção do consumidor com a necessidade de desenvolvimento econômico e tecnológico' (CPDC art. 4º, III, primeira parte)." TOMASETTI JUNIOR, Alcides. O objetivo de transparência e o regime jurídico dos deveres e riscos de informação nas declarações negociais para consumo. *Revista de Direito do Consumidor*, São Paulo, RT, 4/52, 1992. p. 67.

dos produtos/serviços em padrões de qualidade, segurança, durabilidade e bom desempenho.

Portanto, em sede legal, adotou-se o modelo de transparência, de honestidade e de cooperação do Código de Defesa do Consumidor, que exige uma participação efetiva do Estado, seja de modo preventivo, seja de forma repressiva, para impedir qualquer ação de fornecedores ávidos por vender seus produtos, que viole direitos dos consumidores.

A obrigação prevista no texto do Código de Defesa do Consumidor de bem informar, de não praticar enganosidades nem abusividades deriva da própria ação dos fornecedores que pretendem colocar seus produtos/serviços no mercado de consumo. Portanto, ao criar e veicular publicidades, em nenhuma hipótese ou circunstância poderão os fornecedores agir com desrespeito à boa-fé que lhe é exigida na prática do consumo. Os fornecedores não são obrigados a fazer publicidade[290], mas se o fazem, devem respeitar os parâmetros instituídos pela ética e pela boa-fé[291].

A justificativa do controle da publicidade, afora os caráteres constitucional e legal, também tem como suporte a proteção constitucional da dignidade da pessoa humana, derivada do imperativo categórico de Kant, que diferenciava o preço e a dignidade. É o respeito pelo outro como regra de ética maior e como fator representativo da dignidade da pessoa humana que deve dirigir a

[290] Ao optar por uma forma de publicidade, deve o fabricante sujeitar-se a determinados deveres, decorrentes de lei, o Código de Defesa do Consumidor, bem como a todo um conjunto de comportamentos, obrigatórios, que repousam em princípios, de cunho ético e jurídico, tais como a boa-fé, bons costumes, etc., e que informam a todo o sistema do Direito privado nacional. É nesse ponto que se insere a problemática da proibição de publicidade enganosa ou abusiva, no sentido de ela ser frustradora das expectativas do consumidor. FRADERA, Vera Maria Jacob de. A interpretação da proibição da publicidade enganosa ou abusiva à luz do princípio da boa-fé: o dever de informar no Código de Defesa do Consumidor. *Revista de Direito do Consumidor*. São Paulo, Revista dos Tribunais, n. 4, p. 173-191, 1993. p. 183-184.

[291] Tendo em vista o fabricante ou fornecedor, enfim, o que coloca o produto no mercado, é ele livre de optar por qualquer uma das formas de publicidade a sua disposição, ou não utilizar a publicidade. No momento em que decide fazê-lo, está sujeito a uma série de normas que regulam cogentemente seu comportamento na difusão do produto, tendo em vista a proteção do destinatário da mensagem publicitária, considerado parte vulnerável na relação de consumo, e a manutenção do equilíbrio entre as partes. FRADERA, Vera Maria Jacob de. A interpretação da proibição da publicidade enganosa ou abusiva à luz do princípio da boa-fé: o dever de informar no Código de Defesa do Consumidor. *Revista de Direito do Consumidor*. São Paulo, Revista dos Tribunais, n. 4, p. 173-191, 1993. p. 182.

prática publicitária, orientando seus agentes – fornecedores e publicitários – a evitar enganosidades e abusividades.

O consumidor não é e não pode ser considerado objeto da relação de consumo, pois, como ser humano que é, tem dignidade e ela deve ser respeitada. É em nome do respeito à dignidade da pessoa humana que o controle estatal sobre a publicidade encontra legitimidade constitucional.[292]

O controle da publicidade surge, portanto, como mecanismo de fiscalização acerca do cumprimento do dever de informação, mormente quando o descumprimento pode acarretar riscos à vida, à saúde e à segurança dos consumidores no mercado de consumo.

Há, de fato, uma esfera social de solidariedade e de corresponsabilidade que impõe ao Estado o dever de fiscalizar justamente o cumprimento do dever de bem informar. Se há vínculo jurídico estabelecido pela publicidade, se há obrigação de bem informar derivada deste vínculo jurídico que se estabeleceu com o anúncio publicitário, então há o dever do Estado de controlar a atividade publicitária que usa a criação como mecanismo de sedução e de convencimento de consumidores a adquirir produtos/serviços colocados no mercado de consumo.

A publicidade pode ser considerada uma arte, mas arte dirigida para a venda deve ser controlada pelo Estado.

[292] Como explica Maria Celina Bodin de Moraes: "Compõe o imperativo categórico a exigência de que o ser humano jamais seja visto, ou usado como um meio para atingir outras finalidades, mas sempre seja considerado com um fim em si mesmo. Isto significa que todas as normas decorrentes da vontade legisladora dos homens precisam ter como finalidade o homem, a espécie humana enquanto tal. O imperativo categórico orienta-se, então, pelo valor básico, absoluto, universal e incondicional da dignidade humana. É esta dignidade que inspira a regra ética maior: o respeito pelo outro. De acordo com Kant, no mundo social existem duas categorias de valores: o preço (*preis*) e a dignidade (*Würden*). Enquanto o preço representa um valor exterior (de mercado) e manifesta interesses particulares, a dignidade representa um valor interior (moral) e é de interesse geral. As coisas têm preço; as pessoas, dignidade. O valor moral se encontra infinitamente acima do valor de mercadoria porque, ao contrário deste, não admite ser substituído por equivalente. Daí a exigência de jamais transformar o homem em meio para alcançar qualquer fim. Em consequência, a legislação elaborada pela razão prática, a vigorar no mundo social, deve levar em conta, como sua finalidade máxima, a realização do valor intrínseco da dignidade humana." (O princípio da dignidade humana. In: _____ (Coord.). *Princípios do direito civil contemporâneo*, p. 12).

> A publicidade é uma arte – arte menor, de encomenda, *made to order*, o que significa que os 'diretores de arte' não são Cezannes nem Van Goghs – é uma 'arte' com laivos de técnica e não uma ciência, a despeito do uso crescente da informação em certas áreas da atividade. Ela é apenas o braço estendido da argumentação de vendas – em suma, 'é papo de vendedor' tornado mais *eficaz*, mais *abrangente* e mais econômico [Grifo do autor].[293]

Enfim, a publicidade não pode ser considerada uma manifestação puramente artística; ela é uma criação para o comércio, desenvolvida pela atividade empresarial. Não sem razão, a publicidade comercial, apesar de ter assento constitucional, está fora do âmbito de proteção constitucional dos direitos fundamentais, diferentemente do que ocorre com a liberdade de expressão puramente artística e com a defesa do consumidor.

Nesse sentido é a lição de Nunes Junior: "Identificada a raiz constitucional da publicidade, dentro da ordem econômica, excluem-se de seu lastro legitimador os Direitos Fundamentais relativos ao pensamento, como o direito de expressão, de informação e de opinião."[294].

O publicitário não pode pensar que tem liberdade plena e que jamais erraria na condução de sua atividade de criação – a publicidade. A possibilidade de errar existe e dela decorre a sua responsabilização em face do público consumidor.

A possibilidade de erro, justamente, dá substância à necessidade de controle e de fiscalização estatal da publicidade enquanto atividade econômica, como acontece com todas as outras atividades da mesma natureza, seja por meio de órgãos administrativos de proteção e de defesa do consumidor; seja pelo juiz, que terá o poder-dever de agir para inibir a atividade publicitaria ilícita, em qualquer modalidade.

Nessa senda, o que se pretende, na verdade, é um efetivo controle sobre o poder do fornecedor de seduzir o consumidor. A sedução do consumidor, bem sabemos, é legítima, o que não se admite é que ilicitudes se aproximem

[293] DOMINGUES, Caio A. Publicidade enganosa e abusiva. *Revista de Direito do Consumidor*. São Paulo, Revista dos Tribunais, v. 4, out./dez. 1992. p. 193.

[294] NUNES JUNIOR, Vidal Serrano. *Publicidade comercial, proteção e limites na Constituição de 1988*, p. 145.

do raio de ação da publicidade, nem condutas contrárias à ética e à boa-fé, violando a dignidade do consumidor. Esse é o objetivo do controle estatal da publicidade, que está muito distante da ideia de inibir a atividade do publicitário ao evitar o exercício de um poder de sedução inescrupuloso e nocivo.

Da doutrina de Federighi, extrai-se que a seguinte lição:

> A finalidade primária da publicidade é o 'tráfico mercantil', ainda que não se veja estabelecido o preço do produto ou do serviço. A publicidade[295] importa em uma parcela do mecanismo de consumo moderno, sendo a parte mais eficaz da oferta, o que, por si só, impõe de forma direta e não reflexa a ingerência estatal.[296]

No mesmo sentido é o comentário de Nunes Junior, para quem:

> [...] urge, desde logo, delimitar que os Direitos Fundamentais, especificamente os relacionados à manifestação do pensamento, são liberdades públicas, direitos que nasceram em oposição ao arbítrio estatal, procurando atribuir ao cidadão prerrogativas realizadoras do Estado de Direito. O objetivo desses direitos de liberdade era o de estabelecer um domínio inóspito ao arbítrio do Estado. A sua existência, dentro da Constituição Federal, já consubstancia a realização de um fim, qual seja, a organização de um Estado democrático. Enquanto função de venda, instrumento da livre concorrência, parece que a publicidade se afasta desses parâmetros.[297]

[295] É a apresentação do produto, acrescida de um *plus*, um estímulo para consumir, e não arte espontânea", esta, sim, protegida pela liberdade de expressão na sua configuração constitucional.

[296] FEDERIGHI, Suzana Maria Pimenta Catta Preta. *Publicidade abusiva* – incitação à violência, p. 82.

[297] NUNES JUNIOR, Vidal Serrano. *Publicidade comercial, proteção e limites na Constituição de 1988.*

E prossegue advertindo que:

> [...] mesmo que adotada a expressão 'livre comunicação publicitária', parece-nos que a publicidade não deve ser apresentada, do ponto de vista constitucional, como derivada de qualquer das liberdades relacionadas à manifestação do pensamento. Parte do *marketing*, função de venda, a publicidade não nasceu e frutiferou com a finalidade de opor limites à atividade do Estado, afastando, por conseguinte, a possibilidade de se evocar as liberdades relativas ao pensamento como normas de regência para sua intelecção jurídica.[298]

No âmbito do mercado, a força do fornecedor e a correspondente vulnerabilidade do consumidor determinam o conteúdo do discurso comercial, não raro obrigando as empresas a orientar as mensagens de forma a maximizar seus lucros. Por essa razão, a mensagem comercial não seria uma manifestação da liberdade individual ou da manifestação artística do publicitário, não estando, assim, protegida pela garantia constitucional da liberdade de expressão e de manifestação de pensamento.

A publicidade é manifestação eminentemente de conteúdo comercial, produzida com o intuito de aumentar receitas e maximizar lucros, fato que revela a sua natureza econômica e, portanto, passível de controle estatal.

O discurso comercial revelado pela publicidade constitui, enfim, a informação que o fornecedor deve transmitir ao consumidor e não se confunde com manifestação da liberdade de expressão. Na prática publicitária, a liberdade de expressão e de manifestação de pensamento dá lugar à liberdade de oferta econômica e ao dever de informar, razão pela qual se pode afirmar que na publicidade não há manifestação de pensamento. O que há é uma criação cuja finalidade é apresentar determinado produto/serviço ao mercado de consumo. Nela deverão constar, além dos atributos imaginados pelo seu criador, todas as informações necessárias para o correto e completo entendimento pelo consumidor daquilo que se lhe pretende oferecer, sob pena de caracterizar-se como prática ilícita, seja pela informação errônea, seja pela ausência de informação.

[298] NUNES JUNIOR, Vidal Serrano. *Publicidade comercial, proteção e limites na Constituição de 1988.*

Não se pode justificar as falsas publicidades como expressão da liberdade de expressão e de manifestação de pensamento, que, como apontado, não autoriza a violação do dever de veracidade. Aos publicitários é permitido despertar no consumidor a vontade de adquirir determinado produto ou contratar um serviço, porém sem descurar do dever jurídico de bem informar e de acima de tudo ser veraz.

A publicidade, enfim, veicula informação e não expressão de pensamento. Por isso, são infundadas as alegações dos publicitários que justificam seus erros sob o manto da liberdade de manifestação criativa do pensamento. A liberdade de expressão não socorre a via artística quando utilizada no seu formato comercial, no intuito de atrair consumidores aos produtos veiculados pelas publicidades. Ademais, não existe liberdade de manifestação de pensamento quando as pessoas são manipuladas, quando não conseguem, por razões provocadas pelos próprios fornecedores de produtos/serviços, decidir de forma independente, segundo suas próprias concepções e valores.

Portanto, a concepção de publicidade como informação de conteúdo comercial legítima o controle por parte do Estado para coibir enganosidades e abusividades.

A propósito, publicidade enganosa é aquela que não expressa a necessária informação ou a expressa de forma a induzir o consumidor em erro. Publicidade abusiva promove comportamentos considerados pela norma como violadores de importantes valores caros para a sociedade.

O legislador consumerista não deixou em branco a definição das publicidades enganosa e abusiva, *litteris*:

> Art. 37. É proibida toda publicidade enganosa ou abusiva.
> § 1° É enganosa qualquer modalidade de informação ou comunicação de caráter publicitário, inteira ou parcialmente falsa, ou, por qualquer outro modo, mesmo por omissão, capaz de induzir em erro o consumidor a respeito da natureza, características, qualidade, quantidade, propriedades, origem, preço e quaisquer outros dados sobre produtos e serviços.
> § 2° É abusiva, dentre outras a publicidade discriminatória de qualquer natureza, a que incite à violência, explore o medo ou a superstição, se aproveite da deficiência de julgamento e experiência da criança,

> desrespeita valores ambientais, ou que seja capaz de induzir o consumidor a se comportar de forma prejudicial ou perigosa à sua saúde ou segurança.

Portanto, os publicitários não poderão afastar a aplicação das normas de proteção e de defesa do consumidor, embasando a sua conduta na liberdade constitucional de manifestação do pensamento. E se assim fosse – e não é –, a garantia da livre manifestação de pensamento não é absoluta. O papel do Estado no que tange à liberdade de manifestação de pensamento é garantir, de forma positiva, o pluralismo e a livre circulação de ideias.

À mesma conclusão chegaram Marques e Miragem:

> A liberdade de expressão, a exemplo dos demais direitos e garantias fundamentais consagradas na Constituição, não é absoluta, mas como parte do sistema de garantias. Não é absoluta, mas ao contrário, deve adequar-se aos demais direitos e garantias que a conformarão e cujo respectivo conteúdo, uma vez tangenciado por aquela, deverá lhe servir de limite.[299]

Então, no mundo pós-moderno não se pode, em prol da proteção da liberdade de expressão de um sujeito, arranhar o direito à incolumidade da informação pertencente a outro; não pode o sistema violar o direito inalienável do consumidor à informação veraz sob a alegação de proteção do direito – nesta visão, inexistente – à liberdade de expressão e de manifestação de pensamento.

Apesar de algumas posições divergentes da doutrina, a maioria afasta o controle estatal da atividade publicitária dos direitos de liberdade de expressão e de livre manifestação de pensamento, que não poderão ser atribuídos a fornecedores e publicitários.

[299] MARQUES, Claudia Lima; MIRAGEM, Bruno. *Constitucionalidade das restrições à publicidade de bebidas alcoólicas e tabaco por lei federal* – diálogo e adequação do princípio da livre iniciativa econômica à defesa do consumidor e da saúde pública (art. 170, CF/88). Doutrinas Essenciais Direito do Consumidor. p. 132.

Caio A. Domingues[300], publicitário, defende que a publicidade deveria inscrever-se entre os direitos inalienáveis da liberdade de expressão.

Dias acompanha essa visão, equivocada, ao afirmar que "de modo suplementar, a proteção constitucional da publicidade pode ser vista a partir da proteção à liberdade de expressão, uma vez que, em certa medida, as peças publicitárias consistem em manifestações criativas do intelecto humano"[301].

Têm razão aqueles que concordam com a ideia de que a publicidade é atividade intelectual, artística e de comunicação, no entanto, o seu mais importante atributo, o conteúdo econômico, descaracteriza-a como produção artística pura. Em outras palavras, como atividade destinada à venda de produtos e à contratação de serviços, a publicidade é eminentemente atividade econômica, passível de controle estatal.

O controle estatal da publicidade, por óbvio, não visa a impedir a liberdade de criação dos publicitários; o intuito é evitar o abuso de direito. Os publicitários são livres para criar, porém dentro de parâmetros razoáveis determinados tanto pelo texto constitucional como pela lei ordinária.

A questão da constitucionalidade e da legitimidade do controle da publicidade é assente pela maioria da doutrina.

Na opinião de Guimarães, citado por Henriques[302], não se pretende com o controle estatal "engessar a publicidade, que nada mais é que um meio de informação e como tal garantido pela Lei Maior".

[300] DOMINGUES, Caio A. Publicidade enganosa e abusiva. *Revista de Direito do Consumidor*, São Paulo, RT, v. 4, out.-dez.1992.

[301] A autora continua a afirmar que: "[...] embora apresentem finalidade comercial, as peças publicitárias são expressões de arte, consubstanciando-se em retrato cultural, crítico ou descritivo do comportamento e senso estético do indivíduo em uma determinada sociedade, particularmente no mundo contemporâneo. [...] Se a despeito de sua natureza predominantemente comercial (enquanto atividade econômica no exercício da livre iniciativa), a publicidade é, porém, também uma forma de expressão da atividade intelectual, artística, de informação e de comunicação, claro está que a mesma encontra proteção constitucional nas garantias à liberdade de expressão e informação, em especial, aquelas trazidas nos arts. 5º, IX, e 220 da Carta Magna". DIAS, Lucia Ancona Lopez de Magalhães. *Publicidade e direito*, p. 35-36.

[302] Pretende-se, por primeiro, evitar que pessoas com alto poder de influência sobre consumidores ajam negligentemente, apresentando ou recomendando produtos e serviços que desconhecem ou conhecem de forma superficial, ou, na pior das hipóteses, atribuindo qualidade que sabem não existir; há aqui uma função preventiva que, a nosso ver, deve ser o objetivo de todos. HENRIQUES, Isabella Vieira Machado. *Publicidade abusiva dirigida à criança*, p. 99.

E Pfeiffer corrobora:

> O estabelecimento de parâmetros para a publicidade é de suma importância para o consumidor, que é extremamente vulnerável ao seu apelo. Com efeito, a preocupação da mensagem publicitária é a de seduzir e não a de transmitir informações. Assim os publicitários são seletivos na informação, transmitindo o que lhes interessa em termos de apelo e de resposta à mensagem. Nesse contexto, é essencial o regramento da publicidade, a fim de que consumidor não seja por ela prejudicado. Assim, o Código de Defesa do Consumidor procurou disciplinar os aspectos mais importantes da publicidade e seus impactos nas relações de consumo.[303]

Para Nunes Junior, há duas orientações que justificam restrições ao exercício da publicidade comercial. "A primeira ordem de limites encontra fundamento na própria lógica de ordenação do mercado, quer na relação entre os concorrentes, quer no relacionamento travado entre os fornecedores e consumidores."[304] Por outro lado, explica o constitucionalista:

> A defesa do consumidor, além de Direito Fundamental, constitui princípio da ordem econômica, inerente, aliás, aos fins por esta pretendido: propiciar dignidade a todos, segundo os ditames da justiça social. Logo, o exercício da publicidade comercial há de estar balizado, dentre outros, pelo exercício da defesa do consumidor, com os desdobramentos lógicos: autodeterminação, informação, segurança e proteção econômica.[305]

[303] PFEIFFER, Roberto Augusto Castellanos. *Defesa da concorrência e bem-estar do consumidor*, p. 88.

[304] NUNES JUNIOR, Vidal Serrano. *Publicidade comercial, proteção e limites na Constituição de 1988.*

[305] NUNES JUNIOR, Vidal Serrano. *Publicidade comercial, proteção e limites na Constituição de 1988.*

Na interpretação de Benjamim[306]: "A questão deixa de ser a de supressão pura e simples da publicidade e passa a ser a de sua contenção ou controle dos seus abusos, fazendo-a cumprir sua função social." Em breve resumo, "controla-se, então, a publicidade, porque se controla a empresa".

O ensinamento seguro de Federighi vai na direção da constitucionalidade do controle da publicidade. Isso porque, "se a Constituição Federal possibilita a instrumentalização da sociedade para banir aquilo que com ela não se adequa, não se pode falar em liberdade irrestrita de comunicação porque a própria Carta não a quer e assim não a disciplina" [307]. E aduz: "[...] queira a indústria publicitária, ou não, a Carta é limitativa [porque] o próprio constituinte previu situações onde a publicidade pode ser represada em função de outros bens jurídicos mais relevantes"[308].

Almeida também disserta sobre o tema. Para a autora:

> O problema da disciplina jurídica da publicidade não é o da sua eliminação, mas o do seu controle com o fim de evitar que as mensagens publicitárias sejam instrumentos de distorção da escolha dos consumidores e resultem lesivas aos valores fundamentais dos quais depende a melhoria da qualidade de vida.[309]

Marques e Miragem ressaltam que:

> [...] no caso da livre expressão comercial, que se caracteriza através da publicidade, até por elemento conceitual próprio, de promoção do comércio e do consumo, esta, sim, deve imperativamente seguir os parâmetros de valores sociais positivos' (*Wertsystem*) e restrições da

306 BENJAMIM, Antonio Herman Vasconcelos e. O controle jurídico da publicidade. *Revista de Direito do Consumidor.* São Paulo, Revista dos Tribunais, RDC9/25, p. 57/105, 1994. (Doutrinas Essenciais de Direito do Consumidor). p. 82.

307 FEDERIGHI, Suzana Maria Pimenta Catta Preta. *Publicidade abusiva* – incitação à violência, p 79-81.

308 FEDERIGHI, Suzana Maria Pimenta Catta Preta. *Publicidade abusiva* – incitação à violência, p 79-81.

309 ALMEIDA, Aliette Marisa S. D. N. Teixeira de. A publicidade enganosa e o controle estabelecido no Código de Defesa do Consumidor. *Revista de Direito do Consumidor*, São Paulo, RT, 53/11, jan./mar. 2005. p. 32.

> própria Constituição e da legislação infraconstitucional, que concretiza a ideia de abuso do poder econômico.[310]

E completam explicando que "não se trata, portanto, de restrição a manifestação política, cultural, religiosa, e seus congêneres, mas sim à livre iniciativa econômica e à livre expressão comercial que, à evidência, não se trata de princípios/direitos absolutos consagrados na Constituição"[311].

Mello justifica que "em virtude de seu caráter difuso e por força do reconhecimento do direito à informação, a publicidade submete-se ao controle legal a partir de uma dupla perspectiva: da enganosidade e da abusividade (art. 37, CDC)"[312].

Ao analisar o controle da publicidade no Brasil, Rodyc[313] comenta que "a publicidade não é um genuíno e precípuo produto de expressão intelectual e artística", por tal razão "é legítimo concluir-se que a publicidade não se arrola como uma atividade privilegiada pela Carta Magna no que se refere a não ser passiva de ações de controle por parte da sociedade"[314].

No controle da atividade publicitária, especialmente para o Estado-Juiz, não há discricionariedade, pois a resposta correta está dada pelo texto constitucional, abalizado pelos princípios da razoabilidade e da proporcionalidade.

310 MARQUES, Claudia Lima; MIRAGEM, Bruno. *Constitucionalidade das restrições à publicidade de bebidas alcoólicas e tabaco por lei federal* – diálogo e adequação do princípio da livre iniciativa econômica à defesa do consumidor e da saúde pública (art. 170, CF/88). Doutrinas Essenciais Direito do Consumidor, p. 139.

311 MARQUES, Claudia Lima; MIRAGEM, Bruno. *Constitucionalidade das restrições à publicidade de bebidas alcoólicas e tabaco por lei federal* – diálogo e adequação do princípio da livre iniciativa econômica à defesa do consumidor e da saúde pública (art. 170, CF/88). Doutrinas Essenciais Direito do Consumidor, p. 139.

312 MELLO, Heloisa Carpena Vieira de. Prevenção de riscos no controle da publicidade abusiva. In: MARQUES, Claudia Lima; MIRAGEM, Bruno (Org.) *Doutrinas essenciais.* Direito do consumidor. Proteção da confiança e práticas comerciais. São Paulo: Revista dos Tribunais, 2011, v. III. p. 193.

313 RODYC, Wilson Carlos. O controle da publicidade. In: MARQUES, Claudia Lima; MIRAGEM, Bruno (Org.) *Doutrinas essenciais.* Direito do consumidor. Proteção da confiança e práticas comerciais. São Paulo: Revista dos Tribunais, 2011. v. III. p. 288-289.

314 RODYC, Wilson Carlos. O controle da publicidade. In: MARQUES, Claudia Lima; MIRAGEM, Bruno (Org.) *Doutrinas essenciais.* Direito do consumidor. Proteção da confiança e práticas comerciais, p. 288-289.

A Constituição Federal, enfim, ao assegurar (i) a dignidade da pessoa humana como fundamento da República Federativa do Brasil; (ii) a proteção e a defesa do consumidor como direito fundamental em face do Estado e dos particulares; (iii) a livre iniciativa condicionada ao atendimento dos demais princípios da ordem econômica; e (iv) a comunicação social, observado o disposto em seu texto, autoriza o poder de controle pelo Estado da publicidade comercial.

O objetivo do legislador originário foi garantir o cumprimento do dever de informação veraz por parte de fornecedores de produtos/serviços no mercado de consumo.

Acrescente-se que, como mecanismo apto a gerar vínculo jurídico e obrigação entre fornecedores e consumidores e como verdadeiro instrumento de sedução do ente mais frágil da relação de consumo, a publicidade tem seus limites regulados na Constituição Federal, no Código de Defesa do Consumidor e em demais leis esparsas, como acontece com o cigarro e com as bebidas alcóolicas, cuja liberdade de criação publicitária é controlada.

O Código de Defesa do Consumidor, quanto ao controle efetivo da publicidade, não definiu o que seria publicidade. Nesse ponto, agiu bem o legislador consumerista quando se restringiu a definir as espécies de publicidades ilícitas, elencando a publicidade enganosa e abusiva nos parágrafos primeiro e segundo do artigo 37 do Código de regência. Mas isso não quer dizer que essas seriam as únicas ilicitudes praticadas no mercado de consumo no que tange à publicidade. Como todo mecanismo de fiscalização das atividades de consumo, a relação de práticas publicitárias ilícitas não é exaustiva, razão pela qual toda publicidade que viole o sistema de proteção e de defesa do consumidor será considerada ilícita.

Além disso, se antes a regulação acerca da veracidade das informações contidas na publicidade se restringia à análise dos atributos do produto/serviço, hoje, no mundo pós-moderno, cuja sociedade busca o consumo como sinônimo de felicidade, esta mesma regulação deve voltar os olhos para outros mecanismos utilizados que podem não ter relação direta com os atributos do produto/serviço, mas estão vinculados à imagem e à marca que tem no mercado de consumo. O controle e a fiscalização devem caminhar lado a lado em ambas as situações, de modo a evitar a prática de ilicitudes.

Definitivamente, o conceito de enganosidade extraído no parágrafo primeiro do artigo 37 do Código de Defesa do Consumidor não é mais suficiente diante das novas práticas de marketing e de publicidade adotadas no mercado de consumo, razão pela qual uma releitura e uma nova interpretação, mais ampla, são necessárias.

3.2 Exemplos de Controle da Publicidade no Direito Estrangeiro

Os Estados Unidos da América não permitem, assim como acontece no Brasil, a prática de ilicitudes na publicidade. Os fornecedores precisam sempre se certificar que as publicidades por eles veiculadas não violam normas legais e éticas e apresentam todas as informações necessárias para o bom entendimento acerca do produto ou do serviço. As autoridades públicas norte-americanas têm legislação específica, o *Federal Trade Comission Act*, cujo objetivo é regulamentar e coibir práticas abusivas no âmbito da publicidade.

No direito europeu, especificamente nos direitos italiano e português, há regulação quanto à ilicitude da publicidade. Os italianos concebem a enganosidade na publicidade de produtos perigosos para a saúde e a segurança e naquelas destinadas ao público infantil. Na Itália existem regras para a realização de publicidade comparativa e não são admitidas publicidades subliminares. Em Portugal, por sua vez, é proibida toda e qualquer publicidade que viole instituições fundamentais constitucionalmente consagradas no que tange a valores e a princípios da vida em sociedade.[315]

O Código de Publicidade português, ao contrário da lei brasileira, em seu artigo 3º[316] traz definição objetiva de publicidade. Em seu artigo 7º, referido

[315] CHAVES, Rui Moreira. *Regime jurídico da publicidade*, p. 188.

[316] "Artigo 3º – Conceito de Publicidade. 1 – Considera-se publicidade, para efeitos do presente diploma, qualquer forma de comunicação feita por entidades de natureza pública ou privada, no âmbito de uma atividade comercial, industrial, artesanal ou liberal, com o objetivo directo ou indirecto de: a) promover, com vista à sua comercialização ou alienação, quaisquer bens ou serviços; b) promover ideias princípios, iniciativas ou instituições. 2 – Considera-se, também, publicidade qualquer forma de comunicação da Administração Pública, não prevista no número anterior, que tenha por objectivo, directo ou indirecto, promover o fornecimento de bens e serviços. 3 – Para efeitos do presente diploma, não se

código definiu o princípio da licitude, vetando a publicidade que, pela sua forma, objeto ou fim, ofenda valores, princípios e instituições fundamentais constitucionalmente consagrados. No artigo 10 dispõe que, em Portugal, a publicidade deve respeitar a verdade, não deformando os fatos; as afirmações relativas à origem, natureza, composição, propriedades e condições de aquisição dos bens ou serviços publicitados devem ser exatas e passíveis de prova, a todo momento, perante as instâncias competentes. A publicidade enganosa está regulada pelo artigo 11, que faz referência expressa ao Decreto-lei n. 57/2008, relativo às práticas comerciais desleais de empresas nas suas relações com os consumidores.

Na América Latina, o Código de Defesa do Consumidor argentino não regula, como acontece no Brasil, a publicidade ilícita. A regulação da publicidade está em lei especial, a Lei n. 22.802, que trata da lealdade comercial (artigo 9º). No Chile, a publicidade enganosa vem disciplinada no artigo 28 da lei de defesa do consumidor, onde define como enganosa a publicidade que induz o consumidor em erro ou engano quanto aos componentes e/ou à idoneidade do produto/serviço, às suas características relevantes, ao respectivo preço, à garantia e, por fim, à sua condição de violar, ou não, normas de proteção ao meio ambiente. O México também regulou a publicidade na Lei Federal de Proteção ao Consumidor (artigo 32 do capítulo III), onde determina que as informações ou as publicidades relativas a bens, produtos e serviços deverão ser verazes, comprováveis e isentas de texto, diálogos, sons, imagens, marcas, denominações de origem e outras descrições que induzam ou possam induzir o consumidor em erro ou confusão, por serem enganosas ou abusivas.

3.3 A Publicidade Ilícita no Código de Defesa do Consumidor Brasileiro

A caracterização da ilicitude da publicidade está diretamente vinculada ao abuso no exercício do direito previsto pelo artigo 187 do Código Civil.

Criar e veicular peças publicitárias estão entre os direitos dos profissionais da publicidade. O que não se admite, no entanto, é o exercício abusivo, quando

considera publicidade a propaganda política." FALCÃO, David. *Direito do consumo* – coletânea de legislação fundamental.

o publicitário cria e veicula peças publicitárias falando o que não poderia falar (publicidade enganosa), deixando de falar o que deveria (publicidade enganosa por omissão), violando princípios éticos vigentes na sociedade brasileira (publicidade abusiva), ou criando histórias fantasiosas, que não existem de fato e são vendidas e percebidas pelos consumidores como se verdadeiras fossem.

Além dessas hipóteses, há vedação expressa no artigo 36 do Código de Defesa do Consumidor da mensagem publicitária subliminar, aquela que o fornecedor tenta apresentar o seu produto/serviço utilizando mecanismo que não desperta no consumidor, imediatamente, a sua identificação como publicidade.

Nesse sentido, pode-se afirmar que existe um padrão de boa-fé exigido para o exercício da publicidade, que impõe restrições à informação errada, à ausência de informação, à informação eticamente restrita e à tentativa de fazer publicidade travestida, restrições estas que devem ser observadas e atendidas no trato da publicidade no Brasil.

Conforme afirma Pfeiffer:

> A obediência à transparência e boa-fé, concretizada na veiculação de uma mensagem publicitária veraz, amplia o bem-estar do consumidor, que não é levado a engano e tem contato com elementos informativos e persuasivos que orientam o seu processo de escolha.[317]

Ressalte-se que ao avaliar uma publicidade enganosa ou abusiva o operador do direito não deve ater-se à conduta do fornecedor, pois pouco importa qual tenha sido a intenção do fornecedor. A avaliação acerca da enganosidade ou da abusividade da publicidade é objetiva, assim como é a análise do consumidor destinatário da publicidade.

Portanto, a avalição objetiva da peça publicitária deixa de lado a análise da intenção do fornecedor, se havia ou não ânimo de enganar; de violar a boa-fé e a veracidade. Objetivamente, a publicidade será enganosa se violar o dever de veracidade; será abusiva se violar o dever de transmitir mensagem ética.

[317] PFEIFFER, Roberto Augusto Castellanos. *Defesa da concorrência e bem-estar do consumidor*, p. 89.

3.3.1 Abusividade

A primeira forma de ilicitude na publicidade a ser abordada neste ponto do estudo alude à elaboração de mensagem, dentro da publicidade, que não se harmonize com a ética predominante na sociedade brasileira.

Mais uma vez, convém destacar que não se pretende estabelecer qualquer tipo de patrulha ética e ideológica na publicidade, tampouco impedir o desenvolvimento de tão importante mecanismo da sociedade de consumo pós-moderna. O objetivo é, fundamentalmente, estabelecer padrões éticos para a publicidade comercial, a fim de evitar a ocorrência das ilicitudes estabelecidas em lei.

É a impertinência de afirmações persuasivas que caracteriza o ilícito da publicidade abusiva. A abusividade reside, portanto, na mensagem transmitida pela publicidade e deriva do conceito de abuso de direito.

Abusar, como cediço, é exceder no uso, é usar demais, é usar mais do que o normal, é o excesso no uso de determinada prerrogativa, é, enfim, exceder no exercício de um direito. Se a lei confere direito a alguém, ela mesma, a lei, impõe a esse alguém o dever de exercer o seu direito de forma regular e sem abusos.

O abuso de direito previsto no artigo 187 do Código Civil revela a necessidade de imposição de limites ao exercício de determinado direito subjetivo, contrariamente à liberdade absoluta que sempre foi objeto de cobiça pelo homem moderno. Em tempos de pós-modernidade, de solidariedade e de riscos, não há espaço para uma liberdade exacerbada, que permita o exercício abusivo de um direito.

O dispositivo legal retromencionado considera ilicitude a conduta de todo aquele que, manifestamente, exceder-se nos limites impostos para o exercício de determinado direito. Também comete ato ilícito o titular de um direito que, ao exercê-lo, manifestamente, excede-se nos limites impostos pelo seu fim econômico ou social, pela boa-fé ou pelos bons costumes.

No direito do consumidor, o abuso de direito está intimamente ligado à publicidade, além de ser também objeto de estudo na análise das práticas comerciais e nas cláusulas contratuais. No entanto, é na publicidade que o estudo da abusividade ganha destaque, pelo fato de atingir a formação da vontade do consumidor, assim como acontece com a violação ao dever de veracidade e de boa-fé que se constata na publicidade enganosa.

Relembrando o disposto no artigo 37, § 2º, do Código de Defesa do Consumidor, verdadeira cláusula geral de não abusividade, consideram-se abusivas, entre outras, a publicidade discriminatória de qualquer natureza; a que explora o medo e a superstição; a que coloca o consumidor em comportamento de risco à sua saúde e à sua segurança; e a que incita a violência, o preconceito, a violação de valores ambientais e a infantil.

O Código de Autorregulamentação Publicitária dilui em diversos dispositivos o que entende por publicidade abusiva, aquela que não leva em conta valores caros para a sociedade, estampados no texto da Constituição Federal brasileira.

Nos artigos 19 a 26, o Código de Autorregulamentação Publicitária[318] exige respeito à dignidade da pessoa humana, à intimidade e ao interesse social. Veda a publicidade discriminatória que ofenda padrões de decência vigentes no mercado de consumo, que abuse da confiança do consumidor, que explore eventual ausência de experiência e que, por fim, explore o medo, a superstição ou induza à prática da violência.

No direito estrangeiro, o direito português, à semelhança do direito do consumidor brasileiro, proíbe toda e qualquer publicidade que, pela sua forma, objeto ou fim, ofenda valores, princípios e instituições fundamentais constitucionalmente consagrados (artigo 7º do Código da Publicidade). Proíbe também a publicidade discriminatória, que incite a violência, que viole a proteção ao meio ambiente (artigo 7º do Código da Publicidade), que atente contra os direitos do consumidor (artigo 12º do Código da Publicidade) e que coloque em risco a saúde e a segurança do consumidor (artigo 13º do Código da Publicidade)[319].

Na definição de Dias, publicidade abusiva:

> [...] é aquela que agride os princípios e valores maiores do ordenamento jurídico e que informam e permeiam a nossa sociedade. Proíbe-se qualquer forma de publicidade que atente contra os valores sociais fundamentais ou que induza o consumidor a adotar comportamento prejudicial à sua saúde ou segurança.[320]

[318] CÓDIGO BRASILEIRO DE AUTORREGULAMENTAÇÃO PUBLICITÁRIA. Disponível em: <http://www.conar.org.br/codigo/codigo.php>. Acesso em: 12 nov. 2016.

[319] FALCÃO, David. *Direito do consumo* – coletânea de legislação fundamental.

[320] DIAS, Lucia Ancona Lopez de Magalhães. *Publicidade e direito*, p. 166.

Ao fornecedor, bem sabemos, é conferido o direito de propagandear seus produtos/serviços. No âmbito desse direito, contudo, não poderá praticar abusividades na mensagem publicitária; quer dizer, a conduta, que materializa o seu legitimo direito de tornar públicos seus produtos/serviços, não poderá exceder-se nos limites impostos pela lei.

A abusividade, tal como a enganosidade, é aferível de modo objetivo, não havendo espaço para discussão acerca da vontade deliberada do fornecedor de abusar. Basta que o ato viole a ética, a boa-fé, os bons costumes e o fim social e econômico do direito, que já estará configurada a abusividade.

O ato abusivo nem sempre causará dano a alguém, nem por isso deixará de ser considerado abusivo. A publicidade, por exemplo, não necessariamente deverá provocar no consumidor o efeito de um ato que coloque em risco sua saúde e segurança. Para que publicidade seja caracterizada abusiva, basta que sua mensagem incentive a prática de ato que possa causar danos à saúde e à segurança do consumidor.

Assim como ocorre na enganosidade, a ocorrência de alguma das espécies previstas na lei é suficiente para que a publicidade seja considerada ilícita e os seus agentes infratores.

A publicidade é, portanto, abusiva quando permeia a ideia de exploração ou opressão do consumidor e a violação de importantes valores da sociedade. Não se trata de vontades individuais, mas sim de lesividade à coletividade por ofensa a princípios que são caros a todos os interessados na formação de um mercado de consumo saudável.

3.3.2 Enganosidade

3.3.2.1 Antecedentes e o Direito Estrangeiro

No sistema jurídico brasileiro não havia uma forma clara de identificação da publicidade enganosa como prática ilícita no mercado de consumo, também não se conheciam mecanismos para evitar a sua ocorrência e coibir a sua prática, tampouco medidas para uma efetiva punição.

De fato, anteriormente à edição do Código de Defesa do Consumidor não havia mecanismos claros de identificação e de punição para essa espécie de prática comercial ilícita. O diploma consumerista inovou ao reconhecer, em texto normativo, práticas comerciais ilícitas, como é o caso da publicidade enganosa.

Na verdade, os institutos do erro, da culpa e do dolo previstos no Código Civil de 1916 não eram suficientes para impedir essas práticas comerciais ilícitas no mercado de consumo. E há razão para essa conclusão: todos os conceitos inscritos no Código Civil revogado pressupunham a análise de conduta do agente, o que não raro impedia a exata configuração da ação ilícita. E é exatamente nesse ponto que reside a inteligência do Código de Defesa do Consumidor, que, dispensando a culpa, concebeu a identificação da prática publicitária ilícita de forma muito mais objetiva.[321]

Benjamin assim também analisa:

> O Direito tradicional não dava resposta adequada, seja civil, seja penal, à publicidade enganosa. O erro (CC de 1916, arts. 86 a 91) e o dolo (CC de 1916, arts. 92 a 97), assim como o princípio da boa-fé, tanto no Brasil como alhures, não se prestavam para a proteção do consumidor em tal área. Urgente era, pois, a reforma da disciplina jurídica desse importante capítulo das práticas comerciais. Reforma essa que se processou, em rápida evolução, tanto na doutrina, como no plano legislativo.[322]

Acrescente-se que os vícios de consentimento, próprios do direito privado tradicional, não eram mais adequados à identificação de práticas comerciais ilícitas no mercado de consumo, tampouco havia instituto que tipificasse tais condutas como ilícito na esfera penal. Houve, como mencionado, uma rápida evolução, principalmente em caráter legislativo, que concebeu a figura da publicidade enganosa estampada no artigo 37, § 1º, do Código de Defesa do Consumidor.

[321] Da leitura do artigo em comento, resulta clara a irrelevância da intenção culposa ou dolosa do fornecedor anunciante para a configuração do caráter enganoso da mensagem publicitária. De fato, a verificação do comportamento do fornecedor só será necessária para a tipificação da publicidade enganosa como ilícito penal. FURLAN, Valeria C. P. *Princípio da veracidade nas mensagens publicitárias. Revista de Direito do Consumidor,* São Paulo, RT, p. 241-282. Doutrinas Essenciais de Direito do Consumidor. p. 268.

[322] BENJAMIM, Antonio Herman Vasconcelos e. *Código Brasileiro de Defesa do Consumidor comentado pelos autores do anteprojeto,* p. 344.

No direito estrangeiro, há caracterização da publicidade enganosa como mecanismo de indução do consumidor em erro diante de violação do dever de veracidade da informação.

O Código da Publicidade português, por exemplo, dispõe em seu artigo 10 que a publicidade deve respeitar a verdade, não deformando os fatos. As afirmações relativas a fatores como origem, natureza, composição, propriedade e condições de aquisição dos produtos/serviços objetos da publicidade, devem ser exatas e passíveis de prova pelo fornecedor, a todo momento, perante as instâncias competentes. O mesmo código, no seu artigo 11, veda expressamente a prática da enganosidade, pois entende como proibida toda publicidade que considera enganosa nos termos do Decreto-Lei n. 57/2008, que trata das práticas comerciais desleais das empresas nas relações com os consumidores e elenca nos artigos 7º, 8º e 9º as hipóteses de práticas enganosas no mercado de consumo.

Pela legislação portuguesa, a entidade competente pode exigir que o fornecedor apresente provas da exatidão material dos dados veiculados pela publicidade, sob pena de caracterizar-se a enganosidade vedada pelo citado Decreto n. 57. Em outras palavras, a ausência de provas ou a sua insuficiência caracterizarão a publicidade enganosa.

No direito comunitário, a regulação está amparada na Diretiva n. 2006/114/CE, de 12 de dezembro de 2006, e objetiva: (i) proteger os negociantes contra a publicidade enganosa e suas consequências desleais; e (ii) estabelecer as normas permissivas da publicidade comparativa.

Ainda, nos termos da Diretiva n. 2006/114/CE[323], publicidade enganosa é toda publicidade que, de qualquer forma, incluindo a sua apresentação, induz ou é susceptível de induzir em erro as pessoas a quem se dirige ou que atinge, aí incluídos os próprios concorrentes.

Ao dissertar sobre o regime jurídico da publicidade, Chaves noticia que o direito interno dos Estados que compõem a União Europeia deverá permitir a eventuais interessados obter uma decisão de cessação ou de proibição de

[323] EUR-LEX. Directiva 2006/114/CE do Parlamento Europeu e do Conselho, de 12 de dezembro de 2006, relativa à publicidade enganosa e comparativa (versão codificada) (Texto relevante para efeitos do EEE). Disponível em: <http://eur-lex.europa.eu/legal-content/PT/TXT/?uri=celex%3A32006L0114>. Acesso em: 14 nov. 2016.

difusão de publicidade que se caracterize como enganosa, mediante processo judicial, administrativo ou autodisciplinar.[324]

A Argentina trata a publicidade enganosa no campo da lealdade comercial (Lei n. 22.802) e não na Lei de Defesa do Consumidor (LDC). A Bolívia disciplina a publicidade enganosa no âmbito penal, especificamente no âmbito da fraude comercial, consoante previsão expressa no artigo 237 do referido diploma legal. O Chile tipifica como conduta de publicidade enganosa a prática publicitária que induz o consumidor em erro ou o engana a respeito de características do produto/serviço lançado no mercado. O México também regula a publicidade enganosa na sua lei de proteção ao consumidor, afirmando que todas as informações relativas a produtos/serviços deverão ser verazes, vedadas (i) qualquer possibilidade de indução do consumidor em erro e, expressamente, (ii) a inexatidão, a falsidade, o exagero, o artifício.

3.3.2.2 Conceito

"O legislador demonstrou colossal antipatia pela publicidade enganosa". Essa afirmação de Benjamin resume bem o entendimento do legislador consumerista acerca da publicidade enganosa. É com ela que se pretende começar a analisar o conceito de publicidade.

A "colossal antipatia" do sistema de proteção e de defesa do consumidor com a publicidade enganosa surge da constatação de que o consumidor tem o direito fundamental de não ser enganado. Por essa razão, dispõe o sistema de defesa do consumidor que toda mensagem publicitária deve ser verdadeira para que seja considerada lícita. E assim deve ser porque a enganosidade é um traço patológico da sociedade de consumo que deve ser eliminado.

> Esse traço patológico afeta não apenas os consumidores, mas também a sanidade do próprio mercado. Provoca, está provado, uma distorção no processo decisório do consumidor, levando-o a adquirir produtos e serviços que, estivesse melhor informado, possivelmente não o faria.[325]

[324] CHAVES, Rui Moreira. *Regime jurídico da publicidade*, p. 200.

[325] GRINOVER, Ada Pelegrini *et al. Código Brasileiro de Defesa do Consumidor comentado pelos autores do anteprojeto*, p. 343.

O repúdio à enganosidade na publicidade comercial estampada no texto normativo – o Código de Defesa do Consumidor – atinge primordialmente o interesse da coletividade. Esse também é o entendimento de Almeida:

> A publicidade que desrespeita a imposição legal de veracidade fere o interesse de toda a coletividade de pessoas a ela expostas, determináveis ou não, e que são equiparadas ao conceito de consumidor nos termos do artigo 29 do Código.[326]

O Código de Defesa do Consumidor, ao tratar da publicidade enganosa, criou um novo dever, um dever de "veracidade especial", que deve ser cumprido por todo fornecedor que utiliza mecanismos de marketing para oferecer seus produtos/serviços no mercado de consumo.

O legislador certamente se baseou na ideia de mundo pós-moderno que abriga a sociedade de informação e permite um real e efetivo aumento da velocidade da comunicação e consequentemente de troca de informações para exigir respeito à veracidade e à boa-fé como valores fundamentais. Soma-se o fato de na sociedade informacional pós-moderna o risco de ocorrência de dano ter aumentado consideravelmente com os novos mecanismos de comunicação. O direito, nesse contexto, não pode esquivar-se de regulamentar essa troca dinâmica de informações, especialmente quando se trata de venda de produtos/serviços no mercado de consumo.

Ulhôa Coelho vai além ao afirmar que não só a veracidade é essencial, mas também a transparência na colocação de produtos/serviços no mercado de consumo.

> A doutrina assinala que a efetiva mudança da evolução da disciplina da publicidade se verifica quando se passa do princípio da veracidade ao da transparência. Adotando apenas o primeiro, o direito limita-se a coibir a veiculação de publicidade capaz de enganar os espectadores. Ao incorporar o segundo, o direito define as informações indispensáveis

[326] ALMEIDA, Aliette Marisa S. D. N. Teixeira de. A publicidade enganosa e o controle estabelecido no Código de Defesa do Consumidor. *Revista de Direito do Consumidor*, São Paulo, RT, 53/11, jan./mar. 2005. p. 44.

> que o empresário está obrigado a prestar, em sua publicidade, para contribuir com a tomada de decisão adequada pelo consumidor.[327]

A preocupação do legislador consumerista com a norma estampada no artigo 37, § 1º, que elevou à categoria de princípio o dever de veracidade e de boa-fé da prática publicitária, tipificando como ilícita a publicidade enganosa, foi justamente demonstrar o interesse da sociedade em evitar que informações, especialmente as de caráter publicitário, induzam o consumidor em erro, prejudiquem a sua autonomia da vontade e impeçam o livre exercício do direito de livre escolha do consumidor.

Alguns exemplos ilustram bem a enganosidade na publicidade. Um deles ocorre quando o fornecedor apresenta determinada oferta publicitária munido de foto do produto que não condiz com a realidade do preço oferecido, ou seja, oferece um produto com uma série de qualidades e diferenciais, mas o preço não corresponde ao produto anunciado na oferta publicitária. Outro exemplo claro de publicidade enganosa é a conhecida "publicidade chamariz", quando o fornecedor chama o consumidor para adquirir determinado produto, mas adentrar o estabelecimento comercial percebe que a mensagem produzida na publicidade não corresponde à realidade. São casos típicos de publicidade chamariz os anúncios de produtos com preços abaixo daqueles praticados regularmente no mercado, que não são encontrados pelo consumidor no momento da compra.

Situações como essas demonstram que o consumidor é levado a adquirir determinado produto ou contratar determinado serviço com informações que não são verazes e devem, portanto, com fulcro no Código de Defesa do Consumidor, ser extirpadas do mercado de consumo. Na verdade, revelam patologias como aquelas tentativas do fornecedor de convencer o consumidor sobre a credibilidade da sua marca, dos seus produtos/serviços com base em histórias contadas (*storytelling*) que, depois, descobrem-se não ser verdadeiras.

Informações sobre a história da marca dão credibilidade e têm o propósito de atrair o consumidor para adquirir o produto ou contratar o serviço por

[327] ULHOA COELHO, Fabio. *A publicidade enganosa no Código de Defesa do Consumidor*. Doutrinas Essenciais. Direito do Consumidor. São Paulo. Ed. Revista dos Tribunais, 2011. v. III. p. 186-187.

acreditar nas informações veiculadas. Contudo, vale frisar, se houver ofensa ao dever de veracidade, na intenção de induzir o consumidor em erro, a publicidade será caracterizada como enganosa e o responsável punido com os rigores impostos pelo Código de Defesa do Consumidor. Mas isso ainda não acontece porque a análise da enganosidade é tão somente em relação aos atributos do produto/serviço.

A leitura simples que se faz hoje do Código de Defesa do Consumidor revela uma enganosidade relativa exclusivamente aos atributos do produto/serviço. As novas práticas do mercado, no entanto, exigem uma leitura mais ampla do disposto no artigo 37, § 1º, do diploma consumerista, que dê nova roupagem à enganosidade diante das novas práticas do mercado de consumo da pós-modernidade.

O produto/serviço não chega diretamente ao consumidor quando uma publicidade é veiculada. Na verdade, o que alcança primeiramente o consumidor é a imagem moldada pela publicidade. Desse fato decorre o dever de o produto/serviço corresponder exatamente aos atributos que apresenta no mundo fenomênico, real. Do contrário, haverá violação do dever de veracidade por incutir na mente do consumidor uma falsa noção da realidade, caracterizando a ilicitude que se pretende ver extirpada do sistema jurídico brasileiro.[328]

A prática comercial que lança mão da publicidade enganosa é muito grave, não só porque atinge o consumidor, mas também porque prejudica a concepção de um saudável sistema de concorrência entre fornecedores.

No cenário pós-moderno, a qualidade e o preço dos produtos/serviços deixaram de servir como instrumentos de concorrência. Hoje, marca e imagem, de fato, definem as escolhas dos consumidores porque dão credibilidade ao fornecedor e ao produto/serviço.

A bem da verdade, ao veicular informações sobre produtos/serviços que não condizem com a realidade, o fornecedor pretende obter vantagem em relação ao concorrente, o que caracteriza a concorrência desleal.

[328] FURLAN, Valeria C. P. *Princípio da veracidade nas mensagens publicitárias. Revista de Direito do Consumidor*, São Paulo, RT, p. 241-282. Doutrinas Essenciais de Direito do Consumidor. p. 262-263.

Pfeiffer discorre sobre alguns reflexos da publicidade enganosa:

> Se é saudável que a empresa invista em publicidade para fixar a sua marca e com isso angariar a preferência dos consumidores, é deletério (e ilícito) que ela o faça através de publicidade enganosa. Através de tal expediente o consumidor é levado a erro (já que identifica equivocadamente um atributo que a empresa não possui) e os concorrentes que eticamente se recusam a enganar o consumidor são prejudicados, pois perdem clientes para a empresa que praticou a enganosidade.[329]

Os problemas apontados, por si sós, demonstram a necessidade de se estabelecer um firme sistema de controle da publicidade comercial no Brasil, apto a coibir práticas de publicidade enganosa que comprometam a autonomia da vontade do consumidor e que violem o dever de convivência harmoniosa entre os diversos fornecedores.

Bom exemplo de publicidade enganosa é o conhecido julgamento do Superior Tribunal de Justiça, que caracterizou como ilícita a embalagem de água mineral que trazia em seu rótulo a expressão "diet por natureza"[330]. Segundo a Corte Especial, essa expressão induzia o consumidor em erro quando decidia adquirir tal produto, especialmente devido as suas qualidades e propriedades quando comparado a produtos da mesma espécie. A decisão deixa claro que toda água é "diet" e que ao colocar esta expressão na embalagem do produto a pretensão seria destacar uma qualidade que é encontrada na água, independente de quem a forneça, induzindo, portanto, o consumidor em erro.

Outro exemplo bem recente de publicidade enganosa foi objeto de análise no julgamento do recurso de Embargos de Divergência EREsp 1185323-RS[331], apresentado pelo Ministério Público Federal em ação civil pública promovida

[329] PFEIFFER, Roberto Augusto Castellanos. *Defesa da concorrência e bem-estar do consumidor*, p. 90.

[330] BRASIL. Superior Tribunal de Justiça. REsp 447.303-RS. (2002/0076669-9). Relator Ministro Luiz Fux. Brasilia, DF. Julgamento 02.10.2003. Publicação 28.10.2003. Disponível em: <http://stj.jusbrasil.com.br/jurisprudencia/7413741/recurso-especial-resp-447303--rs-2002-0076669-9/inteiro-teor-13066527>. Acesso em: 11 nov. 2016.

[331] BRASIL. Superior Tribunal de Justiça. EREsp 1185323-RS (2010/0048082-0). Relator Min. Luiz Felipe Salomão. Brasília, DF. Julgamento de 24.10.2016. Disponível em: <http://www.stj.jus.br/SCON/jurisprudencia/doc.jsp?id=1449816>. Acesso em: 11 nov. 2016.

em face das Cervejarias Kaiser do Brasil. O Superior Tribunal de Justiça, reformando decisão anterior da 4ª Turma considerou ilícita a expressão "sem álcool" contida em cerveja de fabricação da empresa demandada. Para a Corte Especial, não obstante atender aos parâmetros contidos em decretos e legislação esparsa, o rótulo ofendia um dos "direitos mais básicos" do consumidor: a veracidade da informação.

3.3.2.3 Elementos

Ao falar de enganosidade na publicidade comercial, Benjamim[332] estabeleceu algumas premissas para a caracterização da publicidade enganosa, que são aqui compartilhadas porque representam, resumidamente, a forma como se estabeleceu o regime da enganosidade no sistema de proteção e de defesa do consumidor no Brasil.

O reconhecimento da publicidade enganosa (i) não exige prova da enganosidade de fato, bastando que a ilicitude seja em potencial; (ii) dispensa a análise de boa-fé do fornecedor, uma vez que a enganosidade é analisada objetivamente; (iii) materializa-se nas alegações ambíguas e nas parcialmente verdadeiras; (iv) também ocorre no silêncio, como ausência de informação positiva; (v) considera o fato de uma prática poder ser considerada normal para um grupo de fornecedores, mas nem por isso deixará de ser enganosa; (vi) admite que o seu *standard* não é fixo, podendo ser avaliado com maior intensidade em face de consumidores com vulnerabilidade acentuada, aqueles especialmente protegidos por lei.

Do conceito de enganosidade, extraem-se os elementos que, embora brevemente comentados a seguir, são fundamentais para a exata compreensão da tese que se pretende defender: abertura do conceito; falsidade da mensagem, ainda que parcial; e indução em erro, ainda que caraterizada a omissão do fornecedor.

O conceito de enganosidade deve ser aberto, uma vez que, segundo o texto normativo, o objeto de análise do intérprete será "qualquer modalidade de informação ou comunicação de caráter publicitário". Essa abertura do

332 BENJAMIM, Antonio Herman Vasconcelos e. *Código Brasileiro de Defesa do Consumidor comentado pelos autores do anteprojeto.*

conceito deverá permitir que outras situações sejam submetidas ao tipo legal dessa ilicitude e não apenas aquelas relativas exclusivamente aos atributos do produto/serviço.

A abertura do conceito de enganosidade dá sustentação à proposta de uma releitura do conceito de enganosidade para torná-lo mais amplo, abrangente e que contemple os novos mecanismos de publicidade decorrentes dos movimentos da sociedade de consumo pós-moderna concebidos no fim do século XX e no limiar do século XXI.

Assim, se na pós-modernidade outros formatos de comunicação publicitária foram criados ou descobertos pelo homem, uma releitura e uma adaptação dos conceitos legais também são necessárias para acompanhar o dinamismo do mercado de consumo atual. Em outras palavras, é preciso alargar o conceito de publicidade enganosa para abarcar o maior número de situações, com vistas à manutenção de um mercado de consumo saudável.

Nessa senda, toda informação passada ao consumidor deve ser verdadeira, de modo a não macular a sua manifestação de vontade, e que ela seja concebida de forma saudável. Isso porque um único fato trazido pela publicidade poderá ser determinante para o consumidor decidir se adquire, ou não, determinado produto/serviço.

Além da abertura do conceito legal de enganosidade, outro elemento da publicidade enganosa a ser analisado é a falsidade da mensagem. Ainda que parcial, a falsidade da mensagem é considerada ilicitude porque ofende os princípios da veracidade e da boa-fé.

Nas palavras de Pasqualotto: "O dever de veracidade é específico, não genérico"[333]. E aduz que a vedação da falsidade da publicidade reside também no dever de boa-fé que deverá orientar o fornecedor ao dar publicidade a seus produtos/serviços.

[333] O consumidor padrão é o destinatário dos deveres de informação que concretizam a transparência legalmente comandada, pois, como observa Pasqualotto, o dever de veracidade é específico, não genérico. É o que também lembra Tomasetti Júnior, para quem a transparência significa uma situação informativa favorável a uma apreensão racional pelos agentes econômicos que figuram como sujeitos naquelas declarações (negociais para consumo), considerando-se, pois, os sujeitos destinatários das declarações – não cada um em particular, mas a média de um segmento específico. *Apud* MARTINS-COSTA, Judith. *A boa-fé no direito privado* – critérios para a sua aplicação, p. 306.

Martins-Costa, analisando o mesmo tema, afirma que "a boa-fé como norma de direcionamento de condutas aponta também para o caráter substancialista da informação devida, a fim de lograr-se transparência". Exatamente por isso, a publicidade não pode conter informações inverídicas, qualquer que seja o motivo, em decorrência dos deveres objetivos e específicos de veracidade e de boa-fé, a serem observados pelos fornecedores na elaboração e na veiculação peça publicitária.

Ao definir como ilícita a publicidade que veicula informações falsas, a preocupação do legislador é fundamentalmente com a possibilidade de o consumidor ser induzido em erro e, assim, ver violados os seus direitos à saudável formação da autonomia da vontade e ao livre exercício do direito de escolha.

A análise da indução em erro é abstrata e objetiva porque independe da intenção do fornecedor de enganar. A eventual boa-fé do fornecedor não será objeto de análise por ocasião do controle da publicidade, o que torna a sua caracterização desalinhada com os conceitos de culpa e dolo, cuja aferição é, portanto, desnecessária.

Assim também sustenta Nery Júnior[334]: "Basta, portanto, a tão só potencialidade de perigo de indução do consumidor em erro, para que se caracterize a publicidade como enganosa, sendo desnecessário o engano e o prejuízo efetivo.".

Na caracterização da publicidade enganosa vale o simples fato de o consumidor ter sido induzido em erro pela peça publicitária.

O último elemento apresentado para caracterização da publicidade enganosa é a informação essencial sobre o produto/serviço.

Da leitura do artigo 37, § 1º, do Código de Defesa do Consumidor, infere-se que o parâmetro de caracterização da enganosidade é a informação essencial do produto/serviço. É, de fato, sobre a informação essencial que incidirá a falta de verdade ou a omissão de informação.

Segundo o dispositivo legal em comento, a informação essencial estaria diretamente relacionada a distintos atributos do produto/serviço: natureza, características, qualidade, quantidade, propriedades, origem, preço, entre outros. Esse conceito, vale lembrar, deve ser ampliado diante dos novos

[334] NERY JUNIOR, Nelson. *O regime da publicidade enganosa no Código de Defesa do Consumidor.* Doutrinas Essenciais Direito do Consumidor. São Paulo: Revista dos Tribunais, 2011. v. III. p. 236.

mecanismos de comunicação de que se vale a publicidade para convencimento do consumidor.

A propósito, o vocábulo "essencial' está intimamente ligado ao convencimento do consumidor para aquisição de produto ou contratação de serviço. É essencial porque justamente determina se a informação veiculada fez ou faria o consumidor decidir pela aquisição do produto/serviço, ou não.

Informação essencial enganosa, portanto, é aquela que está em desconformidade com a realidade, sua presença ou ausência é capaz de induzir o consumidor em erro.

Enfim, uma simples leitura do disposto no artigo 37, § 1º, do Código de Defesa do Consumidor permite inferir que publicidade enganosa é aquela capaz de induzir o consumidor em erro, por ação ou omissão, em razão da veiculação pelo fornecedor de mensagem inteira ou parcialmente falsa acerca dos atributos dos produtos/serviços.

Mas a leitura simples que se tem hoje não é suficiente para garantir proteção ao consumidor em face da dinâmica da sociedade de consumo pós-moderna. O conceito deve ser ampliado para que novas situações não albergadas pela concepção restrita de publicidade enganosa sejam objeto de proteção jurídica.

3.3.3 A ampliação do Conceito de Enganosidade para além dos Atributos do Produto ou do Serviço. O Reconhecimento do Direito Fundamental do Consumidor à Veracidade na Publicidade e a Enganosidade Especial do Storytelling

O alargamento do conceito de enganosidade comentado na seção anterior para classificar como espécie de publicidade enganosa a intenção ilícita do fornecedor de convencer o consumidor a comprar produtos ou contratar serviços, com histórias contadas sobre si mesmo, sobre sua marca ou sobre seu produto/serviço é uma exigência do respeito aos deveres de boa-fé e de veracidade no âmbito das relações de consumo.

A grande preocupação do mercado de consumo, dos fornecedores e dos publicitários com a imagem e com a marca dos seus produtos/serviços é resultado do novo formato de atividade publicitária que surgiu em decorrência das mudanças que se desenvolveram ao longo do século XX, cujos exemplos mais concretos são os novos mecanismos de comunicação como a internet e as redes sociais.

A comunicação mudou, fruto das mudanças já relatadas, e a publicidade acompanhou essa mudança, razão pela qual a sua regulação deve se adaptar a esse novo cenário. Nessa esteira, uma nova arte de convencimento de consumidores surge: a preocupação do fornecedor com a sua imagem e com a sua marca para distinguir e valorizar o próprio produto/serviço e respectivos atributos.

Em obra que relata a tirania das marcas, Klein descreve esse panorama, foco deste estudo. Nas palavras da autora:

> [...] as corporações de sucesso devem produzir principalmente marcas, e não produtos. [...] Uma vez que muitos dos mais conhecidos fabricantes de hoje não mais fazem os produtos e os distribuem, mas em vez disso compram produtos e lhes dão sua marca, essas empresas estão continuamente procurando por novas formas criativas de construir e fortalecer a imagem das marcas. Fabricar produtos pode exigir perfuratrizes, fornalhas, martelos e similares, mas criar uma marca pede um conjunto completamente diferente de ferramentas e materiais.[335]

O papel da publicidade nesse contexto é distinto. A marca também tem outro propósito: criar a personalidade corporativa.

> O papel da publicidade mudou, passando do fornecimento de informes sobre os produtos para a construção de uma imagem em torno de uma variedade identificada de um produto. A primeira tarefa do *branding* era dotar de nomes próprios bens genéricos como açúcar, farinha de trigo, sabão e cereais, produtos que antes eram retirados de barris por comerciantes locais. [...] Depois de estabelecer o nome e o caráter dos produtos, a publicidade lhes deu um meio de atingir diretamente os prováveis consumidores. A 'personalidade' corporativa, singularmente nomeada, embalada e divulgada, havia chegado.[336]

[335] KLEIN, Naomi. *Sem logo*: a tirania das marcas em um planeta vendido, p. 30.
[336] KLEIN, Naomi. *Sem logo*: a tirania das marcas em um planeta vendido, p. 31.

Klein disserta ainda sobre o desenvolvimento da marca e sua evolução, que denomina de "consciência corporativa":

> No final da década de 1940 surgiu a consciência de que uma marca não era apenas um mascote, um *slogan* ou uma imagem impressa na etiqueta do produto da empresa; toda empresa podia ter uma identidade de marca ou uma 'consciência corporativa', como na época foi denominada esta efêmera qualidade. Com a evolução dessa ideia, o publicitário deixou de ver a si mesmo como um vendedor e passou a se considerar 'o rei-filósofo da cultura comercial', nas palavras do crítico de publicidade Randall Rothberg. A busca do verdadeiro significado das marcas – ou a 'essência de marca', como é frequentemente chamado – gradualmente distanciou as agências dos produtos e suas características e as aproximou de um exame psicológico/antropológico de o que significam as marcas para a cultura e a vida das pessoas. O que pareceu ser de importância fundamental, uma vez que as corporações podem fabricar produtos, mas o que os consumidores compram são marcas.
>
> Levou várias décadas para que o mundo da fabricação se adaptasse a essa mudança. Ele se manteve fiel à ideia de que seu negócio essencial ainda era a produção, e que a marca era uma importante contribuição. Então chegou a mania do capital de marca.[337]

Essa mudança histórica nos objetivos da publicidade deve espraiar-se para o direito, especialmente a interpretação dos dispositivos legais. Se a interpretação combina com antigos aspectos da publicidade, que privilegiavam o produto/serviço *per se*, deve ela adaptar-se à nova realidade pós-moderna. Desta feita, a enganosidade prevista em lei não poderá ficar circunscrita apenas aos atributos do produto/serviço, mas sim acompanhar a evolução da publicidade, dirigir-se à marca e a outros mecanismos de convencimento do consumidor, mormente aquele que conta histórias sobre o fornecedor e sobre a marca com a intenção clara de transmitir confiança e credibilidade.

337 KLEIN, Naomi. *Sem logo*: a tirania das marcas em um planeta vendido, p. 31.

Bom exemplo nesse sentido tem assento no disposto no artigo 66 do Código de Defesa do Consumidor que trata de afirmações falsas ou enganosas para tipificação penal. Ao qualificar as hipóteses de ação ou omissão falsa ou enganosa do consumidor, o legislador restringiu a aplicação do texto a situações relativas exclusivamente aos atributos do produto/serviço. De acordo com o referido artigo, configura ilícito penal a publicidade que faz afirmação falsa ou enganosa, ou omite informação relevante sobre natureza, característica, qualidade, quantidade, segurança, desempenho, durabilidade, preço ou garantia de produtos/serviços. A formatação legal desse tipo penal é mais um ingrediente para amalgamar a afirmação de que é preciso se proceder a uma mudança de paradigma com relação à interpretação da enganosidade do Código de Defesa do Consumidor, para que não seja restritiva.

Com efeito, o *storytelling* (contar histórias), utilizado como novo mecanismo de marketing, cuja influência sobre o consumidor não é contemplada pela interpretação que se faz hoje do artigo 37, § 1º, do Código de Defesa do Consumidor, não tem, em si, uma ilicitude. A ilicitude reside em fantasiar algo como se verdade fosse. O exagero e a fantasia poderão fazer parte dos mecanismos de criação da peça publicitária, desde que não induzam o consumidor em erro, propalando inverdades tão somente para convencê-lo a adquirir produtos ou contratar serviços. Mais, a atitude ilícita do fornecedor e do publicitário também se caracteriza quando a peça publicitária veiculada procura suscitar o sentimento de empatia do consumidor, seja pela fantasia, seja pelo exagero. Nada impede que o fornecedor conceba uma fantasia ou exagero na sua peça publicitária, mas deve ficar claro para o consumidor que há, de fato, um exagero ou que a história contada é fantasiosa porque, caso contrário, será caracterizada essa enganosidade especial, que ainda não é contemplada na interpretação que se faz do artigo 37, § 1º, do Código de Defesa do Consumidor.

Acrescente-se que a interpretação atual deste dispositivo do diploma consumerista não é suficiente para coibir o novo formato de prática publicitária ilícita, justificando, assim, a necessidade de uma ampliação, justamente para aproveitar a abertura do conceito de enganosidade. É que na época da concepção do Código de Defesa do Consumidor a preocupação do legislador residia apenas na prática realizada pelo fornecedor para vender seus produtos/serviços. Houve um significativo avanço nesse sentido: o fornecedor "vende" muito mais que produtos/serviços; vende marca, imagem, experiência, credibilidade e confiança.

Nessa senda, o estudo da nova interpretação a ser dada ao artigo 37, § 1º, do Código de Defesa do Consumidor, que considera enganosos outros mecanismos de publicidade, exige um duplo esforço de análise: primeiro, quanto às justificativas de controle jurídico da publicidade; segundo, quanto ao exame das razões da ilicitude do *storytelling* como novo mecanismo de publicidade, que convence consumidores não pela simples divulgação dos atributos do produto/serviço, mas por levar ao conhecimento do consumidor histórias sobre a marca do produto/serviço ou do próprio fornecedor, para diferenciá-lo dos demais e criar o sentimento de credibilidade.

O Código de Defesa do Consumidor adotou um sistema normativo baseado em valores como honestidade, cooperação e transparência; estabeleceu também deveres anexos de declaração e de informação verdadeiras sobre fatos essenciais para a formação da vontade do consumidor. Com esse sistema, impedem-se ações dos fornecedores que tenham a intenção de enganar os consumidores, induzindo-os em erro acerca dos produtos/serviços colocados no mercado de consumo.

Tomassetti Júnior considera que:

> A insuficiência, a deficiência e a hipereficiência de informação – dado o caráter prescritivo do modelo de transparência que pode ser dogmaticamente construído a partir do Código de Defesa do Consumidor – caracterizam infração, pelo fornecedor, do dever legal de cooperar com a difusão eficiente da informação adaptada ao conseguimento de transparência das declarações negociais para consumo e nas relações de consumo.
>
> A transparência das declarações negociais para consumo e das relações jurídicas de consumo, pela eficiência da informação, passa a ser uma finalidade jurídica priorizada e, assim, não permeável a juízos hermenêuticos de mera razoabilidade. Ou o atendimento ao direito e aos interesses do consumidor se concretiza, porque a informação sobre o produto ou o serviço foi eficiente, ou há infração ao dever de informar.[338]

[338] TOMASETTI JUNIOR, Alcides. O objetivo de transparência e o regime jurídico dos deveres e riscos de informação nas declarações negociais para consumo. *Revista de Direito do Consumidor*, São Paulo, RT, 4/52, 1992. p. 58-59, 60.

Dentre as inúmeras formas de controle da publicidade, destaca-se, como fez Xavier, aquela publicidade – o *storytelling* – capaz de gerar:

> [...] motivação dos comportamentos sociais, criando necessidades novas nos consumidores e estabelecendo padrões de comportamento que não servem mais para a sociedade contemporânea, cultuadora de valores pós-modernos como a tolerância com a diversidade e a formação de vontade consciente, livre e racional dos consumidores.[339]

Não é demais lembrar que a questão relevante reside na possibilidade de as histórias contadas, mediante o mecanismo do *storytelling*, não serem verdadeiras, somando-se o fato de a interpretação de enganosidade que se faz hoje a partir do Código de Defesa do Consumidor não ser suficiente para reprimir tal conduta.

O problema do uso do *storytelling* na peça publicitária, consistente em contar uma história para qualificar a marca do fornecedor, é justamente noticiar como verdadeiro um fato que não aconteceu, com o único intuito de encantar o consumidor e convencê-lo a adquirir o seu produto ou contratar o seu serviço.

O bom discurso da publicidade, que deve prestigiar a boa-fé, não permite a violação do dever de veracidade, dever este a ser entendido como um dos pilares do sistema criado pelo Código de Defesa do Consumidor de mútua cooperação entre fornecedores e consumidores no mercado de consumo.

O Código de Defesa do Consumidor preencheu, como mencionado, o espaço que os regulamentos existentes até a sua edição e autorregulamentação não tinham conseguido suprir, qual seja, a efetiva regulação da publicidade comercial no Brasil[340]. Mas é preciso, como dito, ampliar a sua interpretação de acordo com as práticas da sociedade atual.

[339] XAVIER, José Tadeu Neves. Os limites da atuação publicitária na condução de comportamentos sociais: o valor da ética no controle jurídico da publicidade. *Revista de Direito do Consumidor*, São Paulo, RT, v. 21, n. 81, p. 117-143, jan./mar. 2012. p. 121.

[340] O Código de Defesa do Consumidor preencheu o espaço que os regulamentos e as autodisciplinas não tiveram o condão de suprir: regular a área com efetivo rigor. O que sempre houve foi uma autorregulamentação concentrada na proteção do próprio anunciante, como se a principal questão da publicidade desleal e abusiva se centrasse na concorrência. FEDERIGHI, Suzana Maria Pimenta Catta Preta. *Publicidade abusiva* – Incitação à violência, p. 127.

Se antes do CDC o controle da atividade publicitária era centrado nas figuras do fornecedor e do mercado, quando as leis de regência eram o Código Comercial e o Código Civil de 1916 – ambos textos normativos do fim do século XIX e início do século XX –, com a publicação do diploma consumerista o controle da publicidade voltou a sua preocupação para o consumidor, como personagem vulnerável da relação de consumo e que demandava proteção efetiva. Em outras palavras, se antes predominava no mercado de consumo a máxima *caveat emptor* ("o comprador que se acautele"), no sistema de proteção e de defesa do consumidor prevalece a ideia estampada pela máxima *caveat praebitor* ("o fornecedor que se acautele"), não havendo espaço algum para o *dolus bônus*.

O sistema implantado pelo Código de Defesa do Consumidor estabeleceu o direito subjetivo do consumidor à informação correta. A motivação para a compra de determinado produto/serviço passa a ser relevante e a ter conteúdo jurídico. A marca e a imagem do fornecedor, como sabido, desempenham uma função importante na decisão do consumidor de preferir determinado produto/serviço na medida em que geram credibilidade e confiança[341]. Por sua vez, as histórias contadas sobre a marca e a imagem do fornecedor devem, sim, contar com a respectiva regulamentação.

O *storytelling* é empregado para motivar a compra de produtos ou a contratação de serviços; é uma forma de atribuir credibilidade e confiança à imagem

[341] A marca, do ponto de vista econômico, desempenha funções diversas, tais como: *1) função indicadora da origem ou proveniência do produto* – o consumidor estabelecerá uma ligação imediata entre o produto e a empresa que o produz; *2) função de garantia da qualidade do produto* – o consumidor, conhecendo a marcam, interliga-a com a empresa produtora e certamente inferirá sobre a constância dos padrões de qualidade e manutenção das características dos produtos que ostentam aquela marca; *3) função sugestiva* – influencia a preferência do consumidor por aquele produto. Todavia, os produtos, apresentando características muito idênticas e perfeitamente normalizadas, enquanto reflexo da utilização da "máquina" no sistema produtivo, fazem com que a marca perca a função determinadora da escolha do produto: os produtos são iguais no preço, qualidade e características. A insuficiência das marcas, advinda da produção em série e do desenvolvimento produtivo e social, será suprida pelo recurso à publicidade. Esta centrando-se na marca e no produto correspondente, fornece-lhe poder de venda ou na terminologia anglo saxônica, *selling power*. O poder sugestivo da publicidade e a influência psicológica que esta exerce sobre o consumidor, permite anexar à marca um conjunto de factores ideiais, não utilitários, mas que emprestam ao produto a sedução que o torna apetecível e com uma personalidade própria [Grifos do autor]." CHAVES, Rui Moreira. *Regime jurídico da publicidade*, p. 204.

do fornecedor e à sua marca. Por isso, a análise da prática publicitária do *storytelling* ganha importância quando se tem em mente a necessidade de verificar o cumprimento dos deveres de informação, veracidade, transparência, honestidade e cooperação exigidos nas relações estabelecidas entre fornecedores e consumidores no mercado de consumo.

Em 2014, Orlando Marques, presidente da Associação Brasileira de Agências de Publicidade, afirmou que "o *storytelling* é valioso, mas nada deve ser mais relevante do que preservar o consumidor. Se a história é fictícia, o público deve perceber isso de cara"[342].

Storytelling é, enfim, um novo, e especial, tipo de enganosidade porque induz o consumidor em erro no momento mais importante da contratação, isto é, na formação do seu convencimento. Essa é, pois, a razão de se pugnar pelo efetivo controle desta técnica publicitária, consoante a nova intepretação aqui proposta para o artigo 37, §1º do Código de Defesa do Consumidor. A interpretação corrente, que dá ao dispositivo legal autorização para o controle da publicidade apenas em relação às informações sobre produtos/serviços não serve mais para a publicidade pós-moderna porque trata o *storytelling* que não traz informações verdadeiras como mera fantasia ou simples brincadeira do fornecedor.

A técnica do *storytelling* é utilizada sobretudo para fixar a imagem do fornecedor e principalmente das marcas, não raro o maior patrimônio da empresa. As histórias contadas ajudam a construir a marca e a imagem do fornecedor para o público consumidor; auxiliam o consumidor a acreditar na qualidade dos produtos/serviços, já que lhe confere solidez, confiança e credibilidade.

Ao contar uma história inverídica sobre a marca, sobre a empresa ou sobre aqueles que as conceberam, o fornecedor e seu agente publicitário induzem o consumidor em erro. Dada a relevância que essa história representa na decisão do consumidor na medida em que cria uma garantia de procedência do produto/serviço, eventual desvio que represente desrespeito ao dever de veracidade caracterizará não uma simples brincadeira ou fantasia mas uma prática publicitária ilícita, incorrendo o agente nas sanções civis, penais e

[342] VEJA.COM. *Diletto e Do Bem são investigadas pelo Conar por inventar histórias.* 26 nov. 2014. Disponível em: <http://veja.abril.com.br/economia/diletto-e-do-bem-sao-investigadas-pelo-conar-por-inventar-historias/>. Acesso em: 27 jul. 2016.

administrativas trazidas nos artigos 37, §1º, 56, 66 e 67, todos do Código de Defesa do Consumidor.

Enfim, a indução em erro, própria da publicidade enganosa, reside no fato de o consumidor pensar que está adquirindo um produto ou contratando um serviço, cujo fornecedor ou marca tem história, sem saber que tudo não passa de um engodo. Como ocorre em toda publicidade, o elemento persuasão está presente na prática do *storytelling*: o fornecedor deseja, de fato, persuadir o consumidor a adquirir determinado produto ou contratar determinado serviço levado pela história que lhe foi contada.

O problema, na verdade, não está na tentativa de persuasão do consumidor, mas sim na intensidade dessa persuasão e nos mecanismos utilizados para tanto, como a técnica de contar histórias que na realidade não aconteceram. A antijuridicidade, por seu lado, também não está na interpretação que hoje se faz do artigo 37, § 1º, do Código de Defesa do Consumidor, baseada na ideia de que os fornecedores venderiam tão somente produtos/serviços, como mencionado linhas atrás.

A condenação como prática ilícita recai sobre a inveracidade das histórias contadas, a ponto de comprometer o exercício da vontade livre e consciente do consumidor, dando lugar a uma manifestação de vontade formada ao sabor do ímpeto mercadológico (mais vendas, mais lucros) de fornecedores de produtos/serviços e seus respectivos publicitários.

Haveria, por essa razão, um sentimento ilusório do exercício da autonomia da vontade e da liberdade de escolha pelo consumidor. Enfim, o *storytelling* ilícito reduz e compromete a escolha livre e consciente consumidor; é uma violação ao dever geral de boa-fé, que percorre todo o Código de regência. O fornecedor não pode de modo algum presumir que o consumidor saberá que a história contada não condiz com a realidade; que se trata de mera fantasia. Fato é que, fantasia ou não, isso precisa ficar claro para o consumidor, do contrário, configurar-se-á a ilicitude.

Bom salientar que essa afirmação está despida de qualquer intenção de inviabilizar a prática publicitária do *storytelling*. A intenção é evidenciar a necessidade de controle, com vistas à formação sadia da vontade do consumidor.

A atividade publicitária, enfim, não poderá ser considerada uma atividade comercial imune às atividades de controle, seja pelo Estado, seja pela sociedade civil, porque assim a Constituição Federal e a legislação ordinária determinam. Ademais, qualquer iniciativa de fornecedores e de seus respectivos publicitários de "contar histórias" para formar o convencimento dos consumidores, mormente quanto à credibilidade de sua marca e de seu produto, deve respeitar os comandos impostos pelo Código de Defesa do Consumidor, sob pena de ser reconhecida a prática de ilicitude no mercado de consumo.

Por derradeiro, cabe dizer que o *storytelling* não é mera fantasia ou simples brincadeira do fornecedor e de seu publicitário, quanto à divulgação dos atributos de seus produtos/serviços, como querem aqueles que interpretam restritivamente a enganosidade da regra do artigo 37, § 1º, do Código de Defesa do Consumidor. É importante ir além no entendimento porque em uma sociedade informacional pós-moderna, cujos mecanismos de convencimento do consumidor aumentam a cada dia, é necessário ampliar a interpretação do referido dispositivo, dar nova roupagem à enganosidade e ao mesmo tempo compreender a extensão dos novos mecanismos de marketing adotados pelos fornecedores, a fim de fazer valer a boa-fé e a veracidade, que tanta importância têm nas relações vividas no mercado de consumo.

3.4 Casos de *Storytelling*

Nos últimos anos, em razão de uma maior atenção dos consumidores às publicidades veiculadas pelos variados canais de comunicação (os consumidores estão mais atentos, de fato, às embalagens dos produtos e à publicidade veiculada em TV, rádio e jornal), o número de reclamações endereçadas a órgãos estatais e de autorregulamentação aumentou substancialmente.

A partir do ano de 2014, surgiram pela primeira vez, a título de reclamações de consumidores no órgão de autorregulamentação, relatos de casos de enganosidade – ou, pelo menos, de suspeita de enganosidade – em *storytelling*, praticados por fornecedores e pelos seus respectivos publicitários.

O histórico dessas reclamações (duas reclamações[343]) e as decisões proferidas pelo órgão de autorregulamentação – já que a reclamação não alcançou as vias judiciais – serão aqui apresentados.

343 A pesquisa foi realizada diretamente no Conar, em 21.7.2016 e durante o período de elaboração desta pesquisa, conforme dados disponíveis no sítio do Conar (http://www.conar.org.br/).

Em breve síntese, são casos recentes (o sorvete Diletto e o suco "Do Bem"), que se tornaram públicos em revistas de grande circulação no país, envolvendo segurança alimentar. Os outros casos, que também serão relatados a seguir, não envolvem diretamente reclamações formuladas por consumidores, mas são casos reais de *storytelling*.

3.4.1 Sorvete Diletto[344]

O tema da enganosidade da publicidade que utiliza o *storytelling*, estampada na Figura 1, foi abordado pela primeira vez em razão de reclamação de uma consumidora paulistana, que denunciou a publicidade do sorvete Diletto no Conar porque a considerava enganosa.

Figura 1 – Publicidade do sorvete Diletto

Fonte: GLOBO.COM[345]

[344] CONSELHO NACIONAL DE AUTORREGULAMENTAÇÃO PUBLICITÁRIA. Diletto – Gelato Italiano. Representação n. 263/14, Julgamento dezembro/2014. Disponível em: <http://www.conar.org.br>. Acesso em: 21 jul. 2016.

[345] GLOBO.COM. Economia. ***Histórias contadas pelas marcas Diletto e Do Bem vão parar no Conar***. 25.11.2014. Disponível em: <http://g1.globo.com/economia/midia-e-marketing/noticia/2014/11/historias-contadas-pelas-marcas-diletto-e-do-bem-vao-parar-no-conar.html>. Acesso em: 21 jul. 2016.

Na publicidade em comento, partindo de elementos do *storytelling*, a fabricante de sorvetes contava uma história, segundo a qual o sorvete reproduzia uma receita de criação do nonno Vittorio, avô do fundador da fabricante de sorvetes, que teria seguido na profissão ao imigrar da Itália para o Brasil, fugido da Segunda Guerra Mundial.

Nas publicidades veiculadas pela fabricante Diletto, especialmente em *banners*, redes sociais e no site da empresa, eram apresentadas fotos do nonno Vittorio e de um caminhão, supostamente usado por ele. São informados também o ano em que o nonno Vitório teria chegado ao Brasil e detalhes da produção do sorvete e das matérias-primas empregadas. O problema é que o nonno Vittorio nunca existiu.

A questão sobre a licitude desse *storytelling* surgiu após entrevista dada por um dos fundadores da empresa Diletto à revista Exame. Na entrevista, o fundador da Diletto informou que seu avô, um imigrante italiano, de fato, chamava-se Antonio e chegou ao Brasil tempos depois da data afirmada pela publicidade veiculada pela marca. Além disso, no Brasil, o seu avô exerceu a profissão de jardineiro.[346]

Em declaração à imprensa, o próprio fundador da empresa, Leandro Scabin, afirmou: "Reconheço que posso ter ido longe demais com essa história."[347].

Após a apresentação da reclamação pelo consumidor, a fabricante de sorvetes apresentou defesa, na qual mencionou suas ligações com tradições italianas de produção de sorvete, inclusive com a utilização de matéria-prima importada, e que teria utilizado tais recursos lúdicos para a publicidade de sua marca. O relator da reclamação formulada pelo consumidor não aceitou os argumentos apresentados pela fabricante, propondo alterações.

Segundo o relator do caso, grandes marcas carregam grandes histórias. "Histórias verdadeiras de seus fundadores", escreveu ele em seu voto, citando corporações como Ford, GE, Disney, Sony e Apple. Acrescentou que:

[346] LEAL, Ana Luiza. Toda empresa quer ter uma boa história. Algumas são mentira. 23 out. 2014. *Exame.Com*. Disponível em: <http://exame.abril.com.br/revista-exame/marketing-ou--mentira>. Acesso em 21 jul. 2016.

[347] LEAL, Ana Luiza. Toda empresa quer ter uma boa história. Algumas são mentira. 23 out. 2014. *Exame.Com*. Disponível em: <http://exame.abril.com.br/revista-exame/marketing-ou--mentira>. Acesso em 21 jul. 2016.

> Toda empresa quer ter uma boa imagem, quer ser lembrada e, claro, precisa vender para continuar existindo. As marcas buscam se destacar criando uma conexão emocional cada vez mais intensa com o consumidor através de histórias.[348]

Para o relator do processo autorregulametar, o *storytelling* não é apenas uma ferramenta de marketing: "Estamos falando de um conceito que abrange grande parte das atividades humanas. O tempo todo estamos cercados de narrativas e é impossível fugir disso."[349].

O relator do processo que tramitou no Conar, assim argumentou:

> Haveria uma questão relevante a ser discutida: o nível de detalhes a que desce a construção da Diletto em torno da figura do 'avô Vittorio'. **A questão mais sensível é o mercado cair no erro de confundir ser lúdico com ludibriante.** O encantamento e envolvimento emocional por meio da ludicidade não trazem em si a prerrogativa de tentar, com isso, ludibriar as pessoas [Grifo nosso].[350]

A decisão final foi no sentido de alterar a história da Diletto, "retirando as citações ao 'avô Vittorio' e sua relação com a fabricação do sorvete, bem como a foto do caminhão dos anos 20"[351].

Como se vê, a crítica que se faz não é à formulação de publicidade que contenha histórias fantasiosas ou lúdicas. A gravidade da ação publicitária está em não revelar esse fato ao consumidor, que acredita estar ouvindo uma

[348] CONSELHO NACIONAL DE AUTORREGULAMENTAÇÃO PUBLICITÁRIA. Diletto – Gelato Italiano. Representação n. 263/14, Julgamento dezembro/2014. Disponível em: <http://www.conar.org.br>. Acesso em: 21 jul. 2016.

[349] CONSELHO NACIONAL DE AUTORREGULAMENTAÇÃO PUBLICITÁRIA. Diletto – Gelato Italiano. Representação n. 263/14, Julgamento dezembro/2014. Disponível em: <http://www.conar.org.br>. Acesso em: 21 jul. 2016.

[350] CONSELHO NACIONAL DE AUTORREGULAMENTAÇÃO PUBLICITÁRIA. Diletto – Gelato Italiano. Representação n. 263/14, Julgamento dezembro/2014. Disponível em: <http://www.conar.org.br>. Acesso em: 21 jul. 2016.

[351] CONSELHO NACIONAL DE AUTORREGULAMENTAÇÃO PUBLICITÁRIA. Diletto – Gelato Italiano. Representação n. 263/14, Julgamento dezembro/2014. Disponível em: <http://www.conar.org.br>. Acesso em: 21 jul. 2016.

história verdadeira e por ela é convencido de comprar o produto ou contratar o serviço.

Da conclusão apresentada pela decisão do Conar, extrai-se que a enganosidade da publicidade veiculada pela Diletto está justamente na inexatidão, na falta de verdade da informação, pois ludicidade não significa, em si, tentativa de ludibriar as pessoas.

O sistema de proteção e de defesa do Consumidor, vale lembrar, não admite a criação de história inverídica para o convencimento e o encantamento enganoso do consumidor.

3.4.2 Marca de Roupas Hollister

A empresa norte-americana Hollister (Figura 2), na tentativa de atrair consumidores para a compra de seus produtos, criou um *storytelling* que consistia na divulgação da história da marca de uma maneira meio romântica, mas que não condizia com a realidade.

Figura 2 – Imagem da marca Hollister, com a data inverídica da fundação da empresa

Fonte: EXAME.COM[352]

[352] ADAMES, Yahisbel. A Hollister mentiu sobre sua própria história. *Exame.Com*. 21 jul. 2015. Disponível em: <http://exame.abril.com.br/marketing/a-hollister-foi-mesmo-criada--em-1922-como-diz-descubra/>. Acesso em: 21 jul. 2016.

De acordo com as peças publicitárias da Hollister e com as histórias nelas contadas, a marca teria sido criada por um surfista nos primórdios do século XX, precisamente na década de 20. Na história contada pela marca, John M. Hollister teria nascido no século XIX e vivido toda a sua juventude nas praias de Maine, nos Estados Unidos. Após a formatura em Yale, no início do século XX (ano de 1915), foi para a Índia, onde teria adquirido uma área de plantação de borracha. Na Índia, apaixonou-se pela filha do proprietário das terras, de nome Meta, e também velejou por todo o Oceano Pacífico em busca de artesanatos locais, ao lado da sua companheira. Em 1919, o Sr. Hollister chegou a Los Angeles e lá fixou residência. Em seguida, abriu uma loja em Laguna Beach para a venda de roupas cujas características se assemelhavam às vestimentas das regiões por onde teria passado. Dessa forma, o Sr. Hollister teria transformado a marca Hollister no que ela é hoje, que é comercializada como se tivesse sido fundada em 1922, data encontrada nas peças publicitárias da marca.[353]

A realidade da marca, no entanto, não corresponde à história contada; foi uma fantasia criada. A marca Hollister é subsidiária de outra empresa, fabricante de roupas, a mundialmente conhecida Abercrombie & Fitch.[354]

De acordo com o site "Meio e Mensagem"[355], registrando a opinião apresentada pela conceituada revista "The New Yorker", a história contada da marca Hollister é mais uma das histórias inventadas por Mike Jeffries, CEO da Abercrombie & Fitch, como mencionado, empresa dona da marca.

353 ADAMES, Yahisbel. A Hollister mentiu sobre sua própria história. *Exame.Com*. 21 jul. 2015. Disponível em: <http://exame.abril.com.br/marketing/a-hollister-foi-mesmo-criada--em-1922-como-diz-descubra/>. Acesso em: 21 jul. 2016.

354 ADAMES, Yahisbel. A Hollister mentiu sobre sua própria história. *Exame.Com*. 21 jul. 2015. Disponível em: <http://exame.abril.com.br/marketing/a-hollister-foi-mesmo-criada--em-1922-como-diz-descubra/>. Acesso em: 21 jul. 2016.

355 MEIO&MENSAGEM. *Hollister pessoa mão no storytelling*. 22 jul. 2015. Disponível em:<http://www.meioemensagem.com.br/home/comunicacao/2015/07/22/hollister-pesa-a-mao-no--storytelling.html>. Acesso em: 21 jul.2016; ADAMS, Yahisbel. *A Hollister mentiu sobre sua própria história*. 21 jul 2015. Disponível em: <//exame.abril.com.br/marketing/noticias/a--hollister-foi-mesmo-criada-em-1922-como-diz-descubra>. Acesso em: 21 jul.2016.

Segundo Adames, a partir do relato do jornal *Los Angeles Times*:

> A marca, muito presente no guarda-roupa dos adolescentes americanos, ainda é acusada de ter usado o nome da cidade Hollister, do estado da Califórnia, o que deixou os habitantes do município enfurecidos. Os moradores acusam a Abercrombie de ter 'sequestrado o nome da cidade' e 'ameaçado os comerciantes que vendessem roupas que insinuassem' que era mentira a lenda por trás da Hollister.[356]

Na verdade, consoante reportagem da revista The New Yorker, veiculada no site "Meio e Mensagem", a história real da Hollister começou no início dos anos 2000, com a abertura da primeira loja na cidade de Columbus, Ohio, já como parte da holding Abercrombie & Fitch.[357]

3.4.3 Suco "Do Bem"

O caso do suco "Do Bem" é outra situação envolvendo *storytelling* em peças publicitárias, também objeto de análise pelo órgão autorregulamentar.[358]

[356] ADAMES, Yahisbel. *A Hollister mentiu sobre sua própria história*. 21 jul 2015. Disponível em: <//exame.abril.com.br/marketing/noticias/a-hollister-foi-mesmo-criada-em-1922-como-diz-descubra>. Acesso em: 21 jul.2016.

[357] MEIO&MENSAGEM. *Hollister pessoa mão no storytelling.* 22 jul. 2015. Disponível em:<http://www.meioemensagem.com.br/home/comunicacao/2015/07/22/hollister-pesa-a-mao-no-storytelling.html>. Acesso em: 21 jul.2016.

[358] CONSELHO NACIONAL DE AUTORREGULAMENTAÇÃO PUBLICITÁRIA. Do Bem – Suco de laranja integral com gominhos. Representação n. 264/14, Julgamento dezembro/2014. Disponível em: <http://www.conar.org.br>. Acesso em: 21 jul. 2016.

Figura 3 - *Storytelling* do suco "Do Bem"

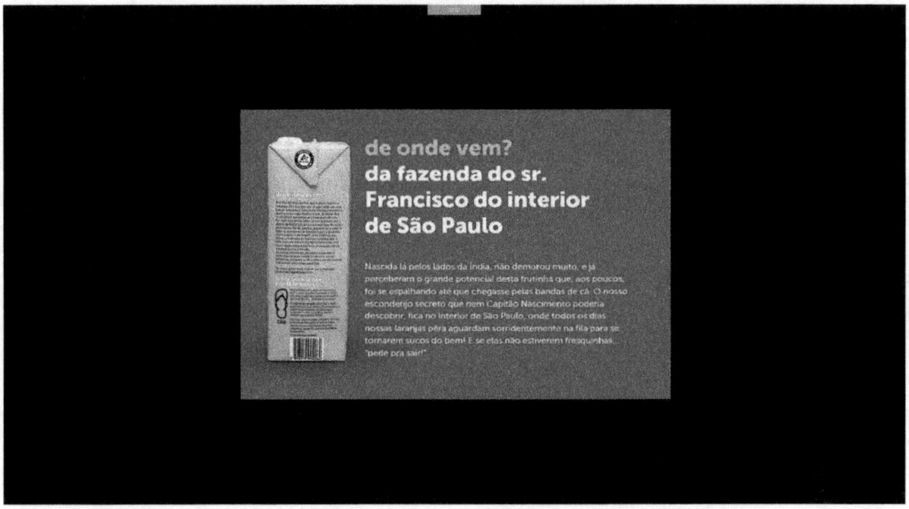

Fonte: GLOBO.COM[359]

A denúncia que motivou a abertura de representação contra o teor do *storytelling* presente em peças publicitárias do suco de laranja da marca "Do Bem" partiu de uma consumidora da capital paulista. Nessas peças publicitárias, a fabricante de sucos apresenta os atributos de qualidade da matéria-prima do suco, informando que seria proveniente de um "esconderijo secreto", onde as laranjas eram "colhidas fresquinhas todos os dias", na "fazenda do senhor Francisco, do interior de São Paulo". A marca pretendia, em suma, criar um roteiro 100% saudável para o local de origem das laranjas.[360]

Na verdade, o suco era fabricado por empresa esmagadora de frutos e fornecido também a outras empresas, que o comercializam com marcas diferentes.

[359] GLOBO.COM. Economia. ***Histórias contadas pelas marcas Diletto e Do Bem vão parar no Conar***. 25.11.2014. Disponível em: <http://g1.globo.com/economia/midia-e-marketing/noticia/2014/11/historias-contadas-pelas-marcas-diletto-e-do-bem-vao-parar-no-conar.html>. Acesso em: 21 jul. 2016.

[360] GLOBO.COM. Economia. ***Histórias contadas pelas marcas Diletto e Do Bem vão parar no Conar***. 25.11.2014. Disponível em: <http://g1.globo.com/economia/midia-e-marketing/noticia/2014/11/historias-contadas-pelas-marcas-diletto-e-do-bem-vao-parar-no-conar.html>. Acesso em: 21 jul. 2016.

O conflito reside, portanto, em saber se a história contada pela marca "Do Bem" é verdadeira ou não; se a matéria-prima é proveniente de fazenda orgânica, ou não; e se é resultado de produção industrializada e em larga escala, ou não.[361]

[361] Em tempos de cuidados – até mesmo excessivos – com a saúde e com a alimentação, quando são propagandeadas as vantagens de uma alimentação orgânica, cujo significado hoje remete à alimentação mais saudável, que não é cultivada com adubos químicos, histórias que vinculam produtos com um tipo de alimentação mais saudável, certamente, atrairão um número maior de consumidores e fidelizarão os consumidores já existentes. Pesquisa realizada, em 2015, pelo IBOPE e FIESP, denominada *Brasil Food Trends* 2020, que apurou as tendências na alimentação da população, registrou que os consumidores brasileiros buscam (44%) saudabilidades, bem-estar, sustentabilidade e ética na escolha dos seus alimentos. Segundo a pesquisa, os consumidores aceitam pagar mais pelos alimentos que tenham segurança de qualidade e sejam provenientes de marcas que confiam (veja que a questão da marca é importante na escolha do consumidor, razão pela qual o *storytelling* acaba sendo um eficaz instrumento de convencimento do consumidor). Os consumidores buscam sempre, segundo a pesquisa, alimentos que possam trazer, de algum modo, algum benefício à saúde; buscam, outrossim, selos de qualidade e informação sobre a origem dos alimentos (veja que o *Storytelling*, que trata da origem dos alimentos, como fez a marca "Do Bem" é importante mecanismo de convencimento do consumidor). Em resumo, essa pesquisa traz os seguintes números (foram escolhidos aqueles mais relevantes para a presente pesquisa): 61% da população consumidora busca alimentos nutritivos e de qualidade; 50% dos consumidores já conhece a expressão orgânico e sua relação com os alimentos; 51% da população pagaria mais por alimentos produzidos por práticas sustentáveis; 51% acredita na eficácia dos alimentos funcionais; 63% se considera bem informado sobre a importância dos alimentos e 63% dos trabalhadores no Brasil buscam alimentação equilibrada. Outra pesquisa, realizada pelo Conectaí, a pedido da Alelo (empresa de cartões de benefícios de alimentação), constatou que nas refeições as pessoas (70%) procuram pratos mais equilibrados (esse número aumenta em relação ao público feminino). Segundo esta pesquisa, a motivação principal para mudanças nos hábitos alimentares reside no sentimento de mais saúde (72%), de prevenção de doenças (56%), de perda de peso (51%) e, por fim, 45% da população procura mudar seus hábitos alimentares para ter mais disposição e 40% por motivos estéticos. Não à toa, das reclamações endereçadas ao Conar por consumidores e autoridades, 19,5% se referem a alimentos, sucos e refrigerantes e 18,3% foram relativas a medicamentos, cosméticos e demais produtos e serviços relativos à saúde. Em estudo elaborado também pelo Conar, a condição de favorecimento da publicidade na escolha dos alimentos a serem consumidos é confirmada: "[...] como oferta de alimentos e refrigerantes é cada vez maior, a comunicação comercial, em especial a publicidade, desempenha papel essencial na manutenção do ritmo de sua produção e, ainda mais importante, na conquista de maior parcela de mercado pelos produtos que sejam superiores aos demais concorrentes – seja por razões funcionais, seja pelo seu grau de 'saudabilidade', seja pela sua conveniência, seja pelo seu preço mais acessível e, assim por diante"". BRASIL FOOD TRENDS 2020. *Pesquisa Nacional Fiesp/IBOPE sobre o Perfil do Consumo de Alimentos*. Disponível em: <http://www.abic.com.br/media/EST_PESQFoodTrendsl.pdf>. Acesso em:

A publicidade, como é cediço, é fator relevante na escolha dos alimentos que serão ingeridos, especialmente em uma sociedade medicalizada como a atual, em que a busca pela juventude ou pelo não envelhecimento é permanente.

A fabricante de sucos apresentou defesa ao Conar, apontando, em primeiro lugar, que se tratava de informações reais e possíveis, em segundo, o equívoco tanto na reportagem como na reclamação: confundiu-se a matéria-prima fornecida pela marca "Do Bem" com o suco processado pela esmagadora.

Ao apresentar notas fiscais da aquisição de laranjas de um produtor do município de Santa Cruz do Rio Pardo, no Estado de São Paulo, cujo primeiro nome é Francisco, a fabricante tentou demonstrar, por meio de outras notas e contratos, a sua relação comercial com a esmagadora de frutas e com a envasadora do suco. Confirma as informações prestadas nas peças publicitárias de pureza do suco, devidamente respaldadas pelo registro do produto nos órgãos competentes.

Por maioria de votos, o Conar optou pelo arquivamento do caso, sem qualquer recomendação.[362]

26 jul. 2016; INSTITUTO BRASILEIRO DE OPINIÃO PÚBLICA E ESTATÍSTICA. 64% dos internautas brasileiros afirmam ter alimentação saudável. 24.07.2014. Disponível em: <http://www.ibope.com.br/pt-br/noticias/Paginas/64-dos-internautas-brasileiros-afirmam-ter-alimentacao-saudavel.aspx>. Acesso em: 26 jul. 2016.

[362] Conforme trecho da decisão final proferida pelo Conar (autos do processo 2014 – 264/14 – Suco de laranja integral com gominhos): "Segundo o conselheiro, nunca foi tarefa da boa propaganda apenas retratar a realidade dos fatos, pois, se assim fosse, muitos produtos seriam commodities e os diferenciais do mercado se reduziriam a preço e distribuição. 'A boa propaganda, que ajuda na construção de marcas, cria em torno do produto uma aura que passa a fazer parte integrante dele', escreveu o conselheiro em seu voto. Para ele, a defesa comprova a confusão da reportagem: 'cabe à Do Bem selecionar e adquirir a laranja que é esmagada e envasada. Logo, os sucos fabricados pelas esmagadoras não são necessariamente iguais'. Considera que a informação da procedência da laranja do 'Seu Francisco' situa-se em 'terreno um pouco mais nebuloso'. No entanto, o conselheiro o vê 'como um personagem que ilustra o fazendeiro que cuida bem da produção de laranja', ao lado de outros personagens citados nas peças publicitárias, inclusive 'laranjas-pêras que aguardam sorridentes na fila para se tornarem suco Do Bem'. 'Me parece', escreve o conselheiro, 'que, neste contexto, o consumidor médio é capaz de distinguir o que é informação real e importante, do que são adereços utilizados para a construção de uma imagem para o produto e para a marca'". CONSELHO NACIONAL DE AUTORREGULAMENTAÇÃO PUBLICITÁRIA. Do Bem – Suco de laranja integral com gominhos. Representação n. 264/14, Julgamento dezembro/2014. Disponível em: <http://www.conar.org.br>. Acesso em: 21 jul. 2016.

Ainda, o relator do caso afirmou que a história contada sobre a procedência da laranja do Sr. Francisco se situa em "terreno um pouco mais nebuloso", restando aos consumidores aguardar os próximos capítulos dessa história.

3.4.4 Suzuki[363]

Há casos que refletem a realidade da história do fornecedor tal como ocorreu, e esta afirmação permite, por si só, inferir que o *storytelling* pode, sim, ser utilizado em práticas publicitárias, desde que atenda aos preceitos de boa-fé e de veracidade exigidos pelo Código de Defesa do Consumidor.

A empresa automobilística Suzuki, de origem japonesa, conta a sua história em peças publicitárias, relatando que teve como origem uma empresa de teares para a indústria de seda, denominada *Suzuki Loom Worlks*, fundada em 1909 pelo Sr. Michio Suzuki e localizada em uma vila no litoral japonês.

Nos mais de 100 anos de história, a Suzuki passou da produção de teares para, em 1955, integrar a indústria automobilística, com a fabricação e o lançamento de sua primeira motocicleta. Em 2012, a Suzuki começou a produzir veículos automotores, motos e automóveis.[364]

363 SUZUKI. *História da Suzuki*. Disponível em: <http://suzukiveiculos.com.br/novo/Suzuki/Historia-da-Suzuki>. Acesso em: 21 jul. 2016.

364 REVISTA MOTO. *A história da Suzuki*. 9 fev. 2011. Disponível em: <http://www.revistadamoto.com.br/a-historia-da-suzuki/>. Acesso em: 21 jul. 2016.

Figura 4 – Ilustração da *Suzuki Loom Worlks* (Indústria de seda)

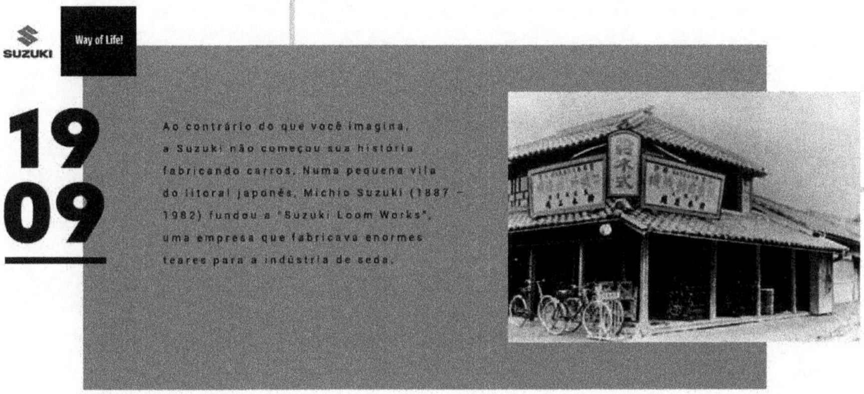

Fonte: SUZUKI[365]

Conforme relatos colhidos no Departamento Jurídico da empresa Suzuki – SVB Automotores do Brasil Ltda., as histórias relatadas nas práticas publicitárias realizadas pela empresa são autênticas.

Essa é mais uma comprovação de que uma boa história pode ser contada na publicidade comercial veiculada por fornecedores de produtos/serviços e que a ilicitude se configura com a ausência de cumprimento dos deveres de veracidade e de boa-fé impostos pelo Código de Defesa do Consumidor.

365 SUZUKI. *História da Suzuki.* Disponível em: <http://suzukiveiculos.com.br/novo/Suzuki/Historia-da-Suzuki>. Acesso em: 21 jul. 2016.

CONCLUSÃO

O Código de Defesa do Consumidor é um importante instrumento legislativo de regulação das práticas do mercado de consumo e de proteção dos vulneráveis, especialmente no que concerne à publicidade de produtos e de serviços.

Se antes da edição do Código de Defesa do Consumidor não havia regramento para as práticas comerciais, entre elas a publicidade, hoje o cenário é diferente. O consumidor passou a ser protegido contra ilicitudes praticadas pela publicidade no mercado de consumo, que o legislador definiu como enganosas e abusivas.

Para tanto, o Código de Defesa do Consumidor concebeu mecanismos de sanção destinados a coibir a veiculação de peças publicitárias que induzam o consumidor em erro, evidenciando não só o desrespeito a valores éticos prestigiados pela sociedade mas também atingindo em cheio outros aspectos caros à necessária simetria que deve haver nas relações do mercado de consumo como a livre e consciente manifestação do consumidor, o exercício da autonomia da vontade e a preservação do seu direito de escolha.

Para quem se queixa que a implementação de uma nova ética dirigida ao consumo idealizada pelo legislador consumerista denota patrulha ideológica, é bom lembrar que impedir ilicitudes no mercado de consumo nada tem de patrulha ideológica. Na verdade, a nova ética materializa garantias e direitos consagrados na ordem constitucional em vigor e no Código de Defesa do Consumidor.

A vida não tem fórmulas prontas, pois muda a cada momento em decorrência das escolhas feitas pela sociedade. Foi o que ocorreu ao longo do século

XX e com mais intensidade nas suas últimas décadas, quando o mercado de consumo foi invadido por novos mecanismos de comunicação e de divulgação de produtos/serviços. Hoje, diante do cenário pós-moderno de riscos e de incertezas, como apresentado no primeiro capítulo, o momento exige mais atenção à ética, à boa-fé e, principalmente, à repressão a práticas ilícitas no mercado de consumo.

Essa maior atenção a virtudes como boa-fé e veracidade permite constatar que práticas de contar histórias – *storytelling* –, muito em voga na publicidade atualmente, devem ser verdadeiras e narrar acontecimentos autênticos extraídos do mundo fenomênico. Do contrário, a brincadeira ou a fantasia só terão lugar e sentido se o consumidor estiver bem informado, de forma clara e precisa, de que o conteúdo transmitido na publicidade não corresponde à realidade. Mas, e o sistema de proteção que se tem hoje seria suficiente para coibir essa prática? A resposta é não.

A propósito, a interpretação corrente acerca do disposto no artigo 37, § 1º, do Código de Defesa do Consumidor restringe a análise da enganosidade aos atributos do produto/serviço, conclusão decorrente da leitura do próprio texto normativo e do momento em que o Código de Defesa do Consumidor foi concebido. Então, para abarcar a dinâmica das técnicas atualmente utilizadas, é necessário e urgente proceder a uma nova interpretação desse dispositivo, mais ampla e mais efetiva, para que a análise da enganosidade abarque todos os mecanismos utilizados por fornecedores e por publicitários para o convencimento do consumidor.

O argumento para essa conclusão inicia delineando o cenário onde hoje são realizadas as práticas comerciais, o ambiente pós-moderno, fruto das inúmeras transformações ocorridas ao longo do século XX, como crescimento populacional, processo de urbanização, riscos, catástrofes e novos mecanismos de comunicação social, em especial as diversas redes sociais que apareceram no começo do terceiro milênio.

A sociedade pós-moderna não passou ilesa quanto à produção de riscos, imprevisíveis e incalculáveis, resultado das escolhas mal feitas da modernidade, revelando o seu lado negro.

Mas não foi só. A sociedade de consumo também mudou. Da manufatura simples e artesanal, o mercado de consumo passou a dirigir-se pela produção em série, pelo consumo de massa e pelo hedonismo, pois experiências e prazeres passaram a valer mais do que o produto em si. O produto também deixou de ser o foco do mercado de consumo e cedeu lugar à construção de uma imagem em torno de uma variedade de bens. Desta feita, em um mundo repleto de diferentes produtos e serviços, havia necessidade de diferenciá-los com uma marca própria, distintiva. Para o mercado não havia outra saída: era imperioso adaptar-se à nova realidade.

Não obstante o modelo de Estado brasileiro fundar-se na livre iniciativa, o mercado de consumo, bem sabemos, não pode conduzir-se sozinho, sem freios. O sistema de proteção e de defesa do consumidor surgiu justamente para estabelecer o equilíbrio que deve haver entre os distintos atores do mercado – fornecedores de produtos/serviços e consumidores – pautado em supravalores como a dignidade humana, a solidariedade, além dos direitos e garantias constitucionalmente assegurados pela Carta da República, com destaque para o direito fundamental à defesa do consumidor, escopo do Código de Defesa do Consumidor.

A publicidade que se desenvolve no contexto da comunicação e da diferenciação de produtos lançados no mercado de consumo é concebida como prática comercial de natureza econômica, por excelência, e permite o casamento perfeito entre fornecedores que querem vender e consumidores que querem comprar. A publicidade contribui ainda para fomentar a dicotomia consumo-felicidade e, por conseguinte, fazer girar o motor da economia.

É importante lembrar que o direito constitucionalmente garantido de liberdade de expressão e de livre manifestação do pensamento deve ser muito bem balizado com a atividade publicitária, que tem como principal objetivo influir decisivamente no exercício da autonomia da vontade e no processo de escolha pelo consumidor, em prol do sucesso de vendas do fornecedor. Essa baliza legitima o "controle" da publicidade para que se evite o cometimento de ilicitudes.

Mas, voltando à dinâmica do mercado de consumo da pós-modernidade, novos mecanismos de convencimento do consumidor foram descobertos e desenvolvidos. O fornecedor, percebendo a necessidade de se destacar no mercado, passou a utilizar a antiga prática de contar histórias, também conhecida como *storytelling*, para dar ao produto/serviço credibilidade e angariar a confiança dos consumidores.

A prática do *storytelling* pode ser considerada uma enganosidade especial, quando o seu conteúdo fere principalmente os postulados da veracidade e da boa-fé, que decorre de uma nova e mais alargada intepretação que deve ser conferida ao artigo 37, §1º, do Código de Defesa do Consumidor.

De fato, o formato concebido pelo Código de Defesa do Consumidor e a importância de suas disposições para o mercado de consumo permitem afirmar que toda vez que a publicidade contiver informações equivocadas ou estimular comportamentos que fujam ao padrão de ética e de boa-fé exigidos pela sociedade, deverá ser rechaçada do sistema porque a autonomia da vontade do consumidor está viciada e o exercício do direito de escolha contaminado com ilicitude.

Pois bem. As argumentações apresentadas dão substância à proposta de releitura do conceito de enganosidade, clamando para que doutrina e jurisprudência voltem seus olhos para as novas práticas de convencimento do consumidor para aquisição dos produtos/serviços que o fornecedor notícia no mercado de consumo.

A trajetória da nova interpretação a ser dada ao artigo 37, § 1º, do Código de Defesa do Consumidor em função de enganosidades e abusividades que se praticam no mercado de consumo exigiu um duplo esforço: primeiro, construir as justificativas de controle jurídico da publicidade; segundo, examinar as razões da ilicitude do *storytelling* como novo mecanismo de publicidade de convencimento não pela simples divulgação dos atributos do produto/serviço, mas por levar ao conhecimento do consumidor histórias sobre a marca do produto/serviço – nem sempre verazes –, como estratégia para diferenciação.

A interpretação do artigo 37, §1º, do Código de Defesa do Consumidor deve, pois, estar em consonância com as novas realidades do mercado de consumo e com os novos mecanismos de comunicação. Da forma como hoje se interpreta o referido dispositivo legal, que foca a análise da enganosidade nos atributos do produto/serviço, a prática do *storytelling* seria admitida em qualquer hipótese ante o argumento de que se trata de simples brincadeira ou mera fantasia do fornecedor e de seu publicitário para promover um produto/serviço no mercado de consumo.

De par com a interpretação aqui proposta, mais elástica e mais adequada aos princípios que regem o sistema de proteção e de defesa do consumidor – e que se coaduna com a realidade pós-moderna e as mudanças que provocou na sociedade de consumo –, não deve permitir que o fornecedor, no desejo irrefreável de vender mais, apresente ao consumidor uma história que, de fato, não existiu.

Para tornar efetiva a interpretação mais ampliada do conteúdo do artigo 37, §1º, em comento, haja vista os novos mecanismos de convencimento do consumidor, entre eles o *storytelling*, algumas importantes ações deverão ser adotadas: (i) utilização de pequenos *disclaimers* (ressalvas, avisos ou textos legais) informando, de maneira clara e precisa, que se trata de história de ficção ou que elementos de ficção foram acrescidos à história para incrementá-la; (ii) manutenção de documentos que dão suporte à história contada em cumprimento ao disposto no artigo 36, parágrafo único, do Código de Defesa do Consumidor; (iii) atuação mais efetiva do Sistema Nacional de Defesa do Consumidor, de modo a controlar a publicidade, assumindo um comportamento propositivo para a construção de regras mínimas a serem observadas por fornecedores, agências de publicidade e demais veículos de comunicação social, com a criação, inclusive, de comitês de ética da publicidade, principalmente em veículos de comunicação social; e, por fim, (iv) responsabilização de fornecedores, agências de publicidade e publicitários, com aplicação das sanções administrativas, civis e penais previstas no Código de Defesa do Consumidor.

Enfim, o ambiente da sociedade de consumo pós-moderna, de riscos e incertezas, exige um novo e unânime pensamento, uma nova forma de interpretar as normas de proteção e de defesa do consumidor, de modo a dar-lhe mais efetividade.

Uma das novas formas de conferir efetividade ao sistema protetivo do consumidor é aprofundar a interpretação do disposto no artigo 37, parágrafo único, do Código de Defesa do Consumidor.

O objetivo primordial é afastar a interpretação que hoje se faz e que se atém aos atributos do produto/serviço, para que a análise da enganosidade também se faça nos demais – e novos – mecanismos de convencimento do consumidor como contar histórias (*storytelling*) inverídicas sobre o fornecedor, sua imagem e sua marca para dar credibilidade ao produto/serviço. Esse comportamento, além de enganoso, contamina a autonomia de vontade do consumidor, com prejuízo para o exercício do seu direito de escolha.

Ademais, enganar o consumidor com histórias contadas que não correspondem à verdade é conduta desonesta; denota falta de transparência e falta de cooperação dos fornecedores com seus consumidores, valendo lembrar que viola o dever de boa-fé e de veracidade, devendo, portanto, ser banida se se pretende um mercado de consumo sadio e livre de ilicitudes.

REFERÊNCIAS

ABBAGNANO, Nicola. *Dicionário de Filosofia*. 5. ed. São Paulo: Martins Fontes, 2007.

ABBOUD, Georges. *Jurisdição constitucional e direitos fundamentais*. São Paulo: Revista dos Tribunais. São Paulo. 2011.

______. Premissas fundamentais para o correto uso da proporcionalidade no direito. *Revista Eletrônica da Faculdade de Direito de Franca*, Franca, v. 5, n. 1. 2012.

______. O dilema do direito: entre Huxley e Orwell. *Revista dos Tribunais*, São Paulo, RT, v. 935, set. 2013.

______. *Curso de Filosofia*. São Paulo: Revista dos Tribunais, 2015.

______; CARNIO, Henrique Garbellini; OLIVEIRA, Rafael Tomaz de. *Introdução à teoria e à filosofia do direito*. São Paulo, Revista dos Tribunais, 2015.

ADAMES, Yahisbel. A Hollister mentiu sobre sua própria história. *Exame.Com*. 21 jul. 2015. Disponível em: <http://exame.abril.com.br/marketing/a-hollister-foi-mesmo--criada-em-1922-como-diz-descubra/>. Acesso em: 21 jul. 2016.

AFONSO, Luiz Fernando. Publicidade abusiva e proteção do consumidor idoso. 2012. 268f. Dissertação. (Mestrado em Direito)-Pontifícia Universidade Católica de São Paulo. São Paulo, SP, 2012.

AFONSO DA SILVA, José. *Teoria do conhecimento constitucional*. São Paulo: Malheiros, 2014.

ALPA, Guido. *Il diritto dei consumatori*. Roma: Laterza,1999.

ALMEIDA, Aliette Marisa S. D. N. Teixeira de. A publicidade enganosa e o controle estabelecido no Código de Defesa do Consumidor. *Revista de Direito do Consumidor*, São Paulo, RT, 53/11, p. 25-55, jan./mar. 2005. Doutrinas Essenciais Direito do Consumidor.

ALMEIDA, Carlos Ferreira de. *Direito do consumo*. Coimbra: Almedina, 2005.

AMARAL, Luiz Otávio de Oliveira. *Teoria geral do direito do consumidor*. São Paulo: Revista dos Tribunais, 2010.

ANTAS JUNIOR, Ricardo (Org.). *Desafios do consumo*. Petrópolis, RJ: Vozes, 2007.

ARAGÃO, Alexandre Santos de. Liberdade de expressão comercial. *Revista Eletrônica de Direito Administrativo e Econômico*, Salvador, n. 6, maio-julho 2006.

ARRUDA ALVIM, Thereza Wambier; ARRUDA ALVIM, Eduardo, MARINS, James. *Código de Defesa do Consumidor comentado*. 2. ed. São Paulo: Revista dos Tribunais, 1995.

ASPA, Guido. *Il diritto dei consumatori*. Roma-Bari: Laterza, 1999.

ASSOCIAÇÃO BRASILEIRA DE AGÊNCIAS DE PUBLICIDADE. *O impacto da publicidade na economia do Brasil*. 01.11.2016. Disponível em:<http://www.abap.com.br>. Acesso em: 13 nov. 2016.

BAGGIO, Roberta Camineiro; MARQUES, Stanley Souza. Vinculação dos particulares a direitos fundamentais: breves considerações da filosofia constitucional. *Revista Direito e Praxis*, Rio de Janeiro, UERJ, v. 4, n. 7, p. 242-266, 2013.

BANDEIRA DE MELLO, Celso Antônio. *O conteúdo jurídico do princípio da igualdade*. São Paulo: Malheiros, 1997.

BARBOSA, Fernanda Nunes. *Informação*: direito e dever nas relações de consumo. São Paulo: Revista dos Tribunais, 2008.

______. *Biografias e liberdade de expressão* – critérios para a publicação de histórias de vida. Porto Alegre: Arquipélago, 2016.

BARBOSA, Livia. *Sociedade de consumo*. Rio de Janeiro: Zahar, 2004.

BASTOS, José Ricardo de. A contrapropaganda – sua aplicabilidade. In: MORATO, Antônio Carlos; NERI, Paulo de Tarso (Coord.). *20 anos do Código de Defesa do Consumidor*. Estudos em homenagem ao Professor José Geraldo Brito Filomeno. São Paulo: Atlas, 2010. p. 625-636.

BAUDRILLARD, Jean. *A sociedade de consumo*. Lisboa: Edições 70, 2008.

BAUMANN, Zygmund. *Amor líquido* – sobre a fragilidade dos laços humanos. Rio de Janeiro: Zahar, 2009.

______. Programa "Invenção do Contemporâneo – Zygmunt Bauman e a Pós-Modernidade". DVD único NTSC RS n. 80583. Duração 45:17.

______; BORDONI, Carlo. *Estado de crise*. Rio de Janeiro: Zahar, 2016.

BECK. Ulrich. *Sociedade de risco*. Rumo a uma outra modernidade. Tradutor Sebastião Nascimento. São Paulo: Editora 34, 2007.

BENJAMIM, Antonio Herman Vasconcelos e. O controle jurídico da publicidade. *Revista de Direito do Consumidor*. São Paulo, Revista dos Tribunais, RDC9/25, p. 57/105, 1994. (Doutrinas Essenciais de Direito do Consumidor).

______. O conceito jurídico de consumidor. *Revista dos Tribunais*. São Paulo, RT, 628, p. 935-954, 1998. (Doutrinas Essenciais de Direito do Consumidor).

______. *Código Brasileiro de Defesa do Consumidor comentado pelos autores do anteprojeto*. São Paulo: Forense, 2011.

______; MARQUES, Cláudia Lima; BESSA, Leonardo Roscoe. *Manual de direito do consumidor*. São Paulo: Revista dos Tribunais, 2008.

BESSA, Leonardo Roscoe. *Relação de consumo e aplicação do Código de Defesa do Consumidor*. 2. Ed. São Paulo: Revista dos Tribunais, 2009.

BITTAR, Carlos Alberto. Controle da publicidade: sancionamentos a mensagens enganosas e abusivas. *Revista de Direito do Consumidor*, São Paulo, Revista dos Tribunais, RDC 4, 1992.

______. *Direitos do consumidor*. 7. ed. Rio de Janeiro: Forense, 2011.

BORDONI, Carlo. *Estado de crise*. Rio de Janeiro: Zahar, 2014.

BRASIL. *Código de Defesa do Consumidor e legislação correlata*. 25 ed. São Paulo: Saraiva, 2015.

BRASIL. Superior Tribunal de Justiça. Conflito de Competência n. 41.056 – SP 2003/0227418-6. Relator Ministro Aldir Passarinho Junior. R/P Acordão Ministra Nancy Andrighi. Brasília, DF. Julgamento 12.05.2004. Disponível em: <http://stj.jusbrasil.com.br/jurisprudencia/19382749/conflito-de-competencia-cc-41056-sp-2003-0227418-6/inteiro-teor-19382750>. Acesso em: 2 nov. 2016.

BRASIL. Superior Tribunal de Justiça. EREsp 1185323-RS (2010/0048082-0). Relator Min. Luiz Felipe Salomão. Brasília, DF. Julgamento de 24.10.2016. Disponível em: <http://www.stj.jus.br/SCON/jurisprudencia/doc.jsp?id=1449816>. Acesso em: 11 nov. 2016.

BRASIL. Superior Tribunal de Justiça. *Jurisprudência* [Busca]. Disponível em: <http://www.stj.jus.br>. Acesso em: 11 nov. 2016.

BRASIL. Superior Tribunal de Justiça. REsp 447.303-RS. (2002/0076669-9). Relator Ministro Luiz Fux. Brasilia, DF. Julgamento 02.10.2003. Publicação 28.10.2003. Disponível em: <http://stj.jusbrasil.com.br/jurisprudencia/7413741/recurso-especial-resp-447303-rs-2002-0076669-9/inteiro-teor-13066527>. Acesso em: 11 nov. 2016.

BRASIL. Superior Tribunal de Justiça. Resp 733.560/RJ (2005/38373-4). Relatora Min. Nancy Andrighi. Brasília, DF. Julgamento 11.04.2006. Publicação 02.05.2006. Disponível em:<stj.jusbrasil.com.br/jurisprudencia/7162544/recurso-especial-resp-733560-rj-2005-0038373-4/inteiro-teor-12886450>, Acesso em: 28 out. 2016.

BRASIL. Superior Tribunal de Justiça. REsp 1195642 RJ 2010/0094391-6. Relator Ministra Nancy Andrighi. Brasília, DF. Julgamento [s.d.]. Disponível em: <http://stj.jusbrasil.com.br/jurisprudencia/22829799/recurso-especial-resp-1195642-rj-2010-0094391-6-stj/relatorio-e-voto-22829801>. Acesso em: 28 out. 2016.

BRASIL. Superior Tribunal de Justiça. REsp. 1.321.083-PR (2002/0087622-9). Relator Min. Paulo de Tarso Sanseverino. Brasília, DF. Julgamento 13.06.2014. Disponível em: <http://www.jusbrasil.com.br/diarios/documentos/123942709/recurso-especial-n-1321083-pr-do-stj>. Acesso em: 28 out. 2016.

BRASIL. Superior Tribunal de Justiça. REsp 541867 BA 2003/0066879-3. Relator Ministro Antônio de Pádua Ribeiro. R/P Acordão Ministro Barros Monteiro. Brasília, DF. Julgamento 10.11.2004. Disponível em: < http://stj.jusbrasil.com.br/jurisprudencia/7228240/recurso-especial-resp-541867-ba-2003-0066879-3/inteiro-teor-12975055>. Acesso em: 2 nov. 2016.

BRASIL. Superior Tribunal de Justiça. REsp 586316 MG 2003/0161208-5. Segunda Turma. Relator Min. Herman Benjamin. Brasília, DF. Julgamento 17.04.2007. Publicação 19.03.2009. Disponível em: <http://stj.jusbrasil.com.br/jurisprudencia/4092403/recurso-especial-resp-586316>. Acesso em: 13 nov. 2016.

BRASIL. Supremo Tribunal Federal. ADI 4815. / DF. Voto da Ministra Carmen Lúcia. Brasília, DF. p. 34. Disponível em: <http://www.stf.jus.br/arquivo/cms/noticianoticiastf/anexo/adi4815relatora.pdf>. Acesso em: 13 nov. 2016.

BRASIL. Supremo Tribunal Federal. ADPF 130/DF. Relator Min. Carlos Britto. Brasília, DF. Julgamento 30.04.2009. Disponível em: <http://redir.stf.jus.br/paginadorpub/paginador.jsp?docTP=AC&docID=605411>. Acesso em: 28 out. 2016.

BRASIL. Supremo Tribunal Federal. ADPF 187/DF. Relator Min. Celso de Mello. Brasília, DF. Julgamento 15.06.2011. Disponível em: <http://redir.stf.jus.br/paginadorpub/paginador.jsp?docTP=TP&docID=5956195>. Acesso em: 28 out. 2016.

BRASIL. Supremo Tribunal Federal. Recurso Extraordinário n. 511.961 – São Paulo. Relator Min. Gilmar Mendes. Brasília, DF. Julgamento 17.06.2009. Publicação 13.11.2009. Disponível em: <http://redir.stf.jus.br/paginadorpub/paginador.jsp?docTP=AC&docID=605643>. Acesso em: 31 out. 2016.

BRASIL FOOD TRENDS 2020. *Pesquisa Nacional Fiesp/IBOPE sobre o Perfil do Consumo de Alimentos*. Disponível em: <http://www.abic.com.br/media/EST_PESQFoodTrendsl.pdf>. Acesso em: 26 jul. 2016.

BRIGGS, Asa; BURKE, Peter. *Uma história social da mídia* – de Gutenberg à internet. Rio de Janeiro: Zahar, 2006.

CALAIS-AULOY, Jean; TEMPLE, Henri. *Droit de la consommation*. 9. ed. Paris: Dalloz, 2015.

CAMPBELL, Colin. *A ética romântica e o espírito do capitalismo moderno*. Rio de Janeiro: Rocco, 2001.

CANARIS, Claus-Wilhelm. *Direitos fundamentais e direito privado*. Coimbra: Almedina, 2009.

CANCLINI, Nestor Garcia. *Consumidores e cidadãos*. Rio de Janeiro: Ed. da UFRJ. 2010.

CANOTILHO, José Joaquim Gomes. *Direito constitucional e teoria da Constituição*. 7. ed. Coimbra: Almedina, 2010.

CARVALHO, Jorge Morais. *Manual de direito do consumo*. Coimbra: Almedina, 2014.

CÓDIGO BRASILEIRO DE AUTORREGULAMENTAÇÃO PUBLICITÁRIA. Disponível em: <http://www.conar.org.br/codigo/codigo.php>. Acesso em: 12 nov. 2016.

CONSELHO DA EUROPA. *Convenção Europeia de Direitos Humanos*. 1950. Disponível em: <http://www.oas.org/es/cidh/expresion/showarticle.asp?artID=536&lID=4>. Acesso em: 28 out. 2016.

CONSELHO NACIONAL DE AUTORREGULAMENTAÇÃO PUBLICITÁRIA. Decisões. *Estatísticas 2015*. Disponível em: <www.conar.org.br>. Acesso em: 27 jun. 2016.

CONSELHO NACIONAL DE AUTORREGULAMENTAÇÃO PUBLICITÁRIA. Diletto – Gelato Italiano. Representação n. 263/14, Julgamento dezembro/2014. Disponível em: <http://www.conar.org.br>. Acesso em: 21 jul. 2016.

CONSELHO NACIONAL DE AUTORREGULAMENTAÇÃO PUBLICITÁRIA. Do Bem – Suco de laranja integral com gominhos. Representação n. 264/14, Julgamento dezembro/2014. Disponível em: <http://www.conar.org.br>. Acesso em: 21 jul. 2016.

CONSELHO NACIONAL DE AUTORREGULAMENTAÇÃO PUBLICITÁRIA. *Estatísticas de 2015* – processos instaurados até dezembro de 2015. Disponível em: <www.conar.org.br>. Acesso em 22 jul. 2016.

COSTA, Tadeu. *Do maíz à maisena* – um layout de 140 anos. São Paulo: Rosari, 2005.

CRUZ, Guilherme Ferreira da. *Teoria geral das relações de consumo*. São Paulo: Saraiva, 2013.

CAVALIERI FILHO, Sérgio. *Programa de direito do consumidor*. São Paulo: Atlas, 2008.

CHAVES, Rui Moreira. *Regime jurídico da publicidade*. Coimbra: Almedina, 2005.

CHEVALIER, Jacques. *O Estado Pós-Moderno*. Tradução de Marçal Justen Filho. Belo Horizonte: Forum, 2009.

COMPARATO, Fabio Konder. A proteção do consumidor. *Revista de Direito Público*. São Paulo, RT, vol. 80, 1986.

CORDEIRO, Antonio Manuel da Rocha e Menezes. *Da boa-fé no direito civil.* Coimbra: Almedina, 2001.

DIAS, Lucia Ancona Lopez de Magalhães. *Publicidade e direito.* São Paulo: Revista dos Tribunais, 2013.

DICIONÁRIO ESCOLAR DA LÍNGUA PORTUGUESA DA ACADEMIA BRASILEIRA DE LETRAS. São Paulo: Companhia Editora Nacional, 2010.

DOMINGUES, Caio A. Publicidade enganosa e abusiva. *Revista de Direito do Consumidor.* São Paulo, Revista dos Tribunais, v. 4, out./dez. 1992.

DOWBOR, Ladislaw. Reflexões atuais sobre cidades, família e escola: impactos na vida das crianças e do planeta. *Criança e Consumo – 10 anos de transformação,* São Paulo, Instituto Alana, 2016.

DWORKIN, Ronald. *A justiça de toga.* São Paulo: Martins Fontes, 2010.

______. *O império do direito.* São Paulo: Martins Fontes, 2014.

DONINI, Rogério. *Responsabilidade civil na pós-modernidade* – felicidade, proteção, enriquecimento com causa e tempo corrido. Porto Alegre: Sergio Antonio Fabris, 2015.

EDELMAN SIGNIFICA. *How brands and people create a value exchange.* 23 out. 2014. Disponível em:<https://edelman.com.br/propriedades/brandshare>. Acesso em: 13 nov. 2016. Brandshare, em tradução livre, significa "participação da marca".

EDELMAN SIGNIFICA. *Brandshare*: transcender consumo e cuidar de questões de interesse social é papel das marcas, dizem consumidores. 2015. Disponível em: <https://www.edelman.com.br/conhecimentos/estudos-e-pesquisas>. Acesso em: 20 jul. 2016.

ENDEAVOR.BRASIL *Storytelling*: separando as marcas que vêm a passeio daquelas que vêm pra ficar. Disponível em: <https://endeavor.org.br/storytelling>. Acesso em: 20 jul. 2016.

EUR-LEX. Directiva 2006/114/CE do Parlamento Europeu e do Conselho, de 12 de dezembro de 2006, relativa à publicidade enganosa e comparativa (versão codificada) (Texto relevante para efeitos do EEE). Disponível em: <http://eur-lex.europa.eu/legal-content/PT/TXT/?uri=celex%3A32006L0114>. Acesso em: 14 nov. 2016.

FALCÃO, David. *Direito do consumo* – coletânea de legislação fundamental. Coimbra: Almedina, 2015.

FEDERIGHI, Suzana Maria Pimenta Catta Preta. *Publicidade abusiva* – incitação à violência. São Paulo: Juarez de Oliveira, 1999.

______. Algumas notas sobre a publicidade no CDC. In: SODRÉ, Marcelo Gomes; MEIRA, Fabíola; CALDEIRA, Patrícia (Coords.). *Comentários ao Código de Defesa do Consumidor.* São Paulo: Verbatin, 2009. p. 223-241.

FERNANDES NETO, Guilherme. *Direito da comunicação social.* São Paulo: Revista dos Tribunais, 2004.

FILOMENO, José Geraldo Brito. *Código de Defesa do Consumidor comentado pelos autores do anteprojeto.* Rio de Janeiro: Forense, 2011.

FONSECA, Patrícia Galindo da. Origens e fundamentos do direito do consumidor brasileiro. In: _____; RAMOS, Fabiana D'Andrea; BOURGOIGNIE, Thierry (Org.). *A proteção do consumidor no Brasil e no Quebec*: diálogos de direito comparado. Niterói: Ed. da UFF, 2013.

FONTENELLE, Lais (Org.). *Criança e consumo*. 10 anos de transformação. Local: Instituto Alana, ano.

FORGIONI, Paula A. *Contratos empresariais*. Teoria geral e aplicação. São Paulo: Revista dos Tribunais, 2015.

FRADERA, Vera Maria Jacob de. A interpretação da proibição da publicidade enganosa ou abusiva à luz do princípio da boa-fé: o dever de informar no Código de Defesa do Consumidor. *Revista de Direito do Consumidor*. São Paulo, Revista dos Tribunais, n. 4, p. 173-191, 1993.

FROTA, Mario. *Direito europeu do consumo* – reflexo das políticas de consumidores da União europeia. Curitiba: Juruá, 2007.

FURLAN, Valeria C. P. *Princípio da veracidade nas mensagens publicitárias. Revista de Direito do Consumidor*, São Paulo, RT, p. 241-282. Doutrinas Essenciais de Direito do Consumidor.

GIACOMINI FILHO, Gino. *Consumidor* versus *propaganda*. 5. ed. São Paulo: Summus, 2008.

GIL, Antonio Carlos. *Como elaborar projetos de pesquisa*. 4. ed. São Paulo: Atlas, 2008.

GLOBO.COM. Economia. *Histórias contadas pelas marcas Diletto e Do Bem vão parar no Conar*. 25.11.2014. Disponível em: <http://g1.globo.com/economia/midia-e-marketing/noticia/2014/11/historias-contadas-pelas-marcas-diletto-e-do-bem-vao-parar-no-conar.html>. Acesso em: 21 jul. 2016.

GRINOVER, Ada Pelegrini *et al*. *Código Brasileiro de Defesa do Consumidor comentado pelos autores do anteprojeto*. São Paulo: Forense, 2011. v. I.

GRUDMANN, Stefan. *A proteção funcional do consumidor*: novos modelos de consumidor à luz das teorias recentes. Novas tendências do direito do consumidor – rede Brasil-Alemanha de pesquisas em direito do consumidor. São Paulo: Revista dos Tribunais, 2015.

GUIMARÃES, Paulo Jorge Scartezzini. A informação ao consumidor e a responsabilidade civil solidária. *Revista de Direito do Consumidor*. São Paulo: Revista dos Tribunais, n. 38, 2001.

HENRIQUES, Isabella Vieira Machado. *Publicidade abusiva dirigida à criança*. Curitiba: Juruá, 2008.

INSTITUTO BRASILEIRO DE OPINIÃO PÚBLICA E ESTATÍSTICA. 64% dos internautas brasileiros afirmam ter alimentação saudável. 24.07.2014. Disponível em: <http://www.ibope.com.br/pt-br/noticias/Paginas/64-dos-internautas-brasileiros-afirmam-ter-alimentacao-saudavel.aspx>. Acesso em: 26 jul. 2016;

KANTAR IBOPE MEDIA. Em 5 anos, publicidade cresceu 33% em São Paulo. *21.01.2016. Disponível em: <https://www.kantaribopemedia.com/search/publicidade>. Acesso em: 13 nov. 2016.*

KLAUSNER, Eduardo Antonio. *Direito internacional do consumidor* – A proteção do consumidor no livre-comércio internacional. Curitiba: Juruá, 2012.

KLEIN, Naomi. *Sem logo*: a tirania das marcas em um planeta vendido. Rio de Janeiro: Record, 2004.

KOTLER, Philip; KELLER, Kevin Lane. *Administração de marketing*. 12. ed. São Paulo: Pearson, 2010.

LEAL, Ana Luiza. Toda empresa quer ter uma boa história. Algumas são mentira. 23 out. 2014. *Exame.Com*. Disponível em: <http://exame.abril.com.br/revista-exame/marketing-ou-mentira>. Acesso em 21 jul. 2016.

LENOIR, Frèdèric. *Sobre a felicidade* – uma viagem filosófica. Rio de Janeiro: Objetiva, 2013.

LIPOVETSKY, Gilles. *A felicidade paradoxal* – ensaio sobre a sociedade de hiperconsumo. São Paulo: Companhia das Letras, 2006.

______; SERROY, Jean. *A estetização do mundo* – viver na era do capitalismo artista. São Paulo: Companhia da Letras, 2015.

LOPES, Maria Elizabeth Vilaça. O consumidor e a publicidade. *Revista de Direito do Consumidor*. São Paulo, Revista dos Tribunais, RDC 1/1992, jan./mar. 1992.

LYOTARD, Jean François. *A condição pós-moderna*. Rio de Janeiro: José Olympio, 2009.

MALTEZ, Rafael Tocantins. *Direito do consumidor e publicidade* – análise jurídica e extrajurídica da publicidade subliminar. Curitiba: Juruá, 2011

MARAN, Mara Suely Oliveira e Silva. *Publicidade e proteção do consumidor no âmbito do Mercosul*. Curitiba: Juruá, 2008.

MARQUES, Cláudia Lima. Vinculação própria através da publicidade? A nova visão do Código de Defesa do Consumidor. *Revista de Direito do Consumidor*. São Paulo, Revista dos Tribunais, 10/7, 1994. (Doutrinas Essenciais de Direito do Consumidor).

______. *CDC comentado*. São Paulo: Revista dos Tribunais, 2013.

______. *Contratos no Código de Defesa do Consumidor* – O novo regime das relações contratuais. 8. ed. São Paulo: Revista dos Tribunais, 2016.

______; GSELL, Beate. *Novas tendências do direito do consumidor* – rede Alemanha-Brasil de pesquisas em direito do consumidor. São Paulo: Revista dos tribunais, 2015.

______; MIRAGEM, Bruno. *Constitucionalidade das restrições à publicidade de bebidas alcoólicas e tabaco por lei federal* – diálogo e adequação do princípio da livre iniciativa econômica à defesa do consumidor e da saúde pública (art. 170, CF/88). Doutrinas Essenciais Direito do Consumidor. São Paulo: Revista dos Tribunais, 2011. v. III.

______; BENJAMIN, Antonio Herman V. e; MIRAGEM, Bruno. *Comentários ao Código de Defesa do Consumidor*. 4. ed. São Paulo: Revista dos Tribunais, 2013.

MARTINS-COSTA, Judith. *A boa-fé no direito privado* – critérios para a sua aplicação. São Paulo: Marcial Pons, 2015.

MCCRACKEN, Grant. *Cultura & Consumo*. Rio de Janeiro: Mauad, 2003.

MELLO, Heloisa Carpena Vieira de. Prevenção de riscos no controle da publicidade abusiva. In: MARQUES, Claudia Lima; MIRAGEM, Bruno (Org.). *Doutrinas essenciais*. Direito do consumidor. Proteção da confiança e práticas comerciais. São Paulo: Revista dos Tribunais, 2011, v. III.

MICHAELIS. Dicionário Brasileiro da Língua Portuguesa. Disponível em: <http://michaelis.uol.com.br/busca?id=2aB1W>. Acesso em: 2 nov. 2016.

MINOIS, Georges. *A idade do ouro* – história da busca da felicidade. São Paulo: Ed da Unesp, 2011.

MIRANDA, Jorge. *Manual de direito constitucional*. Direitos fundamentais. Coimbra: Coimbra Editora, 2000. t. IV.

MIRAGEM, Bruno; MARQUES, Cláudia Lima (Org.). *Doutrinas essenciais de direito do consumidor*. Proteção da confiança e práticas comerciais. São Paulo: Revista dos Tribunais, 2011. v. III.

______. *Curso de direito do consumidor*. 5. ed. São Paulo: Revista dos Tribunais. 2014.

MOKHIBER, Russel. *Crimes corporativos* – o poder das grandes empresas e o abuso da confiança pública, São Paulo: Scritta, 1995.

MORAES, Alexandre de. *Direitos humanos fundamentais* – teoria geral – doutrina e jurisprudência. 9. ed. São Paulo: Atlas, 2011.

MORAES. Maria Celina Bodin de. O princípio da dignidade humana. In: _____ (Coord.). *Princípios do direito civil contemporâneo*. São Paulo: Renovar, 2006.

MORAES, Paulo Valério Dal Pai. *Código de Defesa do Consumidor*. O princípio da vulnerabilidade no contrato, na publicidade, nas demais práticas comerciais. 3. ed. Porto Alegre: Livraria do Advogado, 2009.

MORATO, Antonio Carlos; NERI, Paulo de Tarso. *20 anos do Código de Defesa do Consumidor*. Estudos em homenagem ao Professor José Geraldo de Brito Filomeno. São Paulo: Atlas, 2010.

NABAIS, José Casalta. *A face oculta dos direitos fundamentais*: os deveres e os custos dos direitos. Disponível em: <http://www.egov.ufsc.br:8080/portal/sites/default/files/anexos/15184-15185-1-PB.pdf>. Acesso em: 20 out. 2016.

NANNI, Giovanni Ettore. Abuso de Direito. In: _____; LOTUFO, Renan. *Teoria geral do direito civil*. São Paulo: Atlas, 2008.

NERY JUNIOR, Nelson. Os princípios gerais do Código Brasileiro de Defesa do Consumidor. *Revista de Direito do Consumidor*. São Paulo: Revista dos Tribunais, RDC 3, p. 273-305, 1992. (Doutrinas Essenciais de Direito do Consumidor).

NERY JUNIOR, Nelson. *O regime da publicidade enganosa no Código de Defesa do Consumidor*. Doutrinas Essenciais Direito do Consumidor. São Paulo: Revista dos Tribunais, 2011. v. III.

______; ANDRADE NERY, Rosa Maria. *Código Civil comentado*. São Paulo: Revista dos Tribunais, 2008.

______; ______. *Instituições de direito civil*. Contratos. São Paulo: Revista dos Tribunais, 2016. v. III.

NISHIYAMA, Adolfo Mamoru. *A proteção constitucional do consumidor*. 2. ed. São Paulo: Atlas, 2010.

NOVAIS, Jorge Reis. *Direitos fundamentais e justiça constitucional em um Estado Democrático de Direito*. Coimbra: Coimbra Editora, 2012.

NUNES JUNIOR, Vidal Serrano. *Publicidade comercial, proteção e limites na Constituição de 1988*. São Paulo: Verbatim, 2015.

OLIVEIRA, Amanda Flávio de. *Código de Defesa do Consumidor não é expressão de paternalismo jurídico*. 2.3.2016. Disponível em: <http://www.conjur.com.br/2016-mar-02/garantias-consumo-codigo-defesa-consumidor-nao-expressao-paternalismo-juridico>. Acesso em: 28 out. 2016.

ORGANIZAÇÃO DAS NAÇÕES UNIDAS. *Pacto Internacional dos Direitos Civis e Políticos*. 1996. Disponível em:<http://www.planalto.gov.br/ccivil_03/decreto/1990-1994/d0592.htm>. Acesso em: 28 out. 2016.

PASQUALOTO, Adalberto. Direito e publicidade em ritmo de descompasso. *Revista de Direito do Consumidor*, São Paulo, RT, v. 24, n. 100, p. 501-527, jul./ago. 2015.

PEREIRA, Alexandre Pimenta Batista. Em torno do assim chamado consumidor intermediário. *Revista de Direito do Consumidor*. São Paulo, Revista dos Tribunais, ano 20, n. 79, p. 223-238, julho/setembro 2011.

PFEIFFER, Roberto Augusto Castellanos. *Defesa da concorrência e bem-estar do consumidor*. São Paulo: Revista dos Tribunais, 2015.

PONDÉ, Luiz Felipe. *Filosofia para corajosos*. Pense com a própria cabeça. São Paulo: Planeta, 2016.

PRATA, Ana. *A tutela constitucional da autonomia privada*. Coimbra: Almedina. Coimbra, 1982.

RAGAZZI, Jose Luiz Ragazzi; HONESKO, Raquel Schlommer; HONESKO, Vitor Hugo Nicastro. *Código de Defesa do Consumidor comentado*: doutrina e jurisprudência. São Paulo: Verbatim, outubro de 2009.

RAMSAY, Iain. O controle da publicidade em um mundo pós-moderno. *Revista de Direito do Consumidor*. São Paulo, Revista dos Tribunais, RDC 4/1992, número especial, p. 26-41, out./dez. 1992.

REICH, Norbert. Algumas proposições para a filosofia da proteção do consumidor. *Revista dos Tribunais*, RT, n. 728, p. 11-36, junho 1996.

ROCHA, Silvio Luiz Ferreira da. *O controle jurídico da publicidade no CDC, 20 anos do Código de Defesa do Consumidor*. Estudos em homenagem ao Professor José Geraldo de Brito Filomeno. São Paulo: Atlas, 2010.

ROCHE, Daniel. *História das coisas banais* – nascimento do consumo sec. XVII-XIX. Rio de Janeiro: Rocco, 2000.

RODYC, Wilson Carlos. O controle da publicidade. In: MARQUES, Claudia Lima; MIRAGEM, Bruno (Org.). *Doutrinas essenciais*. Direito do consumidor. Proteção da confiança e práticas comerciais. São Paulo: Revista dos Tribunais, 2011. v. III.

SANKIEVICZ, Alexandre. *Liberdade de expressão e pluralismo*. Perspectiva de regulação. São Paulo: Saraiva, 2011.

SANTOS, Fernando Gherardini. *Direito do marketing*. São Paulo: Revista dos Tribunais, 2000.

SARLET, Ingo Wolfgang. *A eficácia dos direitos fundamentais* – uma teoria geral dos direitos fundamentais na perspectiva constitucional. Porto Alegre: Livraria do Advogado, 2009.

______. *Direitos Fundamentais em espécie*. In: _____; MARINONI, Luiz Guilherme. MITIDIERO, Daniel (Coord.). *Curso de direito constitucional*. 3. ed. São Paulo: Revista dos Tribunais, 2014.

______. *Política de consumo* – movimento social de defesa do consumidor no Brasil. Belo Horizonte: Del Rey, 2016.

SCHMITT, Cristiano Heineck. *Consumidores hipervulneráveis* – a proteção do consumidor idoso no mercado de consumo. São Paulo: Atlas, 2013.

SILVA, João Calvão. *Responsabilidade civil do produtor*. Coimbra: Almedina, 1990.

SILVA, Marcus Vinicius Fernandes Andrade da. *O direito do consumidor e a publicidade*. São Paulo: MP, 2008.

SILVA, Renata Celi Moreira da; CHAUVEL, Marie Agnes. O consumidor pune o comportamento socialmente irresponsável das empresas? *Anais...* IV Congresso Nacional de Excelência em gestão, 31 de julho a 02 de agosto de 2008, Niterói, RJ.

SOARES, Ricardo Maurício Freire. *A nova interpretação do Código Brasileiro de Defesa do Consumidor*. São Paulo: Saraiva, 2009.

SODRE, Marcelo Gomes. *A construção do direito do consumidor*: um estudo sobre as origens das leis principiológicas de defesa do consumidor. São Paulo: Atlas, 2010.

______; MEIRA, Fabiola; CALDEIRA, Patrícia. (Org.). Comentários ao Código de Defesa do Consumidor. São Paulo: Verbatim, 2009.

TEIXEIRA, Aliette Marisa S.D.N. A publicidade enganosa e o controle estabelecido pelo Código de Defesa do Consumidor. *Revista de Direito do Consumidor*. São Paulo, Revista dos Tribunais, RDC 53/11, jan./mar. 2005.

TOMASETTI JUNIOR, Alcides. O objetivo de transparência e o regime jurídico dos deveres e riscos de informação nas declarações negociais para consumo. *Revista de Direito do Consumidor*, São Paulo, RT, 4/52, 1992.

TOURAINE, Alain. *Crítica da modernidade*. Petrópolis: Vozes, 1994.

ULHOA COELHO, Fabio. Comentários aos artigos 28 a 45 do Código de Defesa do Consumidor. In: OLIVEIRA, Juarez de (Coord.). *Comentários do Código de Proteção do Consumidor* São Paulo: Saraiva, 1991.

______. *A publicidade enganosa no Código de Defesa do Consumidor*. Doutrinas Essenciais. Direito do Consumidor. São Paulo. Ed. Revista dos Tribunais, 2011. v. III. p. 177-190.

______. *Doutrinas essenciais de direito do consumidor*. São Paulo: Revista dos Tribunais, 2011. v. III.

VEJA.COM. *Diletto e Do Bem são investigadas pelo Conar por inventar histórias*. 26 nov. 2014. Disponível em: <http://veja.abril.com.br/economia/diletto-e-do-bem-sao-investigadas-pelo-conar-por-inventar-historias/>. Acesso em: 27 jul. 2016.

VEIGA, Felipe Barreto. *Consumidor deve ser avisado se a história contada em propaganda for fictícia*. Disponível em: <http://consultor-juridico.jusbrasil.com.br/noticias/154574159/consumidor-deve-ser-avisado-se-historia-contada-em-propaganda-for-ficticia>. Acesso em: 1º dez. 2014.

XAVIER, José Tadeu Neves. Os limites da atuação publicitária na condução de comportamentos sociais: o valor da ética no controle jurídico da publicidade. *Revista de Direito do Consumidor*, São Paulo, RT, v. 21, n. 81, p. 117-143, jan./mar. 2012.